SALZMANNS PÄDAGOGISCHE SCHRIFTEN I

CHRISTN GOTTHILF SALZMANN.

Kupferstich von Bollinger, um 1820

CHRISTIAN GOTTHILF SALZMANN

KREBSBÜCHLEIN

oder Anweisung
zu einer unvernünftigen Erziehung
der Kinder

AMEISENBÜCHLEIN

oder Anweisung
zu einer vernünftigen Erziehung
der Erzieher

Nebst einem Beitrag zur körperlichen Erziehung der Thusnelda Lenz, einer Enkelin Salzmanns, in ihrem ersten Lebensjahre

*

Herausgegeben von Matthias Dräger

MMVII

REICHL VERLAG · DER LEUCHTER · ST. GOAR

Salzmanns pädagogische Schriften, Band I

– Englische und russische Ausgabe in Vorbereitung –

1. Aufl. 1. - 2. Tsd.

Schrift: Garamond; Satz: m.
Gesamtherstellung: Druck- und Verlagsgesellschaft Bietigheim mbH
Gedruckt auf säurefreiem Papier: Alster Werkdruck 80 g 1,5fach g.-w.
www.reichl-verlag.de

ISBN 978-3-87667-227-4

INHALT DES KREBSBÜCHLEINS

INHALT DES AMEISENBÜCHLEINS

ANHANG

CHRISTIAN LUDWIG LENZ: KÖRPERLICHE ERZIEHUNG DER THUSNELDA GERTRUD LENZIN ZU SCHNEPFENTHAL, IN IHREM ERSTEN LEBENSJAHRE

EINFÜHRUNG

Christian Gotthilf Salzmann erblickte am 1. Juni 1744 im thüringischen Sömmerda bei Erfurt das Licht der Welt. Seine Mutter, Rahel Margaretha Sibylle, war die Tochter des hiesigen Apothekers, sein Vater, Johann Christian Salzmann, Diakon und später Pfarrer in Sömmerda. „Gott hilf" war der erste Wunsch, den der Vater für das bedrohte Leben des Kindes ausgesprochen hatte, und deshalb erhielt der Knabe bei der Taufe am folgenden Tag den Namen Christian Gotthilf.

Seine Kindheit verlebte Salzmann also in der geistigen Atmosphäre eines lutherischen Pfarrhauses. Durch seine Mutter lernte der aufgeweckte Knabe bereits mit fünf Jahren Lesen und Schreiben; der Vater unterrichtete ihn nach dem Schulunterricht zu Hause auch im Lateinischen, so daß er wenig später, auf Bitten eines in diesem Fach nicht bewanderten Lehrers, die Arbeiten seiner Schüler korrigieren darf.

Salzmanns Vater wird 1759 als Diakonus nach Erfurt berufen; der junge Salzmann beendet die Schule daher nicht, sondern wird zu Hause durch Privatunterricht, vor allem in den alten Sprachen, auf die Universität vorbereitet.

Mit 17 Jahren schreibt er sich als Student der Theologie an der nahegelegenen Universität Jena ein. Von dem üblichen, oft rohen Studententreiben der Burschenschaften hält er sich gänzlich fern, führt ein stilles, arbeitsames Leben. In dieser Zeit tragen vor allem Ausflüge ins anmutige und reizvolle Rautal bei Cospeda dazu bei, daß er sich der Betrachtung und Beobachtung der Natur zuwendet – spricht doch die Natur und alles, was sie hervorbringt, bei der später von ihm geführten Erziehungsanstalt in Schnepfenthal eine große Rolle. In dieser Zeit vollzieht sich offenbar eine grundsätzliche Wandlung bei Salzmann, eine

Umkehr, indem er lernt, vom Kleinen auf das Große zu schließen, in der Natur das Werk des Schöpfers zu sehen. Dieser Hang zur Natur, zum Bodenständigen, Praktischen, Nützlichen, wird später zum tragenden Element in der Erziehungsarbeit Salzmanns. Auch in seinem frühen Werk „Über die wirksamsten Mittel, Kindern Religion beizubringen" findet sich dieser Zug als roter Faden: Salzmann möchte, ganz im Gegensatz zur Mode seiner Zeit, das Kind vom Einfachen zum Höheren leiten, vor der Lehre über die Dreieinigkeit und anderen letzten Erkenntnissen des gelehrten Geistes zuerst einmal den Kindern eine gute Gesinnung beibringen, den Wert der guten Tat und die hiermit verbundene Freude, um dann hierauf aufzubauen. In den einsamen Stunden des Rautales vollzieht sich in Salzmann durch die Versenkung in die Natur eine tiefgreifende Wandlung, die er später als seine „Wiedergeburt" bezeichnet.

Nach dem theologischen Examen in Erfurt bewirbt sich Salzmann 1768 um eine bescheidene Pfarrstelle in Rohrborn bei Erfurt und wirkt hier vier Jahre als Prediger und Seelsorger seiner dörflichen Gemeinde. In Rohrborn lernte er bei seinen Amtsbrüdern Sophie Schnell kennen, die erst 14jährige, aber für ihr Alter bereits sehr gereifte Tochter des Geistlichen in Schloß Vippach. Die Hochzeit des glücklichen Paares fand am 15. Mai 1770 statt; im Laufe ihrer Ehe sollte Sophie ihrem Gatten nicht weniger als 15 Kinder schenken.

Schon bald nach der Hochzeit folgt für die junge Familie eine schwere Zeit in Rohrbach, in der nicht nur das erste Kind wenige Wochen nach der Geburt stirbt, sondern auch Sophies Eltern, die zwei verwaiste Töchter im Alter von sieben und zwölf Jahren zurücklassen, die Salzmann und seine Frau zu sich nehmen. Die wirtschaftliche Lage der Familie wird dadurch noch angespannter, und daher kam das Angebot einer mit 30 Talern dotierten Stelle als Diakonus in Erfurt sehr gelegen, eine Stelle, die Salzmann auf Rat und Bitten seiner Gattin annimmt.

Die damaligen Verhältnisse in Erfurt müssen allerdings fast

unvorstellbar gewesen sein: Bosse und Meyer sagen hierüber in „Salzmanns Leben“[1]: „Die Stadt war schon durch den Siebenjährigen Krieg furchtbar mitgenommen worden. Unaufhörliche Truppendurchzüge, Einquartierungen und Contributionen von allen kriegführenden Parteien hatten die Einwohner schwer an Geld und Gut geschädigt. Dazu kam die schon erwähnte Mißernte, Hungersnot und Epidemie in den Jahren 1771/1772, welche ganz Thüringen heimsuchte. Viele Menschen wurden vom Faulfieber und von den Blattern dahingerafft, die Überlebenden führten ein elendes Dasein, die schreckliche Not trieb zu zahlreichen Verbrechen, die Gemüter verwilderten. In der Stadt selbst war die Sterblichkeit doppelt so hoch als in früheren Jahren; allein sieben Geistliche erlagen der bösartigen Krankheit, angesteckt in Ausübung ihres Berufs. Auch die beiden Pfarrer an der Andreaskirche starben kurz nacheinander, und Salzmann wurde deshalb, nachdem er erst am Sonntag Jubilate seine Antrittspredigt als Diakonus gehalten hatte, bereits am Himmelfahrtstage als Pfarrer an der Andreaskirche eingeführt.“

Der Wechsel aus der eher ländlich geprägten Idylle von Rohrborn, deren vier Jahre Salzmann zur „glücklichsten Zeit seines Lebens“ rechnete, nach Erfurt muß für Salzmann ein gehöriges Opfer bedeutet haben, zumal er bereits in Rohrborn Pläne schmiedete, eine eigene Erziehungsanstalt auf dem Lande zu errichten. Statt dessen wird er jetzt in Erfurt als Pfarrer und Seelsorger mit der vollen Wucht des menschlichen Elends konfrontiert, das ihm in allen nur denkbaren Schattierungen entgegentritt. Die Not dieser Zeit wird prägend für Salzmann, sein Pflegesohn Ausfeld sagt über die Erfurter Verhältnisse[2]: „Sein Beruf führte ihn oft in die Wohnungen des Jammers, in die

---

1) „Chr. Gotth. Salzmanns Schriften“, Reihe Pädagogischer Klassiker, Pichlers Witwe & Sohn, Wien 1886; wieder abgedruckt in „Salzmanns pädagogische Schriften II“, Reichl Verlag, ca. 2008.

2) Wilhelm Ausfeld: „Erinnerungen aus dem Leben Christian Gotthilf Salzmanns“, Dürrsche Buchhandlg., Leipzig 1884.

Hütten der Notleidenden, in die Gemächer der Kranken, in die Zuchthäuser, Gefängnisse (zum Teil dumpfe, feuchte Löcher, die unter dem Fischmarkte weggingen, kaum daß durch die kleinen Eisengitter nebst dem Schmutz der Straße zuweilen auch ein Lichtstrahl herabfiel) und die Waisenhäuser. Wie viele Unglückliche boten sich da seinen Blicken dar, wie oft wurde da sein von Menschenliebe erfülltes Herz zum Mitleid, zur innigsten Teilnahme an der Not dieser Unglücklichen hingerissen!

Doch auch hier blieb er nicht beim Fühlen, nicht bei dem Wunsch stehen, etwas zur Milderung des Elends, unter dem seine Nächsten litten, beizutragen. Nein, er selbst war gern bereit, zu helfen, wo er nur konnte; und sein Nachdenken war auf die wirksamsten Mittel gerichtet, wie der Strom des Jammers einzudämmen und seine Quellen zu verstopfen seien."

Spätestens hier wird Salzmann zu einem glühenden Verfechter eines besseren Lebens. Das Elend, das ihm in Erfurt begegnet, findet seinen umfangreichen literarischen Niederschlag in dem sechsbändigen Roman „Carl von Carlsberg oder über das menschliche Elend", in dem Salzmann nicht nur die Übelstände der damaligen Zeit anprangert, sondern auch Wege aufzeigt, wie diese zu beseitigen sind.

Ausfeld berichtet über diese Zeit weiter: „Gar bald erkannte er, daß die Hauptquelle der Leiden, unter denen so viele Menschen seufzten, in ihnen selbst zu suchen ist; daß Unwissenheit, Aberglaube, Unglaube, Arbeitsscheu, Habsucht, Gedankenlosigkeit und andere Fehler eine Unzahl von Übeln nach sich ziehen. Sein Nachdenken leitete ihn auf zwei Hauptmittel: 1.) Den Menschen müssen über die Quellen des Elends, unter dem sie und ihre Brüder seufzen, die Augen geöffnet und sie müssen zu der Überzeugung gebracht werden, daß es nur von ihnen abhänge, ob sie von einer Menge von Übeln befreit sein wollen oder nicht; und 2.) die Kinder müssen eine bessere Erziehung, einen zweckmäßigeren Unterricht erhalten, als es bisher der Fall war."

In Erfurt werden der Familie Salzmann fünf Kinder geboren.

Vater Salzmann beobachtet die Anlagen und Neigungen seiner Kinder sorgsam und kommt hierüber zu weiteren Schlüssen, wie diese am besten zu erziehen und zu fördern sind. „Im Kreise meiner Kinder", so sagt er später öfter, „habe ich meine pädagogischen Erfahrungen gesammelt."

Seine Kinder erhalten eine einfache, aber gesunde Kost, überwiegend wohl aus dem eigenen Garten, tragen einfache Kleidung, haben wenig Spielzeug; dafür sind sie mehr draußen in der freien Natur, vor allem im Hausgärtchen, wo der Vater – der selbst Bäume pflanzt, Gemüse anbaut und Blumen zieht – sie von der Straße fernhalten und ihnen regelmäßige, das Gemüt ansprechende Beschäftigung geben kann. Und auch „die angenehmen Abendunterhaltungen[1], die er zu seiner eigenen Aufheiterung und zur Belehrung der Kleinen hält, tragen viel zum Glück des trauten Familienkreises bei". (Ausfeld)

Durch seine Milde, seine Duldsamkeit, sein gesamtes segensreiches Wirken erwarb sich Salzmann großes Ansehen und viele Freunde und Verehrer, nicht nur in Erfurt.

Durch die mutige Veröffentlichung des Werkes „Über die wirksamsten Mittel, Kindern Religion beizubringen" [2], das radikal mit der bisherigen Praxis des überwiegend verständnislosen Auswendiglernens bricht und den Schwerpunkt auf die rechte Ausbildung der G e s i n n u n g der Kinder legt, zog sich Salzmann, zumal er als lutheranischer Geistlicher noch mit katholischen Priestern und Mönchen freundschaftlich verkehrte, den Zorn orthodoxer Erfurter Geistlicher zu. Ein Prediger der Erfurter Hauptkirche verstieg sich gar dazu, die „gefährlichen Neuerungen" von der Kanzel herab zu brandmarken, was freilich nur den gegenteiligen Erfolg hatte, so daß dieses Werk weiteren Kreisen bekannt wurde und Salzmanns Zuhörerschaft nur vergrößerte.

---

1) Die „Unterhaltungen für Kinder und Kinderfreunde", 8 Bände, Crusius, Leipzig 1778 - 1787, wurden Salzmanns erstes schriftstellerisches Werk.

2) Crusius, Leipzig 1780; Neuauflage in „Salzmanns pädagogische Schriften II", ca. 2008.

Die fortwährenden Angriffe gegen ihn verleideten Salzmann mit der Zeit aber doch seine Arbeit und nahmen ihm die Freudigkeit seines Wirkens in Erfurt, so daß er, da man über seine Veröffentlichungen auch andernorts auf ihn aufmerksam geworden war, 1780 eine Aufforderung erhielt, in das 1774 von Basedow gegründete Philantropin zu Dessau einzutreten.

Das Philantropin war seinerzeit das berühmteste Institut dieser Art. Salzmann wirkte hier von 1781 bis 1784 als Religionslehrer und Liturg. Beim Eintritt erhielt er den Titel eines Professors und 400 Taler Gehalt. Wenn auch Salzmann am Philantropin in Dessau vieles von dem vorfand, nach dem er sich gesehnt hatte, das Teil seiner eigenen Planungen und Überlegungen war, so entsprach an diesem Institut doch einiges nicht seinen Vorstellungen. Salzmann sagt später (in „Noch etwas über Erziehung...", 1784) über sein Verhältnis zum Philantropin: „Diese Verbindung mit dem Dessauischen Institut war mir außerordentlich wichtig. Ich kam auf einen Platz, wo selbstdenkende Erzieher schon seit einigen Jahren, mit fast unumschränkter Freiheit, gearbeitet hatten, und noch arbeiteten, und wurde dadurch in den Stand gesetzt, zu beurteilen, was in der Erziehungskunst ausführbar, oder nicht ausführbar, warum dieser Plan gelungen, ein anderer gescheitert, wodurch diese Anstalt so weit gekommen, und aus was für Ursachen sie nicht noch weiter gekommen sei. Deswegen werde ich mich lebenslang als den Schuldner dieser vortrefflichen Anstalt betrachten, und es nie vergessen, daß alles, was ich etwa noch in der Welt zustande bringe, würde unterblieben sein, wenn die dirigierenden Glieder dieser Anstalt mich nicht zu sich eingeladen, und mir nicht erlaubt hätten, ihre Arbeiten zu beobachten, und an denselben teilzunehmen.

Je mehr ich aber das Innerste dieser Erziehungsanstalt durchschaute, desto mehr wurde ich überzeugt, daß der Plan, der hier zugrunde lag, zwar sehr gut wäre, aber nicht der, den ich seither bei mir getragen hatte. Es blieben mir nun vier Wege zu wählen übrig, und welchen ich wählen sollte, war ich lange unentschlossen. Entweder mich zu bemühen, meine Ideen nach und nach in den vorhandenen Plan einzuschieben, oder meine Kraft anzuwenden, diesen Plan umzustoßen, und den meinigen einzuführen, oder das Institut zu verlassen, und mir selbst einen Platz zu suchen, wo ich meine Ideen realisieren könnte, oder meinem Plan zu entsagen, und treu nach dem vorhandenen zu arbeiten."

Salzmann entschloß sich anfänglich, der Verwirklichung seiner eigenen Pläne zu entsagen. Ein zuletzt auch öffentlich ausgetragener Streit zwischen Basedow und Wolke machte Salzmann aber, „der Streit so wenig aushalten kann als andere die Zugluft", den weiteren Verbleib dort unmöglich, so daß er beschloß, Dessau zu verlassen, um auf dem Lande seine langgehegten Pläne für ein eigenes Erziehungsinstitut zu verwirklichen.

Es waren vor allem drei Leute, die Salzmann bei diesem Vorhaben halfen: Rudolf Zacharias Becker, der für das Philanthropin die „Dessauische Zeitung für die Jugend und ihre Freunde" herausgab, Herzog Ernst II. von Gotha und Altenburg sowie der gothaische Hofgärtner Chr. H. Wehmeyer. Bereits Ende des Jahres 1782 weihte Salzmann Becker in seine Pläne für ein eigenes Institut ein, und dieser vermittelte den Kontakt zum Herzog. Der Herzog, Vorbild eines Regenten, „Vater seiner Landsleute, der, von der hohen Würde seines Berufes beseelt, mit strengem Pflichtgefühl für das Wohl seines Landes unablässig tätig war" (Bosse), stand den Plänen Salzmanns wohlwollend gegenüber, ja, bot Salzmann für sein geplantes Institut sogar eines seiner Herrenhäuser an! Salzmann aber wollte etwas Eigenständiges, vollkommen Unabhängiges aufbauen, und Herzog Ernst II. unterstützte den Ankauf des Gutes Schnepfenthal, das Wehmeyer in Salzmanns Auftrag ausfindig gemacht und für 8000 Meißner Gulden (umgerechnet 7000 Reichstaler) erworben hatte, mit einem fürstlichen Geschenk von 4000 Talern.

Der Großmut, mit welchem Herzog Ernst Salzmanns Unternehmung von Anfang an unterstützte, und die Zuteilung wertvoller Vorrechte und Privilegien für Schnepfenthal machten es Salzmann verhältnismäßig leicht, seine Verbindung zu Dessau zu lösen, wenn er auch vor allem die Trennung von seinen dortigen Zöglingen besonders schmerzhaft empfinden mußte. Und noch bevor Salzmann endgültig um seine Entlassung von seiner bisherigen Stelle am Philantropin nachsuchte, schloß er, um den künftigen Unterhalt für sich und seine Familie besser zu sichern, mit dem Verleger Crusius in Leipzig einen Vertrag ab, durch welchen dieser jährlich eine bestimmte Summe zu zahlen, und Salzmann dagegen gewisse schriftstellerischen Arbeiten einzuliefern versprach.

Am 29. Februar 1784 verließ die Familie Salzmann Dessau, und die kleine Reisegruppe, bestehend aus den Eltern, der Tante Eva, sechs Kindern, dem kleinen Ausfeld und einer treuen Magd, trafen am 7. März in Schnepfenthal ein.

Es würde den Rahmen dieses Geleitwortes sprengen, auf den Aufbau des Erziehungsinstituts Schnepfenthal und seine vielfältigen Einrichtungen näher einzugehen. Die einschlägigen Schriften, die über die Vorbereitungen, den Aufbau und das Wesen der Erziehungsanstalt aus Salzmanns Feder und anderen Quellen Aufschluß geben, werden im II. Band der pädagogischen Schriften Salzmanns zusammengestellt.

Einige Besonderheiten verdienen aber bereits hier genannt zu werden: Salzmann legte großen Wert auf eine naturverbundene körperliche Erziehung und Entwicklung seiner Zöglinge; die Erziehung zur Kräftigung und besseren Beherrschung des Körpers beinhaltete sogar relativ anstrengende körperliche Arbeit.

Die Zeit des Aufstehens richtete sich nach den Jahreszeiten. Im Winter standen die Schüler um 6 Uhr auf, im Frühling und Herbst um 5 Uhr, im Sommer pflegten die Zöglinge bereits um 4 Uhr aufzustehen – dann wurde von 5 bis 6 Uhr „geschanzt“, d. h. Erdarbeiten zum Austausch steinigen Bodens durch fruchtbare Gartenerde mit Schaufel und Schubkarre zum Anlegen von Beeten durchgeführt. Auch wurde auf diese Weise Erdreich vor die Erziehungshäuser aufgeschüttet – so entstanden gärtnerisch nutzbare parkähnliche Areale, die die Fläche des möglichen Aufenthaltes der Zöglinge und ihrer Lehrer deutlich vergrößerten.

Die 10minütigen Pausen zwischen den ab 7 Uhr beginnenden Lektionen wurden im Freien zugebracht. Nach den Lektionen folgte eine Arbeitsstunde, in der das Gelernte verarbeitet und sich zu eigen gemacht werden konnte.

Überhaupt nimmt die Bewegung und die körperliche Abhärtung einen breiten Raum in der Erziehung in Schnepfenthal ein. Salzmann gibt (1808) drei Stunden an, die täglich der Bewegung gewidmet werden, vor allem durch Gymnastik (von 11 bis 12 Uhr) und Spaziergänge, Spielen oder gar Reiten. Ja, man darf Schnepfenthal als Wiege des Turn- und Gymnastikunterrichtes in Deutschland ansehen: 1785 entschloß sich Salzmann, die beiden Kinder Carl und Johannes der jungen Quedlinburger Arztwitwe Ritter unentgeltlich als Zöglinge, nach seinem Sohn Friedrich und dem jungen Ausfeld, bei sich aufzunehmen. Er verpflichtete gleichzeitig deren bisherigen Hauslehrer, Johann Christoph Friedrich GutsMuths, als Lehrer in Schnepfenthal. Gutsmuths[1], der bei seiner Ankunft in Schnepfenthal dort nur einen „halb freien, halb von Buchen bedeckten Platz für gymnastische Übungen vorfand", stattete diesen nach eigenen Übungen, Nachdenken und Studium der Gymnastik des Altertums nach und nach mit besonderen Einrichtungen und Geräten aus, so daß dieser Platz in der Folgezeit für viele – nicht zuletzt für die späteren zahlreichen Besucher Schnepfenthals – vorbildliche Bedeutung gewann.

1) lt. Allgemeine Deutsche Biograhie, die GutsMuths übrigens als „Vater der deutschen Gymnastik" bezeichnet. Die 1793 von Gutsmuths veröffentlichte „Gymnastik für die Jugend" ist das erste systematische Lehrbuch der Turnkunst. In einer drei Jahre später erscheinenden Schrift GutsMuths, „Spiele und Übungen zur Erholung des Körpers und des Geistes für die Jugend" werden zum ersten Mal überhaupt die Regeln des Baseballs genannt!

Carl Ritter, Zögling in S. bis 1796, veröffentlichte 1817ff ein 21bändiges Werk, „Die Erdkunde im Verhältnis zur Natur und Geschichte des Menschen,"; Ritter gilt neben Humboldt als Begründer der wissenschaftlichen Geographie.

Zwei Jahre nach dem Eintreten GutsMuths konnte der hervorragende Philologe Christian Ludwig Lenz, der zuvor am Dessauer Philantropin unterrichtete, für das Institut gewonnen werden. Lenz, der, wie auch später andere Erzieher in Schnepfenthal, 1788 eine der Töchter Salzmanns heiratete, bot sich an, neben Englisch und Griechisch auch das Schwimmen zu unterrichten, so daß ab Sommer 1790 das Schulschwimmen in Schnepfenthal eingeführt werden konnte. Die Familie Lenz legte bei der Erziehung ihrer zehn Kinder übrigens großen Wert auf eine behutsame Gewöhnung ihrer Kinder an Licht, Luft und Wasser; die Kinder erhielten daher eine vollkommene Gesundheit. Lenz hat die körperliche Erziehung seiner Tochter Thusnelda Gertrud 1793 schriftlich festgehalten, sein hochinteressanter Bericht ist im Anhang im Original abgedruckt.[1]

Salzmann äußert sich in „Noch etwas über die Erziehung ...“ ausführlicher zur gesunden Lebensweise seiner Zöglinge: „Ferner hoffe ich, vielen Krankheiten durch die Lebensart, die wir führen, vorzubeugen. Nur einen Teil unserer Zeit bringen wir sitzend zu, den anderen in Bewegung. Außerdem, daß wir unsere Spielstunden haben, haben wir noch eine Menge Geschäfte zu besorgen, die nicht anders als in freier Luft geschehen können. Es hat jeder von uns ein Gärtchen, das doch notwendig bearbeitet werden muß, wenn wir daran unsere Lust sehen und Vorteil davon haben wollen. Wir haben unsere Teiche, davon der eine etwas entlegen ist; nach diesen muß doch immer gesehen werden, wenn unsere Karpfen und Forellen nicht einmal durchgehen sollen. Es gibt auch da und dort etwas Merkwürdiges, oft viele Meilen weit, danach wir reisen müssen, wenn wir es betrachten wollen. Wir legen uns ferner, wie ich hernach zeigen werde, unsere Apotheke und unser Naturalienkabinett an, wozu wir weit und breit die Materialien zusammensuchen müssen. Wir können bei dergleichen Unternehmungen unmöglich viel auf die Witterung Rücksicht

1) Archiv für Erziehungskunde für Deutschland, Drittes Bändchen, bey Friedrich Severin, Weißenfels und Leipzig 1793.

nehmen, sondern müssen sie annehmen, wie der liebe Gott sie eben beschert. Sollten wir auch bisweilen beregnet oder beschneit werden, so trösten wir einander damit, daß wir mit jedem Schritte der Absicht näherkommen, in der wir ausgegangen sind. (...)

Meine Zöglinge, die ich nach und nach zu meiner Lebensart gewöhnt habe, mag auch immer ein Platzregen treffen, das Kleid und Hemd durchweicht. Ich werde dabei so wenig Besorgnis haben, als bei dem Untertauchen meiner Enten."

Und im hier abgedruckten „Ameisenbüchlein" rät Salzmann (Abschnitt „Was muß ein Erzieher lernen?"): „Also, liebe Freunde! Wenn ihr nicht nur Erzieher heißen, sondern es wirklich sein wollt: so härtet euren Leib ab! (...) Gehet täglich an die frische Luft, ohne erst, durch die Fensterscheiben, nachzusehen, was es für Wetter sei."

Aber die gesunde Lebensweise konnte selbstverständlich nur das Fundament für die Erziehung der Zöglinge in Schnepfenthal sein.

Bei der Erziehung der Persönlichkeit stand der Gebrauch der eigenen Kräfte und deren Förderung im Mittelpunkt. Deshalb legte Salzmann so großen Wert auf das Selbstverfertigen, zuerst von Spielsachen, dann von allerlei „nützlichen Werkzeugen und Geräten".

Bei diesem Bestreben wurde Salzmann ab 1792 von dem Philologen Bernhard Heinrich Blasche[1] unterstützt. Blasche, der sich zeitweise wegen Kränklichkeit vorübergehend aller anstrengenden Geistesarbeit enthalten mußte, hatte gegen aufkommende Langeweile Schutz in allerhand mechanischer Beschäftigung gesucht und sich so „seinen Händen eine, dem Gelehrten sonst nur selten eigene Geschicklichkeit angeeignet". (Ausfeld) Blasche gilt als einer der Pioniere des Werkunterrichtes in der

1) Blasche veröffentlichte zahlreiche Schriften zur Ausbildung der Handfertigkeiten der Jugend, beginnend mit „Der Papparbeiter, oder Anleitung in Pappe zu arbeiten: vorzüglich Erziehern gewidmet"; Schnepfenthal, Buchhandlung der Erziehungsanstalt, 1797.

Schule, als „körperliche Übung zur Entfaltung der Gesundheit und auch eine Methode, den so heilsamen Wechsel zwischen geistiger und körperlicher Tätigkeit in gehörigem Maße zu veranlassen“.

Es ist nur natürlich, daß eine Erziehung, die nicht nur das Gemüt und den Verstand, sondern auch die Fertigkeit der Hände und die Übung des Körpers mit einbezog, fast automatisch zu einer guten körperlichen Haltung der Zöglinge führen mußte. Hierüber finden sich durch Brieffunde aus neuerer Zeit interessante Anhaltspunkte: Carl Salzmann, der nach dem Tod Salzmanns die Leitung des Instituts übernahm, war, wie Kurt Link in seiner Veröffentlichung einiger Zöglingsbriefe aus der Zeit von 1834 bis 1842 angibt, früher „von seinem Vater wegen schlechter Haltung kritisiert worden. Dies hatte sich so eingeprägt, daß er sein Leben lang daran dachte und immer bemüht war, eine aufrechte Haltung zu zeigen und diese auch von seinen Zöglingen verlangte.“[1]

In einer ausgezeichneten Kurzbiographie Salzmanns skizziert der Mitteldeutsche Rundfunk die Bedeutung seines Instituts in der damaligen Zeit: „1790 beherbergte das Philantropin 29 Schüler, zehn Jahre später hatte sich deren Zahl bereits verdoppelt. Um die Jahrhundertwende war Schnepfenthal in ganz Europa längst ein Begriff unter Aufklärern und Pädagogen geworden. Gelehrte aus Amsterdam und Aragon, der Bürgermeister von Rotterdam, Klopstock, Wieland, Jean Paul, Goethe und Fichte – sie alle wollten sich ein eigenes Bild von Salzmanns neuer

1) Kurt Link: Zöglingsbriefe aus der Erziehungsanstalt Schnepfenthal nach Freiburg, Eigenverlag, Gotha 2006. Link nennt auch einen Brief vom April 1838, in dem der Zögling Adolph Kuenzer an seinen Vater in Freiburg schreibt: „Herr [Carl] Salzmann klagt ständig über meine körperliche Haltung. Es ist allerdings wahr, ich sitze nicht selten krumm, besonders wenn ich schreibe, aber ich sehe diesen Fehler ein und habe mir ernstlich vorgenommen ihn abzulegen, besonders da Du mir vor einiger Zeit geschrieben hast, daß nicht selten junge Leute nach ihrem körperlichen Anstande beurteilt werden.“

Erziehung machen. Die Schüler kamen aus aller Herren Länder, und auch der Adel schätzte die Schnepfenthaler Anstalt für die Erziehung des eigenen Nachwuchses.

Was also erklärt die grenzüberschreitende und dauerhafte Attraktion des Schnepfenthaler Philantropins? Bestimmt von der Hochschätzung des Kindes und seiner Rechte und geleitet von dem Wunsch, den Menschen schon zu Lebzeiten vom Elend zu erlösen, gestaltete Salzmann den Unterricht. Religiöse Gesinnungsbildung, moralische Besserung, Pflege des Gemüts und Schulung des Verstandes gehörten ebenso unverzichtbar dazu wie auch das Kennenlernen und Beobachten der Heimat und der Natur, wie turnerische Übungen und handwerkliche Arbeit in den schuleigenen Werkstätten oder im Garten. Wochentags gab es regelmäßig Unterricht im Schulhaus wie in der Natur; man gestaltete Feste und Feiern. Die Schnepfenthaler waren eine Schulfamilie. Das Reisen und Wandern wurde auch für Kinder zum Lernmittel; zu Fuß und mit dem Planwagen unterwegs, machte Salzmann aus der Wissensvermittlung eine sinnliche Erfahrung.

Bis zuletzt kümmerte sich Salzmann persönlich um die täglichen Morgenandachten und die Gottesverehrung am Sonntag im Schnepfenthaler Betsaal. Seinen „Privatgottesdienst" mit eigener Liturgie konnte Salzmann zwar abhalten, die vollkommene Freiheit wurde ihm allerdings vom Gothaer Oberkonsistorium nicht eingeräumt – Taufen, Trauungen, Begräbnisse, Konfirmationen und dergleichen verweigerte man dem Pfarrer Salzmann. Der sah sich erneut darin bestärkt, eine Kirche abzulehnen, die keinen Dienst am Menschen leisten wollte, sondern nur auf autoritäre Rechtgläubigkeit bedacht und über jeden Zweifel erhaben war. Konsequenterweise erhob Salzmann in seinem letzten größeren Werk, ‚Ameisenbüchlein oder Anweisung zu einer vernünftigen Erziehung der Erzieher' von 1806 die Fähigkeit zur Selbstkritik zu einer der zentralen Anforderungen an die Lehrer. Im ‚edelsten aller Berufe' könne echte Autorität nur der erlangen, der bei

Fehlern seiner Zöglinge zuerst bei sich selbst die Ursache für die Fehlleistung sucht."[1]

Salzmann starb am 31. Oktober 1811, seine Frau Sophie, die ihm 40 Jahre eine treue Lebensgefährtin war, war ihm bereits am 15. Dezember 1810 vorausgegangen.

Salzmanns Erziehungsanstalt in Schnepfenthal ist die einzige Einrichtung der Philantrophen, die sich bis auf unsere Tage erhalten hat. Nach Salzmanns Tod wurde das Institut von seinem Sohn Carl und ab 1840 bis in die neuere Zeit von Abkömmlingen der mit Salzmann eng befreundeten Familie Ausfeld geführt.

Die Salzmannschule in Schnepfenthal, 1935 verstaatlicht, seit 1991 Gymnasium, ist seit 2001, mit durchweg mehr als 700 Schülern, vor allem auf Sprachen spezialisiert.[2]

Christian Gotthilf Salzmann war aber nicht nur ein begnadeter Erzieher, sondern ein ebenso begnadeter Schriftsteller. Er verfügte nicht nur über eine feine Beobachtungsgabe, sondern besaß auch das Talent, seine Erkenntnisse so in Worte zu fassen, daß es auch von allen, die mit Kindern zu tun haben, leicht verstanden werden konnte.

Salzmanns wohl wichtigste und zugleich bekannteste Werke sind sein bereits 1780 erschienenes Krebsbüchlein und das 1806 gedruckte Ameisenbüchlein. Das „Krebsbüchlein" wurde noch zu Lebzeiten Salzmanns ins Dänische (1783), Niederländische (1791) und Schwedische (1794) übersetzt; danach folgten Ausgaben in Alttschechisch (1824), Russisch (1831), Ungarisch (1832), Rumänisch (1848), Ukrainisch (1900), Lettisch (1902), Japanisch (1904) und Finnisch (1926). Im deutschen Sprachraum wurde das Krebsbüchlein immer wieder neu aufgelegt, die Salzmann-Bibliographie des der Ausfeld-Familie zugehörigen Wolfgang Pfauch[3] zählt seit 1780 über 40 Ausgaben und Auflagen.

---

1)www.mdr.de/geschichte/pesonen/138959.html

2) www.salzmannschule.de

Von den frühen Auflagen des Krebsbüchleins muß insbesondere die von 1870 erwähnt werden, in der der Herausgeber Karl Richter akribisch die Veränderungen der zu Salzmanns Lebzeiten erschienenen Auflagen des Krebsbüchleins aufführt.[4]

Richter nennt auch zwei Stellen, in denen sich Salzmann außerhalb des Buches über dieses ausspricht. So schreibt er in der Vorrede zum ersten Teil des „Moralischen Elementarbuches" (Leipzig 1782): „Urteile und handle so, wie du wünschest, daß deine Kinder urteilen und handeln sollen. Das Kind glaubt deinen Handlungen immer mehr als deinen Worten. Wenn du die letzteren durch die ersteren widerlegst, so wird es den letzteren nicht glauben, deine Handlungen nachahmen. Du hast gut sprechen von der Häßlichkeit des Zorns, wenn du bei einer kleinen Veranlassung selbst in Zorn gerätst, und heftige harte Ausdrücke gegen deine Freunde und Untergebenen brauchst, so glaubt das Kind nicht, daß der Zorn so häßlich sein könne, da sein lieber Vater, oder seine liebe Mutter demselben ergeben ist. Es wird nicht so, wie du sprichst, sondern so, wie du handelst.

Durch eine Beobachtung von vielen Jahren bin ich überzeugt worden, daß die Kinder fast alle Untugenden von ihren Eltern, Vorgesetzten und anderen Personen lernen, mit denen sie oft umgehen, und daß wir schon viel gewonnen haben, wenn wir die Kinder nicht mehr das Böse lehren. Diesen Gedanken habe ich weitläufiger in dem Büchelchen ausgeführt: Anweisungen zu einer zwar nicht vernünftigen, aber doch modischen Erziehung der Kinder. In demselben sind, im satirischen Tone, Regeln gegeben, wie man es anfangen muß, wenn man die Kinder lasterhaft

---

3) Wolfgang Pfauch: C. G. Salzmann-Bibliographie. Unter Berücksichtigung von Besitznachweisen in Bibliotheken herausgegeben von Wolfgang Pfauch und Reinhard Röder. Hermann Böhlaus Nachfolger, Weimar 1981.

4) Leipzig, Verlag von Siegismund & Volkening. Eine ebenso sorgfältig vorbereitete Ausgabe des „Ameisenbüchleins" mit den Lesarten der verschiedenen Auflagen nebst Anmerkungen brachte Richter im gleichen Verlag in der Reihe der „Pädagogischen Bibliothek" bereits 1869.

und krank machen will, und unter jede Regel sind Exempel gesetzt, von Eltern, die diese Regel befolgt haben. Eltern, die ernstlich wünschen, ihren Kindern eine gute Erziehung zu geben, könnten wenigstens daraus lernen, was sie, in Ansehung ihrer Kinder, nicht tun dürfen."

Und im 1. Jahrgang des „Boten aus Thüringen" von 1788 (S. 605 - 612) führt Salzmann das Krebsbüchlein durch folgendes Gespräch zwischen Boten und Wirt bei den Lesern ein:

W. Nu, was ist ihm denn so lächerlich?

B. Kennt er denn das Krebsbüchlein?

W. Davon habe ich in meinem Leben nichts gehört. Steht denn darin, wie man die Krebse ziehen oder wie man sie fangen soll?

B. Es steht kein Wort von Krebsen drin. Es heißt eigentlich: Anweisung zu einer unvernünftigen Erziehung der Kinder.

W. Zu einer unvernünftigen Erziehung? er wird wohl nicht recht gelesen haben. Zu einer vernünftigen wird es wohl heißen.

B. Na! (das Buch herausziehend) lese er selbst!

W. Je, du lieber Gott! Was wird doch noch für Zeug geschrieben werden zu einer unvernünftigen Erziehung! Ha, ha, ha! Ich dachte, die Leute erzögen ihre Kinder so schon unvernünftig genug, ohne daß sie Anweisung dazu bekämen.

B. Da steckt's eben. Der das Buch geschrieben hat meint, es wären so viele Anweisungen zu einer vernünftigen Erziehung schon geschrieben worden, und fast kein Mensch hätte danach getan; weil nun die Leute ihre Kinder durchaus unvernünftig erziehen wollten, so wollte er beschreiben, wie sie das Ding recht anfangen müßten. Nun gibt er Regeln, wie man es machen müsse, daß die Kinder lügen, stehlen, betrügen lernen, daß sie ungehorsam, zänkisch, neidisch, krank und gebrechlich werden. Und bei jeder Regel erzählt er ein Histörchen.

W. Daß du erzählen mußt! Das Buch sollte man ja ins Feuer werfen!

B. Nur nicht so hitzig, Herr Gevatter! Lese er nur erst, hernach wollen wir miteinander reden. Ich will ihm einmal etwas aufschlagen, wie's mir vorkommt. Hör er zu!

Nachdem nun die Erzählung zu dem „Mittel, wie man Kinder kann lehren, Gespenster zu sehen“, so mitgeteilt worden ist, wie im Krebsbüchlein zu lesen ist, geht das Gespräch weiter:

> W. Aha, nun merke ich so etwas! Ist's nicht wahr, der Mann, der das Buch geschrieben hat, will, so zu reden, die Leute mit der Nase draufstoßen, daß sie selbst dran schuld sind, wenn sie kranke oder ungezogene Kinder haben?
>
> B. Ganz recht! Das ist eigentlich seine Meinung. Ich habe manchmal meinen Spaß damit gehabt und habe es den Leuten zu lesen gegeben. Da haben mir viele die Hand gedrückt und sich dafür bedankt.
>
> W. Warum heißt es denn aber Das Krebsbüchlein?
>
> B. Deswegen, weil ein alter Krebs mit seinen Jungen draufgemalt ist.
>
> W. Wie kommen denn aber die Krebse daher?
>
> B. Das will ich ihm sagen: Ein alter Krebs soll einmal zu seinen Kindern gesagt haben, sie sollten nicht rückwärts gehen – aber er ging selbst rückwärts.
>
> W. So, nun versteh ich das Ding...

Das Ameisenbüchlein erlebte seit der Erstauflage 1806 sogar über 50 Auflagen bei verschiedenen Verlagen, meist als Einzelveröffentlichung, gelegentlich auch in einer Sammlung klassischer pädagogischer Schriften. Bereits im Jahr der Erstausgabe kam eine niederländische Ausgabe heraus (1806), ein Jahr später eine dänische (1807), es folgten eine ungarische (1889), tschechische (1878), rumänische (1894), bulgarische (1895), schwedische (1897), italienische (1902), portugiesische (1904) und zwischen 1906 und 1934 mehrere japanische Ausgaben. Auffallend ist, daß es sowohl vom „Krebsbüchlein“ als auch vom „Ameisenbüchlein“ weder englische, französische oder spanische Ausgaben gegeben hat, und das, obwohl für das „Moralische Elementarbuch“ sehr wohl französische und zahlreiche englische und amerikanische Ausgaben nachweisbar sind.

Das Krebsbüchlein und das Ameisenbüchlein fanden nicht nur Eingang in Sammelausgaben pädagogischer Klassiker, die beiden Werke wurden im 20. Jahrhundert auch gelegentlich gemeinsam in einem Band gebracht (Verlag Volk & Wissen, Reclam). Diese gemeinsame Ausgabe der pädagogischen Hauptwerke Salzmanns macht Sinn, denn sowohl das Krebs- als auch das Ameisenbüchlein wenden sich in erster Linie an den Erzieher – und das sind letztlich doch eigentlich alle, die beruflich viel mit Menschen zu tun haben!

Diese Ansicht hat auch offensichtlich Salzmann selbst vertreten, denn in einem seiner letzten Werke, der Erzählung „Der Landrichter Pappel" (veröffentlicht im Thüringer Boten 1812), läßt er den Prediger im Gespräch mit dem Landrichter sagen: „Hier will ich Ihnen noch Salzmanns Krebsbüchlein und Ameisenbüchlein mitgeben, in welchen diese Materie weitläufiger abgehandelt ist." Und in einer Fußnote entschuldigt sich der Autor beim Leser: „Man verzeihe dem Verfasser, daß er seine eigenen Schriften empfiehlt. Es geschieht dies bloß deswegen, weil ihm keine anderen bekannt sind, in welchen der wahre Ursprung des menschlichen Verderbens so anschaulich wäre gezeigt worden." –

In der im Anhang abgedruckten Übersicht der Schriften Salzmanns wurde der Versuch gemacht, die zum Teil recht unterschiedlichen Veröffentlichungen in Gruppen zu ordnen. Die erste Gruppe bilden die pädagogischen Schriften, die sich vor allem an Eltern und Lehrer richten. Innerhalb dieser Gruppe sind das Krebs- und Ameisenbüchlein die mit Abstand beliebtesten Werke, daher erscheinen sie gemeinsam als Band I der pädagogischen Schriften Salzmanns.

Die detaillierteren Ausführungen Salzmanns zum Thema Erziehung („Noch etwas über Erziehung nebst Ankündigung der Errichtung einer Erziehungsanstalt", 1784) nebst einer Beschreibung der bestehenden („Die Erziehungsanstalt zu Schnepfenthal", 1808) bilden den Grundstock des II. Bandes der pädagogischen

Schriften, ergänzt um die Monographie „Über die wirksamsten Mittel, Kindern Religion beizubringen (1780). Als III. Band in der Reihe soll der Neudruck der Monographie „Über die heimlichen Sünden der Jugend“ folgen, ein Werk, in dem Salzmann für die betroffenen Eltern wertvolle Aufklärung gibt zu einem Laster, mit dem auch heute offensichtlich viele Jugendliche behaftet sind.

Neben seinen Schriften pädagogischen Inhalts hat Salzmann versucht, seine Erkenntnisse zur Besserung der menschlichen Verhältnisse auch in Form von Romanen und Erzählungen unter das Volk zu bringen. Sein Prinzip ist dabei ebenso einfach wie wirkungsvoll: entweder läßt Salzmann die jeweils handelnden Personen seine Erkenntnisse und Erfahrungen im Dialog direkt vortragen, oder aber die handelnde Hauptperson reflektiert ihr Schicksal, ihre vergangenen und beabsichtigten Handlungen auf der Grundlage einer Ethik, die das Gute im Menschen fördert, fördern muß! Der Leser versetzt sich dabei natürlich in die Person des Handelnden und kann dabei, mit ihm durch dick und dünn gehend, seine Entwicklungschritte miterleben. Salzmann gibt dem Leser damit den einfachen, aber festen Rahmen einer geistigen „Himmelsmechanik“ der Belange des Alltags, die einer Keplerschen Himmelsmechanik der Weltkörper in nichts nachsteht, ja, diese sogar noch übertrifft, da erstere besser arbeitet als jede Mechanik. Die Begebenheiten, an denen Salzmann den Leser in seinen Erzählungen teilhaben läßt, beginnen auf einfachster Ebene, in der Ursache und Wirkung noch allein mit dem Hintergrund eines erweiterten biologisch-naturwissenschaftlichen Horizonts geschaut und nachvollzogen werden können. Im weiteren Verlauf steigern sich die Erfahrungen der Romanfiguren, gewinnen mehr und mehr eine höhere Qualität, bis schließlich für den Leser das schicksalslenkende Wirken des Schöpfers erkennbar wird – eine reale Kraft, in deren liebevoller Wirksamkeit Salzmann selbst über Jahrzehnte hinweg immer wieder aufs neue die Verbindung mit dem himmlischen Vater erleben durfte.

Diese sogenannten „Schriften für das Volk“, als welche sie

gelegentlich bezeichnet werden, sollen im Rahmen der Neuauflage der wichtigsten Schriften Salzmanns ebenfalls wieder zugänglich gemacht werden, beginnend mit „Der Himmel auf Erden", einer Schrift, in der Salzmann den Standpunkt vermittelt, daß der Mensch durchaus nicht bis zu seinem Tode zu warten habe, um des Himmelreiches teilhaftig zu werden.

Die Texte des Krebsbüchleins und Ameisenbüchleins folgen jeweils den Ausgaben letzter Hand: „Krebsbüchlein, oder Anweisung zu einer unvernünftigen Erziehung der Kinder". Georg Adam Keyser, Erfurt 1807, und, unter Einbeziehung einer noch im gleichen Jahr daselbst erschienenen „wohlfeilen Ausgabe": „Ameisenbüchlein, oder Anweisung zu einer vernünftigen Erziehung der Erzieher". In der Buchhandlung der Erziehungsanstalt, Schnepfenthal 1806. Die Orthographie wurde behutsamst der heutigen Zeit angepaßt, in der Zeichensetzung nur das geändert, was sich störend auf Lesefluß und Verständnis auswirkte. Eigentümlichkeiten der damaligen Zeit, wie z. B. gelegentlich Kleinschreibung nach Ausrufe- oder Fragezeichen in einem fortlaufenden Satz, wurden, da so durchaus akzeptabel, belassen.

Die Anmerkungen Salzmanns sind mit einem * versehen, alle späteren Anmerkungen, die zum Teil von einer älteren Ausgabe von Bosse und Meyer übernommen werden konnten, wurden mit Zahlen gekennzeichnet.

St. Goar, im Juni 2007 *M. Dräger*

Krebsbüchlein,

oder

Anweisung

zu

einer unvernünftigen

Erziehung der Kinder,

von

Chr. Gotth. Salzmann.

Vierte, rechtmäßige, umgearbeitete, vermehrte und durchaus verbesserte Auflage.

Faciam, mi papule, si te idem facientem prius videro.

Erfurt, 1807.
Bey Georg Adam Keyser.

VORREDE

Ich erinnere mich, irgendwo gelesen zu haben, daß einmal eine Gesellschaft christlicher Europäer, die sich, der Handlung wegen, in einer bengalischen Stadt niedergelassen hatten, an einem Freudentage, unter Trompeten- und Paukenschall, geschmaust, getrunken, gescherzt, gelacht und gesprungen habe, unterdessen daß die braune Bürgerschaft von Teuerung und Hunger gepeinigt wurde, Scharen halber Leichen in den Gassen umherwankten, zum Teil an der Schwelle des Freudenhauses niederfielen, röchelten und starben, ohne daß nur einer von der fröhlichen Gesellschaft von diesem jämmerlichen Anblick den geringsten Eindruck auf sein Herz empfunden hätte. Bei dieser Gelegenheit wurde die Frage aufgeworfen: woher es doch kommen müsse, daß der Europäer, sobald er auf Ostindiens heißen Boden käme, seine Natur so verändere, und die zärtliche Teilnehmung an seiner Nebenmenschen Leiden, die er insgemein mit aus seinem Vaterlande brächte, mit barbarischer Fühllosigkeit vertausche?

Der Grund hiervon ist so schwer nicht zu finden. Boden und Himmelsstrich sind hieran unschuldig. Das Vorurteil vielmehr, diese fruchtbare Mutter des meisten Jammers, gebiert auch diese Fühllosigkeit. Wenn einmal durch ein, bei der Nation herrschendes Vorurteil, eine gewisse Klasse Menschen zur Unterjochung verdammt ist, und die Vorrechte der Menschheit ihr entrissen sind: dann nimmt in kurzer Zeit das Herz eines jeden Bürgers eine solche Härte an, daß es dem Winseln, den Tränen und Konvulsionen dieser Menschenart zusehen kann, ohne dabei viel mehr, als bei den Verzuckungen eines gewürgten Stiers zu empfinden. In den Ländern, die wir nur in der Absicht besuchen, um uns mit ihren Schätzen zu bereichern, sind nun einmal durch ein, die Menschheit entehrendes Vorurteil, den Landesbewohnern die Rechte der Menschheit entwunden, und den Europäern das unumschränkte Recht, sie zu mißhandeln, zugestanden worden. Dies Vorurteil atmet der Europäer ein, sobald er seinen Fuß vom Schiffe auf das Land setzt, und fühlt bald die Wirkung davon an seinem Herzen.

Es würde mir leicht sein, mehrere Exempel von ähnlicher Fühllosigkeit gegen die Leiden einer gewissen Menschenart, aus allerlei Jahrhunderten und Himmelsstrichen, zusammenzubringen. Aber wozu diese Weitläufigkeit, da wir solche Exempel in der Nähe haben können? Wir leben in einem gemäßigten Himmelsstrich, und viele von uns sind, seit etlichen Jahren, so empfindsam geworden, daß sie der Floh dauert, dessen Wonneleben sie abkürzen müssen. Gleichwohl hat doch auch bei uns das Vorurteil eine gewisse Gattung der Menschheit zur völligen Unterjochung verdammt, und ihren Beherrschern eine unumschränkte Freiheit, sie nach eigener Willkür zu behandeln, zugestanden. So wie die ersten Chrsiten alles Unglück, das sich im römischen Reich ereignete, entgelten mußten: so müssen auch diese gemeiniglich allen Verdruß empfinden, der in ihrer Vorgesetzten Häusern entsteht, ohne daß sie sich verantworten dürfen. Sie werden oft in Gesellschaften zur Beschimpfung aufgestellt, und haben keine Erlaubnis, deswegen zu klagen; man haut sie mit Ruten, oft ohne etwas verwirkt zu haben; oft martert man sie mit langsamen Qualen zu Tode, und die meisten ihrer empfindsamen Mitbürger hören ihr Geschrei, sehen sie gepeinigt werden, ohne hierin etwas Unbilliges zu finden.

Diese, unter dem Druck seufzende Menschenart sind Kinder, und ihre Unterdrücker die Eltern. Die Mißhandlungen, die sie in den meisten Häusern ausstehen müssen, sind bis zum Bejammern groß; und gleichwohl sind die meisten unserer Zeitgenossen schon so sehr an dergleichen Anblicke gewöhnt, daß sie das unschuldigste Kind können gepeitscht sehen, und sein Jammergeschrei anhören, dem Sarge eines andern, das durch väterliches oder mütterliches Vorurteil hingerichtet wurde, folgen, ohne dabei an Ungerechtigkeit zu denken.

Vielen Kindern wird, in den ersten Jahren ihres Lebens, die Gesundheit ihres Körpers und ihrer Glieder durch der Eltern Schuld entrissen, indem diese ihnen teils durch die Erzeugung das Gift mitteilen, das sie durch ihre Ausschweifungen in ihr Blut gebracht haben, teils durch Vorurteile und Sorglosigkeit ihre Gesundheit zerstören. Deswegen glaube ich, ohne die Sache zu übertreiben, behaupten zu können: daß in keinem barbarischen Raubnest so viel verstümmelte Sklaven umherwandeln, als in einer mittelmäßigen polisierten Stadt Sieche und Gebrechliche, die durch ihrer Eltern Schuld das wurden, was sie sind.

Die Mittel, dic Gcsundheit der Kinder zu erhalten, sind in den meisten Häusern so verkehrt, so augenscheinlich ihrer Gesundheit und ihrem Leben nachteilig, daß ich nicht zuviel sage, wenn ich behaupte, daß die meisten Kinder, die das Jahr hindurch zu Grabe getragen werden, der Eltern Vorurteil getötet habe.

Die Strafen, die diese kleinen, schutz- und wehrlosen Menschen, fast täglich ausstehen müssen, sind meistenteils ungerecht. Wenngleich der Ungeheuer äußerst wenige sind, die in der Wut ihre Kinder blutig und ungesund schlagen, so haben doch die wenigsten Kinder die Züchtigungen, die sie ausstehen müssen, verdient, sie leiden also Unrecht, und jeder Rutenschlag, den man, ohne ihn verdient zu haben, erdulden muß, ist Ungerechtigkeit.

Da sitzt eine Mutter, im Kreise ihrer Freundinnen, und stellt gegen ihre kleine Familie eine öffentliche Klage an, malt ihren Eigensinn, Halsstarrigkeit, Bosheit, Trägheit, Unordnung mit den schwärzesten Farben ab; dort steht ein Vater, vor seinem achtjährigen Sohne, und hält ihm eine lange Strafpredigt, die ein Gewebe von den bittersten Vorwürfen und den pöbelhaftesten Schmähungen ist; ein anderer peitscht seine Kinder, wegen allerhand Ungezogenheiten, die er an ihnen bemerkt hat. Wie aber, Freunde, wenn ihr den Kindern die Fehler und Unarten, die ihr an ihnen bemerkt, selbst beigebracht hättet, wäre es da nicht ungerecht, wenn ihr sie deswegen so hämisch behandeln wolltet? Wenn ihr erst euren Kindern gewisse Fehler beibrächtet, und sie hernach deswegen bestrafen solltet, daß sie dieselben so gut begriffen haben, wäre das nicht grausam?

Und dies ist ganz gewiß. Der Grund von allen Fehlern, Untugenden und Lastern der Kinder ist meistenteils bei dem Vater oder der Mutter, oder bei beiden zugleich, zu suchen. Es klingt dies hart, und ist doch wahr.[1]

Der Mensch zeugt immer Kinder, die seinem Bilde ähnlich sind. Das Gehirn, Blut, Bein und Fleisch des Kindes sind von seinen Eltern entsprossen. Wenn nun die Eltern fehlerhaft, an Leib oder Seele, oder an beiden zugleich, krank sind: so müssen notwendig alle diese Krankheiten den Früchten ihres Leibes mitgeteilt werden. Der heftige Hang zu gewissen Lastern, die unbändige Bosheit, der Eigensinn, die Halsstarrigkeit, die unordentliche Lüsternheit, die übermäßige Sinnlichkeit, die Verdrossenheit, selbst die Dummheit, wovon die meisten Kinder bald dieses, bald jenes mit aus der Windel bringen, sind augenscheinlich Mitgaben von Vater oder Mutter.

Wer ferner Familien beobachtet hat, wo nicht eine vorzüglich gute Kinderzucht herrscht, der wird bemerkt haben, daß die Fehler der Kinder sich mit den Jahren vermehren und vergrößern. Wie unschuldig lächelt das zweijährige Karlchen, und wie hämisch sieht der zehnjährige Leopold aus! Diese Anmerkung ist so durchgängig als wahr angenommen, daß man in vielen Häusern diejenigen Jahre, da der Verstand des Kindes sich zu regen pflegt, da also die Besserung desselben merklicher werden sollte, die Flegeljahre (man verzeihe mir diesen Ausdruck!) nennt. Und also muß es auch wohl noch Ursachen geben, die nach der Geburt die Fehler des Kindes vermehren und vergrößern. Und

---

1) Dieser zentrale Gedanke ist von Salzmann an verschiedenen Stellen seiner Schriften ausgesprochen worden. Siehe auch das in diesem Band veröffentlichte „Ameisenbüchlein".

diese sind meistenteils wieder nirgends anders, als in den Eltern zu suchen.

Erstlich in ihrem Exempel. Das Kind, das seines Verstandes noch nicht mächtig ist, kann nicht anders, als nachtun, was es von anderen sieht und von anderen hört. Wollte man das Gegenteil von ihm verlangen: so käme mir dies ebenso widersinnig vor, als wenn ein guter Deutscher, der nie eine fremde Sprache sprach, von seinem Sohne, der an seiner Seite aufwächst, verlangen wollte, daß er nicht deutsch, sondern französisch sprechen sollte; und, wenn er dies nicht könnte, ihm deswegen Vorwürfe machen und sagen wollte: du ungeschickter Bube! Sieh nur, wie andere Kinder so gut französisch sprechen! und du – in deinem Leben wird nichts aus dir werden. Und nun betrachte man das Exempel, das viele Eltern ihren Kleinen geben! Sie zanken, und verlangen von ihren Kindern Friedfertigkeit; sie kommen oft trunken nach Hause, und dringen bei ihnen auf Mäßigkeit; sie erzählen ihre Jugendsünden, und schlagen drein, wenn die Kinder dieselben ebenfalls begehen; sie klagen über die Arbeit, preisen die Müßiggänger glücklich; und murren, wenn die Kinder gegen die Arbeit Abneigung bezeigen; sie erlauben sich alle die Ausschweifungen, um derentwillen sie ihre Kinder züchtigen. Eltern, die solche Exempel geben, können wohl nicht leugnen, daß sie die vornehmsten Lehrmeister sind, von denen Kinder ihre Untugenden gelernt haben.

Zweitens im Mangel der Aufsicht. Sie klagen oft, daß sie ihren Kindern die beste Erziehung gäben, und doch verspürten sie bei ihnen keine Früchte davon. Wenn man aber diese Erziehung näher beleuchtet: so ist sie weiter nichts als ein Unterricht, den sie denselben täglich ein paar Stunden entweder selbst geben oder durch andere geben lassen. Im übrigen überlassen sie die Kleinen sich selbst, gestatten ihnen, mit den rohesten Kindern umzugehen, übergeben sie dem Gesinde, sind entweder auf ihre Geschäfte so eifrig oder halten so viele Gesellschaften, nehmen an allen Lustbarkeiten so vielen Anteil, daß ihre Kinder den größten Teil ihrer Jugendjahre, ganz ohne Aufsicht, unter Leuten von verdorbenen Sitten zubringen. Wenn das Mädchen nun eben so frech wie die Magd wird; wenn der Knabe die niedrige Denkungsart der Gassenjungen annimmt: wer ist denn daran Ursache? Gewiß das Kind nicht, sondern diejenigen, die es einer solchen Gesellschaft preisgaben.

Drittens in Fehlern der Erziehung. Diese sind so zahlreich, daß man ein dickes Buch schreiben könnte, wenn man ein nur ganz unvollständiges Register davon liefern wollte. Was ist z. B. gewöhnlicher, als daß man eine Menge Untugenden übersieht, solange man bei guter Laune ist; hingegen, um eines kleinen Versehens willen, straft, wenn etwa die Milch in das Feuer gelaufen, ein Mahnbrief angekommen ist, oder sonst etwas Widriges, daran die Kinder gänzlich unschuldig sind, sich zugetragen hat! Daß man zuschlägt, wenn sie ein Glas umstoßen, und Bosheiten ungerügt läßt! Das geringste Versehen straft, wenn sie es gestehen, aber niemals ahndet, wenn sie leugnen; daß man nie ihren Willen tut, wenn sie bitten; aber durch die süßesten Worte sie zu beruhigen sucht, wenn sie stampfen und toben! Daß man von einem sechsjährigen Mädchen verlangt, daß es ebenso bedächtig handeln und so altklug tun soll, wie die vierundzwanzigjährige Mutter, oder der dreißigjährige Vater! Kinder so erziehen, heißt, das Feuer mit Öl löschen, und den Krebs im Wasser ersäufen wollen.

Habe ich also nicht recht, wenn ich behaupte, die Gesellschaft der Kinder sei durch das Vorurteil zur Unterjochung verdammt, und werde von ihren Vorgesetzten grausam mißhandelt, ohne daß eben jemand durch ihr trauriges Schicksal so gerührt würde, daß er ihnen Recht zu verschaffen suchte?

Die traurigen Folgen, die daraus für die Gesellschaft entspringen, sind nicht zu berechnen. Schon dies ist traurig, daß so viele tausend Unschuldige leiden, und die schönsten Tage ihres Lebens mißvergnügt zubringen müssen; daß so viele, die einst die brauchbarsten Glieder des Staates hätten werden können, von der

Unwissenheit ihrer Eltern entnervt, verstümmelt, zu jeder Handlung, die Kraft erfordert, unfähig gemacht, oder wohl gar hingerichtet werden. Und wenn das wahr ist, was von jeher der vernünftigste Teil der Menschen behauptet hat: daß Tugend allein den Menschen wahre Zufriedenheit verschaffe; der Besitz einer Welt ihm diejenige Glückseligkeit nicht zu schenken vermöge, die aus derselben entspringt – möchte nicht jedem Menschenfreunde das Herz bluten, wenn er dem größten Teile der Nachwelt dieses Gut entreißen und ihn im Laster unterweisen sieht? Wenn der junge Mensch, der noch keinen besseren, einsichtsvolleren Freund als seine Eltern kennt, ihr Wort annimmt, wie wenn es vom Himmel geredet wäre, ihren Leitungen sich zuversichtlich überläßt, aber an ihnen Verräter findet, die ihn auf die gefährlichen Irrwege leiten, von denen er sich entweder nie, oder erst spät, mit geschwächtem Körper, verwundetem Gewissen und tränenden Augen, zurechtfindet?

Dies ist aber noch nicht alles. Der Zustand der Eltern verliert dabei so viel, als der Zustand der Kinder.

Das Vergnügen, sich in guten Kindern vervielfältigt zu sehen, ist so reizend, daß es auch das Vieh empfindet. Auch die Henne scheint einen festlichen Tag zu haben, wenn sie ihre Jungen das erste Mal ausführen kann. Auch das Schaf tut Freudensprünge, wenn es, in Begleitung seines Lammes, auf die Weide geht. Für den Menschen, der an jeder Sache mehr Schönes bemerken kann, ist dies Vergnügen noch weit reizender. Der Gedanke, daß Kinder Teile von uns sind, daß wir, bei einer Anzahl gutartiger Kinder, nie alt werden, indem unserer Kinder Kräfte wachsen und unsere Stützen werden, wenn unsere eigenen abnehmen, daß unser Name, unser Bild, unsere Denkungsart doch in der Welt bleibe, wenn wir sie auch verlassen müssen, daß die Früchte eines vierzig- bis fünfzigjährigen Fleißes nicht lachenden Erben in die Hände fallen, ist einer der süßesten Gedanken, den die menschliche Seele zu denken vermag. Gute Kinder sind wahrer Reichtum. Wer sie gut zu behandeln weiß, erzieht sich eine Anzahl von Bedienten, die mit Freuden seinen Wink befolgen. Er kann ungleich mehr arbeiten, ausführen, erwerben als ein anderer, der kinderlos ist. Dies erkannten die Alten wohl, deren Sitten einfältiger, aber unschuldiger als die unsrigen waren, und die deswegen ihren Reichtum nach der Zahl ihrer Kinder berechneten; die in der Meinung standen: Wie die Pfeile in der Hand eines Starken, also geraten die jungen Knaben; wohl dem, der seinen Köcher derselben voll hat! die werden nicht zuschanden, wenn sie mit ihren Feinden handeln im Tor. – Viele Töchter bringen Reichtum.[1] – Eine gute Stube voll guter Kinder gewährt den Eltern alle Augenblicke die angenehmsten Auftritte. Keine Schaubühne vermag so reine, gesunde und stärkende Freude in die Seele zu bringen, als die Beschäftigungen und Spiele der kleinen Nachwelt: kein Seiltänzer kann uns so aufheitern, als das Gaukeln des Kindes, das seine ersten Schritte wagt; kein Konzert ist wahrhaftig väterlichen und mütterlichen Ohren so süß, als sein Stammeln; ein Solo mit fünf Matadoren kann das Herz nicht so rühren, als eine gute Handlung eines Kindes, und kein Pariser Kopfputz hat so viel Reiz, als ein Stück Tuch, wozu das kleine Lottchen die Fäden selbst gesponnen hat, und das sie nun der Mutter überreicht, oder eine Zeichnung, vom kleinen Wilhelm verfertigt.

Aber diese Freuden, diese süßen und doch wohlfeilen Freuden, die auch der Tagelöhner genießen kann, die uns unter den meisten Mühseligkeiten dieses Lebens aufheitern könnten, sind für die meisten Eltern dahin. Unersetzlicher Verlust!

Wie selten sind die Eltern, die den Wert ihrer Kinder zu schätzen wüßten, die sie für Reichtum hielten! Das erste und andere nehmen sie mit Freuden an, bei der Ankunft des dritten setzt es schon verdrießliche Gesichter, und ein Bauer, der bereits Vater von drei Kindern ist, empfindet fast allemal mehr Freude über den Zuwachs seiner Herde, als über die Entbindung seiner Frau. So ist der Mensch geartet! Wie selten sind die Eltern, die die

1) Ps. 124, 4. 5. und Spr. Sal. 31, 29.

süßen Freuden empfänden, die ein Herdchen guter Kinder in die Seele bringen kann! Die meisten sind froh, wenn sie sich von ihren Kindern losreißen können, keine Stunden sind ihnen vergnügter, als die sie in Entfernung von ihnen zubringen; sie suchen den letzten Heller auf, verpfänden oft Kleidung, Hausgeräte und Grundstücke, um außer ihren Häusern sich vergnügte Stunden zu machen; sehen jeden Tag für verloren an, den sie bei ihren Kindern zubringen müssen, und klagen, daß sie ihres Lebens nicht froh würden. Wie elend und bejammernswürdig sind nicht diese Leute! Sie sitzen an der reinen Quelle, die neben ihnen hoch emporsprudelt, und durch ihr sanftes Murmeln sie zum Trunke einlädt, und klagen über Durst.

Fast all dieses verdrießliche und freudenlose Wesen, das man an den meisten Eltern bemerkt, entspringt aus der verkehrten Art, wie sie ihre Kinder behandeln. Sie lehren sie Ungehorsam, Halsstarrigkeit, Eigensinn, Trägheit, Unordnung und Eitelkeit. Kinder mit solchen Untugenden sind freilich kein Reichtum. Der Vater einer so verwilderten Familie ist vielmehr ein armer beklagenswürdiger Mann. An jedem Kinde hat er einen Befehlshaber, der täglich Nahrungsmittel, Ergötzlichkeiten, Kleidung und Aufwartung fordert, ohne sich die geringste Mühe zu geben, das Seinige zum allgemeinen Besten des Hauses beizutragen. So muß der arme Vater über Vermögen arbeiten und fronen, um immer imstande zu sein, die Kontributionen abzutragen, die seine Kinder von ihm fordern. Das einzige, was ihm von Herrschaft noch übrig ist, ist die Erlaubnis, bisweilen eine Strafpredigt zu halten, und durch Schläge seinen Unwillen auszulassen. Man entkräftet seine Kinder und macht sie krank, man bringt ihnen eine Menge höchst widriger und unangenehmer Untugenden bei; und nun ist es freilich kein Wunder, wenn der Aufenthalt bei ihnen höchst unangenehm ist, wenn die Eltern, die ihre Tage in einer Stube zubringen müssen, wo das eine Kind wimmert, das andere durch sein bleiches Gesicht Mitleiden erregt, das dritte zankt, das vierte lärmet, sich nach einem Orte sehnen, wo sie freie Luft atmen und bei einem Kruge Bier oder Wein, oder einer lustigen Gesellschaft, ihre Kinder und ihr Leid vergessen können.

Dies alles hat mich nun bewogen, dies Büchlein aufzusetzen. Es soll eine Schutz- und Bittschrift für die armen wehrlosen Kinder sein, deren viele, durch die Unwissenheit und Unvorsichtigkeit der Eltern, um ihre vergnügten Stunden, um Tugend, Gesundheit und Leben gebracht werden. Ich habe dies mit vielen Exempeln bewiesen, davon schwerlich jemand eines lesen wird, ohne sich an ein Haus zu erinnern, wo es ebenso zugehe, wie es in dem Exempel beschrieben wird.

Ist nun dieses, gibt es allenthalben Leute, die ihre Kinder so unvernünftig behandeln, wie hier erzählt wird: so ist es ja gewiß, daß die Eltern meistens selbst an den Untugenden ihrer Kinder, oft auch an ihren Krankheiten und ihrem Tode Ursache sind.

Eltern, die ganz roh sind, werden nun freilich dadurch nicht gebessert werden, sie werden das Buch voll Unwillen weglegen, schimpfen, und in der verkehrten Art, die Kinder zu behandeln, fortfahren. Für diese habe ich aber auch nicht geschrieben.

Was aber Eltern sind, die noch einiges Nachdenken haben, bei denen noch ein Funke Zuneigung zu ihrem eigenen Fleische und Blute zu finden ist, die werden doch dadurch aufmerksam gemacht werden. Wie? Werden sie denken, ich sollte selbst meine Kinder krank machen? Ich sollte selbst an ihren Untugenden schuld sein, die mir so viele mißvergnügte Stunden verursachen? Dieser Gedanke wird sie niederschlagen, sie werden die Sache weiter überlegen, und gar bald sich überzeugen, daß ich die Wahrheit geredet habe. Wenn nur zehn Paar Eltern dadurch soweit gebracht würden, daß sie sich der Torheiten schämten, die sie seither begingen, und die ich hier gerügt habe, wenn sie dieselben ablegten, ihre Kinder vor Verzärtelung, gekünstelten Speisen, den Klauen der Quacksalber, und was sonst der Gesundheit und dem Leben des jungen Weltbürgers schädlich sein mag, verwahrten; immer so redeten und handelten, wie sie wünschten, daß ihre

Kinder reden und handeln möchten; mehr Liebe und Vernunft bei ihrer Erziehung brauchten; wenn dadurch nur in zehn Häusern bei Familienfreuden, die süßesten und gesündesten unter allen irdischen Vergnügungen wieder hergestellt würden: o wieviel Gutes hätte ich durch diese wenigen Blätter gestiftet! Wie stolz wollte ich darauf sein, sie geschrieben zu haben!

Freilich werden meine Leser und Leserinnen aus diesem Buch noch nicht ersehen können, was sie eigentlich mit ihren Kindern vornehmen sollen, um Freude an ihnen zu sehen. Sind sie aber nur erst davon überzeugt, was ich sie durch alle diese Exempel habe lehren wollen, daß in ihnen selbst der Grund von den Fehlern ihrer Kinder liege, dann können sie weitere Belehrung finden in meinem: Conrad Kiefer, oder Anweisung zu einer vernünftigen Erziehung der Kinder.

Das ganze Buch ist in einem scherzhaften Tone abgefaßt; nicht deswegen, als wenn ich glaubte, daß die Torheiten, von denen ich rede, unbedeutende, belachenswürdige Kleinigkeiten wären; denn aus dem, was ich in dieser Vorrede gesagt habe, kann man schon schließen, daß ich diese Torheiten für solche Übel halte, die die Tränen des Menschenfreundes verdienen.

Deswegen schrieb ich vielmehr scherzhaft, damit ich desto mehr Leser herbeilocken und ihnen im Scherz Wahrheiten sagen könnte, die den meisten so nützlich, so unentbehrlich sind; damit auch diese das Büchlein lesen möchten, die nicht Geduld genug haben, einen ernsthaften Vortrag auszuhalten.

Daß hier und da ein pöbelhafter Ausdruck vorkommt, wird man mir hoffentlich verzeihen. Wenn man schildern will, muß man die Sachen vorstellen, wie man sie findet. Ein netter, reinlicher Anzug, den der Maler um den Körper des Bettlers hängen wollte, würde das Auge des Kenners mehr beleidigen als ein zerrissener Rock. Alsdann erst hat man Ursache sich zu beschweren, wenn die Vorstellung der Natur so hochgetrieben wird, daß die Schamhaftigkeit dabei leidet. Und dies kann man mir nicht zur Last legen.

Übrigens hoffe ich von allen Eltern, die nur einiges Nachdenken haben, daß sie dies Büchelchen sorgfältig verschließen werden, damit es ja nicht in die Hände der Kinder komme. Sie würden alle Achtung und Respekt bei ihren Kindern verlieren, wenn diese die Torheiten ihres Betragens kennenlernten. Auch der einfältigste Vater behauptet oft eine zeitlang sein Ansehen unter seinen Kindern. Es ist aber um ihn geschehen, sobald seine Einfalt in der Kinder Gegenwart aufgedeckt wird.

Vorrede zur dritten Auflage

Bei dieser dritten Auflage habe ich den Ausdruck durchgängig verbessert, verschiedene pädagogische Fehler, die bei den ersten Auflagen übergangen waren, gerügt, und so dieser Ausgabe vor dem Nachdrucke beträchtliche Vorzüge verschafft.

So launig oft der Vortrag ist, den ich mir in diesem Buche erlaubt habe, so ernsthaft ist der Inhalt, so sehr verdient er beherzigt zu werden. Nach meiner Empfindung ist das wahre Elend der Menschen immer eine Folge der menschlichen Vorurteile, Torheiten, Schwäche usw., die nicht mit ihrer Natur wesentlich verbunden sind, sondern fast immer durch eine fehlerhafte Erziehung, teils genährt, teils wirklich hervorgebracht werden. Die in diesem Buche vorgetragenen Erzählungen, die dem Inhalte nach wahr sind, obgleich ihre Einkleidung Erdichtung ist, mögen dieser Behauptung statt der Belege dienen. Es scheint also wirklich, als wenn der vorzüglichste Grund vom menschlichen Elend in der ersten Erziehung liege, die dem Menschen gegeben wird, und daß also diese müsse verbessert werden, wenn jenes sich mindern soll.

Aber eben dieses gibt uns die stärkste Hoffnung zu besseren Menschen und glücklicheren Zeiten. Vor den letzten zehn Jahren wurde über die Erziehung äußerst wenig gesagt. Die Pflicht, die

Kinder gut zu erziehen, wurde zwar von allen Kanzeln gepredigt und eingeschärft, aber wie man Kinder gut erziehen müsse, davon war gemeiniglich ein tiefes Stillschweigen. Dies konnte auch nicht wohl anders sein; weil in einer Versammlung, die aus Eltern und Kindern bestand, es unschicklich war, den ersten Regeln der Erziehung zu geben und Erziehungsfehler zu rügen. In Volksschriften, z. B. Erbauungsbüchern u. dgl. wurde der Sache auch, entweder gar nicht, oder nur obenhin gedacht. Daher darf man sich nicht wundern, wenn nicht nur von der rohen, sittenlosen Menschenklasse, sondern auch oft von den gelehrtesten, aufgeklärtesten Menschen, in den besten Absichten, sehr wichtige Erziehungssünden begangen wurden, und oft die Kinder der gelehrtesten, rechtschaffensten Väter am schlechtesten gerieten.

Und nun halte man dagegen den Eifer, mit welchem jetzt allenthalben an Verbesserung der Erziehung gearbeitet wird, und mit dem man sich bemüht, selbst dem Landmann aufgeklärte Begriffe von derselben beizubringen! Sollte dieses ernstliche, immer weiter um sich greifende Bestreben, bei dem die Hand der Vorsehung ganz unverkennbar ist, nicht für das menschliche Geschlecht wohltätige Wirkungen haben?

Daß diese auch durch das gegenwärtige Buch mögen befördert werden, ist mein herzlicher Wunsch.

Schnepfenthal, im Dezember 1791

Ch. G. Salzmann

Vorrede zur vierten Auflage

Da mein Herr Verleger von meinem Krebsbüchlein eine neue Auflage zu veranstalten nötig gefunden hat: so erhalte ich dadurch die beruhigende Gewißheit, daß es auch im fünfundzwanzigsten Jahre nach seinem Entstehen noch gelesen werde. Ein Glück, das bei der jetzigen Vielschreiberei nur wenigen

Büchern zuteil wird. Mein Zweck bei Ausfertigung desselben war, die kleine Welt gegen ihre Eltern in Schutz zu nehmen, es dahin zu bringen, daß sie ihrer Kindheit sich freuen könnten, und ihre Freuden nicht durch Vorurteil und verkehrte Behandlung verleidet würden. Dem, der alles weiß, ist es bekannt, wieviel ich dadurch bewirkt habe. Davon aber bin ich gewiß überzeugt, daß meine Arbeit nicht ganz vergeblich war; daß manche Mutter, die sonst ihre Kinder nicht leiden mochte, in ihrer Kinderstube ihren Himmel findet, und mancher Vater, der sonst außerhalb seines Hauses Aufheiterung suchte, sich nicht mehr von seinen Kindern trennen kann, und, daß das Krebsbüchlein zu dieser Veränderung beigetragen habe.

Von dem Ameisenbüchlein, das ich vor einiger Zeit herausgab, verspreche ich mir eine ähnliche Wirkung, da es mit dem Krebsbüchlein gleichen Zweck hat. Auch in diesem nehme ich mich der Kleinen an, und suche sie gegen Mißhandlung ihrer Erzieher zu schützen.

Die Summe von beiden ist diese: Eltern und Erzieher! Wenn eure Kinder Untugenden und Fehler an sich haben: so sucht den Grund davon nicht in ihnen, sondern – – in Euch! Dies ist für viele freilich ein sehr hartes, aber gewiß ein wahres Wort, das, wenn es recht gefaßt, angenommen und befolgt wird, sehr wohltätige Wirkungen hervorbringen muß. Durch Annehmung desselben werden Eltern und Erziehern die Augen geöffnet werden, und die Kinderwelt wird ihnen in einem reizenden Lichte erscheinen.

Die Ungezogenheiten, Tücken, Bosheiten, Nervenschwäche u. dgl., die sie sonst an ihren Kleinen zu bemerken glaubten, werden nicht mehr sein; sie werden nur schuldlose Geschöpfe erblicken; folglich noch nicht vernünftig, und deswegen zu tausend Torheiten und unüberlegten Handlungen aufgelegt sind, und sich darüber ebensowenig entrüsten, als über das Straucheln des kleinen einjährigen Fritz, der bei seinem Gehen die Füße einwärts setzt.

Und Heil euch, ihr Kleinen, die ihr das Glück habt, unter solcher Personen Aufsicht aufzuwachsen, die von euren Untugenden den Grund in sich suchen. Dann werdet ihr recht gesund und froh, vernünftig und gut werden, mit allen den Plagen unbekannt bleiben, die sonst der Kindheit Freuden verbitterten, und ihr Lächeln in Jammermienen umschufen, und zu Weibern und Männern aufwachsen, die alle den Segen auf ihre Nachkommen forterben, den ihnen eine vernünftige Erziehung verschafft hat.

Schnepfenthal, im November 1806

Chr. G. Salzmann

Mittel, sich bei den Kindern verhaßt zu machen

Man darf ihnen nur Unrecht tun, so wird der Haß von selbst erfolgen!

1. Das kleine Lottchen war in den Grasgarten ihres Vaters gegangen. Da war alles voll Veilchen. Hei! rief Lottchen vor Freuden aus: Da gibt es schöne Blümchen! Davon will ich die ganze Schürze voll pflücken und der Mutter ein Sträußchen winden. Geschwind kniete sie nieder und pflückte, mit größter Emsigkeit, ihr Schürzchen voll, dann setzte sie sich unter einen Apfelbaum und machte das Sträußchen fertig. Da ist es! sagte sie, nun will ich geschwinde zur lieben Mutter gehen und es ihr bringen. Das wird eine Freude sein! Da will ich mir ein paar recht süße Mäulchen verdienen.

Um die Freude noch größer zu machen, schlich sie sich in die Küche, nahm einen Porzellanteller, legte das Sträußchen darauf, und nun ging es in vollem Springen die Treppe hinauf, nach der Mutter zu. Da stolperte Lottchen – fiel – und pautz, da ging der Porzellanteller in hundert Stücke, und das Sträußchen flog eine ganze Strecke fort. Die Mutter, die in der Stube den Fall hörte, sprang sogleich zur Tür heraus, und da sie den zerbrochenen Teller sah, lief sie zurück, holte eine dicke Rute, und ohne sich nur mit einem Worte zu erkundigen, was das Kind mit dem Teller habe machen wollen, ging sie auf dasselbe zornig los.

Dieses war, vor Schrecken, über den Fall, über den zerbrochenen Teller, und über die Rute, halb tot, und konnte weiter nichts vorbringen, als liebe Mutter! Liebe Mutter! Das half aber alles nichts. Du kleine Bestie! sagte die Mutter, so einen schönen Teller zu zerbrechen! und gab ihr einen derben Schilling [Rutenstreiche].

Lottchen geriet in eine Art von Wut, da sie sah, daß ihr so offenbar Unrecht geschah. Lange konnte sie es nicht vergessen, und niemals fiel es ihr wieder ein, der Mutter ein Sträußchen zu winden.

2. Luischen bekam von ihrer Patin ein kleines Schüsselbrett voll Zinn zum Weihnachtsgeschenk. Größere Freude hätte sie ihr nicht machen können. Sie stellte noch an dem Tage, da sie es bekam, alles in Ordnung. Wenn andere Kinder sie besuchten, so gab sie ihnen gemeiniglich einen kleinen Schmaus, wobei allemal die Schüsselchen, Tellerchen und Leuchterchen gebraucht wurden, die auf dem Schüsselbrette standen. Sobald sie weggegangen waren, wurde alles wieder abgewaschen und an seinen Ort gestellt. Ihre Patin hatte darüber ein großes Vergnügen, weil sie es als ein Mittel ansah, das Kind früh zur Ordnung zu gewöhnen.

Die Freude dauerte aber gar nicht lange. Einst streckte sich Wilhelm, ihr kleiner Bruder, nach dem Zinne, und sogleich gab ihm der Vater ein Schüsselchen. Dann verlangte er noch einmal, und er bekam auch ein Tellerchen. Beides verbog er den Augenblick. Luischen traten die Tränen in die Augen, da sie zurückkam und den Schaden sah, den ihr der Bruder zugefügt hatte. Weil sie aber hörte, daß der Vater es ihm gegeben hatte, so verbiß sie ihren Schmerz. Den anderen Tag ging es aber wieder so, und es wurden zwei Leuchterchen verbogen.

Da konnte sich Luischen nicht länger halten. Voller Jammer lief sie zum Vater: Lieber Vater, sagte sie, weißt du auch, daß Wilhelm mir meine schönen Sachen verdirbt? Einfältiges Mädchen, bekam sie zur Antwort, was geht es denn dich an? Ich kann ja mit deinen Sachen machen, was ich will.

Luischen schwieg. In weniger als vier Wochen lag ihre ganze Freude im Auskehricht. Sie verbiß ihren Schmerz, wurde aber von der Zeit an auf ihren Vater so unwillig, daß sie ihm lange keinen recht freundlichen Blick geben konnte.

3. Ich habe einen wunderlichen Vater gekannt, der nicht vermochte, seinen Kindern mit Gelassenheit etwas zu verweisen, oder sie zu bestrafen. Zwar konnten die Kinder oft toben, sich zanken und schlagen, ohne daß er besonders dadurch wäre beunruhigt worden: wenn ihm aber bei der Arbeit etwas nicht nach Wunsche ging, oder die Frau oder sonst jemand ihn beleidigt hatte, so geriet er in einen heftigen Zorn.

Da er noch unverheiratet war, zertrat er im Zorne die Teetassen, oder prügelte seinen Hund aus. Seitdem er aber Kinder hatte, suchte er insgemein an ihnen seine Wut zu kühlen. Um der geringsten Kleinigkeit willen behandelte er sie so barbarisch, daß ihnen oft das Blut zum Mund und zur Nase herausfloß.

Konnten die Kinder wohl diesem Tyrannen gut bleiben?

4. „Sag mir nur, was ich mit meiner Christiane anfangen soll? so ein hartnäckiges, verstocktes Mädchen kann es unter der Sonne nicht mehr geben. Wenn ich ihr etwas verweise, gleich pelfert[1] sie wider; befehle ich ihr etwas, da solltest du nur sehen, wie sie mich ansieht, als wenn sie mich erstechen wollte. Wenn ich das Mensch[2] nur nicht mehr vor Augen sehen sollte!" So redete eine Mutter zu ihrem Bruder.

Der Bruder, der ehedem bei Christianchen die unschuldigste, gefälligste Seele bemerkt hatte, verwunderte sich über diese harte Anklage nicht wenig, verwies seine Schwester zur Geduld und versprach ihr, in kurzem den Grund von der Ausartung ihrer Tochter aufzusuchen.

Die Gelegenheit fand sich bald. Frau Selbstin, so hieß Christianchens Mutter, bewirtete eine Gesellschaft von Freunden bei sich, unter denen sich auch ihr Bruder befand.

---

1) Üblicher und richtiger ist belfern = wiederholt bellen; bildlich wie hier, mit vielen Worten und wiederholt schelten, ohne etwas auszurichten.

2) „Das Mensch", damals die verächtliche Bezeichnung einer weiblichen Person.

Da der Kaffee aufgetragen wurde, mußten die Kinder der Frau Selbstin herbeikommen.

Es waren ihrer drei. Zwei davon waren vorzüglich schön, und ihre ganze Gestalt hatte so etwas Angenehmes, daß sie notwendig jedem, der sie sah, gefallen mußten. Sie waren dreist und reich an Einfällen, die allemal belacht wurden, ob sie gleich nicht immer viel taugten. Christianchen war auch nicht häßlich. Sie verlor aber, wenn sie zwischen ihren schönen Schwestern stand. Sie hatte sehr artige Einfälle, war aber so schüchtern, daß sie, besonders in großer Gesellschaft, wenig sprach. Jene Mädchen waren auf das Niedlichste angekleidet, und man sah es ihnen an, daß die Mutter recht darauf studiert hatte, ihre Reizungen durch den Anzug noch mehr zu erhöhen. Christianchen war äußerst nachlässig angezogen, und man merkte ganz deutlich, daß ihr ganzer Anzug aus Kleidungsstücken zusammengesetzt war, die ihre Mutter abgelegt hatte.

Ei die allerliebsten Kinder! schrie die Gesellschaft, sobald sie in das Zimmer traten, und jedes küßte Christianchens Schwestern. Diese bekam nur ein paar kalte Mäulchen, dann ließ man sie stehen. Bei den anderen konnte man des Küssens nicht satt werden. Man nahm sie auf den Schoß, man lobte ihren Putz, ihre Bänder, ihre Armschleifen; man ließ sich mit ihnen in ein Gespräch ein, und das arme Christianchen wurde nicht bemerkt. Die Mutter, die einige Minuten mit größtem Wohlgefallen dieser Komödie zugesehen hatte, fing nun an, in das Lob dieser beiden Mädchen auszubrechen. Was das für drollige Kinder sind, das kann ich Ihnen nicht sagen. Denken Sie nur, was die Lotte gestern für einen Streich machte! Ich hätte mich mögen entzwei lachen. Und die Luise, ja die ist auch ein durchtriebenes Ding!

So plauderte die Mutter wohl eine halbe Stunde lang. An Christianchen aber dachte gar niemand. Die stand in einer Ecke, wie wenn sie nicht ins Haus gehörte. Sie schlug beschämt die Augen nieder, besah die Nägel an den Fingern, knüpfte das Band an ihrer Schürze auf und zu – die Miene verzog sich endlich, da sie es nicht länger aushalten konnte, sie sprang hinaus und schlug die Tür ziemlich ungestüm zu.

Siehst du, Bruder, sagte die Mutter, was dies für ein abscheuliches Kind ist?

Aber der Bruder war aus aller Fassung. Hände und Füße zitterten ihm. Er mußte sich entfernen und in das Nebenzimmer gehen, wo er sich in einen Lehnstuhl warf.

Nu? sagte die Mutter, als sie ihn in diesem Zustande fand, was soll denn das sein?

Br. O laß mich, grausame Mutter!

M. Ich? grausam?

B. Das bist du.

M. Gegen wen ich bin grausam?

B. Gegen deine Kinder bist du grausam, und besonders gegen die arme Christiane.

M. Ich weiß nicht, was das für ein Gewäsche sein soll. Erkläre dich deutlicher! Ist das vielleicht die Grausamkeit, daß ich ihr nicht gleich die Hiebe zugezählt habe, die sie mit dem Zuschlagen der Tür verdient hat?

B. Fi! daß doch eine Frau, die vernünftig sein will, so unbesonnen reden kann. Christiane ist nicht so schön, wie ihre Schwestern, dafür kann sie nichts. Anstatt nun, daß du etwa darauf denken solltest, ihr einen Anzug zu wählen, der doch ein bißchen ersetzte, was ihr die Natur versagt hat: so wirfst du ihr die Lumpen zu, die du abgelegt hast, und behängst die anderen Kinder mit hunderterlei Pöschen[1], damit ja alle Welt auf sie sehen und die Christiane nicht bemerken soll. Alles, was jene Kinder vorbringen, und wenn es noch so abgeschmackt ist, das wird bewundert und belacht. Anstatt daß du nun die Fremden, die die guten Eigenschaften der Christiane nicht kennen, zurechtweisen, und sie auf die Vorzüge der Christiane aufmerksam machen solltest – da trittst du selbst mit hin und suchst alles für jene Kinder

1) Verkleinerungsform von die Posche (frz. la poche) = die Tasche; in allgemeiner Bedeutung, Taschen, Schleifen, Bänder u. dgl.

einzunehmen. Ist Christianchen vielleicht ein Klotz? Sollte sie dies nicht kränken? Machst du sie nicht selbst boshaft?

Machst du nicht, daß sie dir gram, daß sie auf ihre Geschwister neidisch wird? Und Schwester! kurz und gut – ich nehme Christiane zu mir.

Und das tat er wirklich. Er nahm bei dem Abschied Christiane mit nach Hause, und sie wurde unter seiner Aufsicht binnen weniger Wochen das beste gefälligste Mädchen.

Oder man kann auch diese Absicht erreichen, wenn ein Ehepaar sich bemüht, den Kindern Widerwillen gegen den anderen beizubringen

1. Eine gewisse Mutter hatte drei Dinge, womit sie ihre Kinder zu schrecken suchte, den lieben Gott, den Vater und den Mummelpetz[1]. Wenn sie miteinander spielten, und bisweilen ein wenig zu laut wurden, so drohte sie mit einem von dreien. Entweder sie sagte: stille, Kinder, der liebe Gott straft, er wirft euch in die heiße Hölle! Oder: stille, der Petz kommt! Oder: jetzt kommt der Vater, der soll euch karbatschen[2], daß ihr Öl gebt.

Der Erfolg hiervon war dieser, daß die Kinder gegen den lieben Gott, den Vater und den Petz gleichen Abscheu bekamen.

2. Wenn das kleine Margretchen von seinem Vater, wegen seines Eigensinnes, war gezüchtigt worden, so lief es allemal zur Mutter und verklagte den Vater. Diese bedauerte es, sagte auch wohl, das ist ein böser Vater, das arme Kind so zu schlagen! Da, Margretchen, hast du einen Pfennig, gehe hin und hole dir eine Semmel. Ist's Wunder, wenn Margretchen gegen den bösen Vater Abneigung bekam?

---

1) Der Mummel = unheimliche (Schreck-) Gestalt, Gespenst; ein altes deutsches Wort; vgl. Mummelsee, -bär.

2) Die Karbatsche ist eine dicke Riemenpeitsche; davon karbatschen.

Sei bei den Liebkosungen deiner Kinder unempfindlich!
Nimm an ihren Freuden keinen Teil!
und sie werden dir gewiß gram werden

1. Ein liebes Ehepaar hatte den Kopf immer so voll von Geschäften und Unternehmungen, daß es jeden Augenblick für verloren hielt, da es sich mit seinen Kindern unterreden mußte. Der Mann rechnete, und die Frau war immer mit Entwürfen beschäftigt, wie sie ihren Putz erhalten und vermehren wollte. Notwendig mußte es ihnen also empfindlich fallen, wenn sie durch ihre Kinder unterbrochen wurden.

Schmachtend streckte der Säugling seine Händchen aus, um des Vaters Backen zu streicheln – er stieß es kaltsinnig zurück. Lächelnd hüpfte ihm der kleine Niklas mit seinem A-B-C-Buche entgegen und sagte: Gucke, Vater! das artige Äffchen hat ein Äpfelchen im Pfötchen! Laß mich zufrieden! bekam er zur Antwort. Er lief zur Mutter und wurde zurückgestoßen.

Da ging Niklas mit seinem Buche zur Magd, und diese wußte ihn schon besser zu behandeln. Sie freute sich mit ihm über das Äffchen, zeigte ihm den Wolf und das Häschen und erzählte ihm, wie der Wolf das Schäfchen frißt, und wie gut gebratene Hasen schmecken.

Dafür wurde sie auch seine liebe Marie, die alle seine Heimlichkeiten erfuhr, und an allen seinen Freuden teilnahm.

Seinetwegen hätten Vater und Mutter ein Vierteljahr verreisen können, er hätte sich nichts daraus gemacht. Wann aber die Marie einen Tag nicht zuhause war, da hätte man das Weinen hören sollen!

2. Der kleine Ludewig hatte von seinem Bekannten etliche Levkojenpflanzen bekommen und in Blumenasche gesetzt. Daran hing nun sein ganzes Herz. Des Morgens war sein erster Gang in den Garten, um seine Pflänzchen zu sehen. Des Abends legte er sich nie nieder, ohne sie begossen zu haben.

Als er einmal des Morgens in den Garten kam, da war, ach die Freude! die Freude! – da war eine Levkoje aufgeblüht, und noch dazu eine gefüllte!

Nachdem er einigemal vor Freuden in die Hände geschlagen und etliche Freudensprünge getan hatte, so lief er nach dem Vater zu.

Vater! Vater! komm geschwind mit in den Garten!

Was soll ich denn da tun?

Ich will dir was recht Schönes zeigen.

Was denn?

Komm nur! komm nur! was recht Schönes!

Du bist ein Narr!

Nein wirklich! Eine Levkoje, eine gefüllte!

Mit deiner dummen Levkoje da!

Da nun das Herz des kleinen Knaben so voll Freude war, daß es sich notwendig gegen jemanden ergießen mußte: so lief er zu dem kleinen Kilian und zeigte ihm das schöne Blümchen.

Dieser freute sich denn mit ihm und bekam nach und nach die Liebe und das Zutrauen, das Ludewig seinem Vater so gerne geschenkt hätte, wenn er es nur hätte annehmen wollen.

Versage deinen Kindern unschuldige Ergötzlichkeiten! und sie werden dich verabscheuen

Ein gewisser Mann hatte noch in seinem fünfzigsten Jahre die Freude, Vater zu werden. Seines Alters wegen war er gesetzt und ernsthaft in seinem Betragen, und wollte nun, daß sein Gustav ebenso sein sollte.

Aber der war nicht so. Da er seiner Füße mächtig wurde, fühlte er seine Kräfte und Munterkeit, hüpfte, scherzte und suchte Gespielen, um sich mit ihnen zu ergötzen.

Dies verursachte dem Vater großen Verdruß.

Er nahm Gustaven bisweilen zu seinem Gesellschafter, wenn er auf das Feld spazierte. Wenn nun dieser den Schmetterlingen nachlief oder auf den Wiesen herumhüpfte, um Blumen zu suchen, so rief ihm der entrüstete Vater zu: Gustav! Gustav! wo läufst du denn herum? Willst du gleich her! Pfui, der wilde Gassenjunge! Sieh doch, wie ich gehe! Kannst du es nicht ebenso machen?

Das Kegelspiel, das Gustav von seinem Vetter zum Geschenke bekommen hatte, verbrannte er, und einen Ball, den er einmal nach Hause gebracht hatte, zerschnitt er und sagte, die Zeit, die er mit Spielen verderben wollte, könnte er besser anwenden, wenn er ein Hauptstück aus dem Katechismus lernte.

Wenn Gustav bei ihm auf der Stube war, so mußte er ganze Stunden sitzen, ohne daß er sich von seiner Stelle bewegen durfte.

Durch diese Art der Behandlung machte sich dieser Mann seinem Sohne so verhaßt, daß er bei den rohesten Leuten lieber als bei seinem Vater war.

Da der Vater starb, floß keine Träne der Wehmut aus seinen Augen. Gut, dachte er, daß ich dieser verdrießlichen Aufsicht los bin, nun kann ich doch leben wie ich will.

Auch durch Verspottung deiner Kinder kannst du dich bei ihnen verhaßt machen

1. Meister Jakob hatte sich das Spotten und Höhnen so angewöhnet, daß er es auch nicht lassen konnte, wenn er mit seinen Kindern sprach. Nie war er imstande, ihnen ihre Fehler auf eine sanfte Art zu verweisen; alles mußte in einem beleidigenden, beißenden Tone geschehen.

Schlief z. B. ein Kind des Abends auf seinem Stuhle ein: so war das insgemein die Strafe, daß er ihm einen Bart mit Tinte oder Kohle machte und es der Verspottung des Gesindes preisgab.

Seine Tochter hatte sich einmal bei Tische die Brühe über die Schürze gegossen: gleich sagte er zu dem Lehrjungen, daß er, wenn er ausginge, ein Trögelchen bei dem Zimmermanne bestellen solle, damit sie hinfort daraus speisen könne; er wolle bald auch ein paar Kamarädchen [Gesellen] besorgen; des Nachbars Sau habe hübsche Ferkel geworfen, davon wolle er ein Paar zu Marthchens Gesellschaft kaufen, ein Paar recht bunte!

Einmal hatte Marthchen, über dem Spiele, Gesicht, Hände und Kleider beschmutzt, daß sie nun freilich sehr unreinlich aussah. Ei! rief der Vater, da er sie erblickte: Das ist ja eine galante Mamsell! Die sollte sich wohl gut für Dreckthomsen (das war der Name eines einfältigen Menschen, der den Gassenjungen zum Zeitvertreibe diente) schicken. Nicht wahr, Marthchen! das wäre ein hübscher Schatz für dich?

Und dies geschah immer in Gegenwart der Magd und des Lehrjungen, die insgemein dergleichen Spöttereien mit lautem Gelächter aufnahmen und hernach die Kinder damit vexierten.

Wie konnten doch die Kinder so einen Vater liebhaben!

2. Seit etlichen Tagen erst hatte Luischen von ihrer Mutter gelernt, die Nähnadel zu führen. Jetzt sollte sie nun, an der Seite der Mutter, eine Probe ihrer Geschicklichkeit ablegen, und ein Schnupftuch säumen. Willst es, dachte sie, recht schön machen, daß die Mutter dich lobt, und der Vater – ja wer weiß, was der tut, wenn es recht gut ausfällt!

Da hätte man sehen sollen, wie emsig das liebe Mädchen nähte, daß es auch vor großer Emsigkeit vergaß, die Brezel zu essen, die es zum Frühstücke bekommen hatte. Luischen war aber nicht nur emsig, sie wollte es auch recht gut machen, und lief daher, so oft sie zwanzig bis dreißig Stiche getan hatte, zur Mutter, und fragte: Ist's so recht, liebe Mutter?

Und nun ging es geschwind wieder über die Arbeit her.

Doch da es am besten gehen sollte, pik! da stach sich das gute Kind in den Finger, daß es vor Schrecken über den ungewohnten und unvermuteten Schmerz, ganz außer sich war. Wehmütig hielt es den Finger der Mutter hin, und machte ein solch Jammermäulchen, daß ein Stein in der Erde sich hätte erbarmen mögen.

Aber die unvernünftige Mutter, anstatt daß sie das leidende Kind hätte bedauern sollen, schlug ein lautes Gelächter auf, und alle ihre übrigen Kinder lachten mit.

Da warf Luischen, voller Unwillen, Schnupftuch und Nähnadel hin, schrie laut, lief in die Küche, verbarg ihr Gesicht unter die Schürze der Magd, und weinte sich da recht satt.

Da fand sie auch Mitleiden und Trost, und ward Kathrinchen gut, die ihr ein Läppchen um den verwundeten Finger band, und ihr versicherte, daß er bald heilen würde.

Der unzeitige Spott der Mutter hatte sie aber so gekränkt, daß sie von der Zeit an einen Groll gegen sie faßte. Da es in der Folge mehrmals geschah, daß sie von der Mutter ausgelacht wurde, wenn sie sich gestoßen oder geschnitten hatte, so wurde sie ihr endlich gar gram, und die Mutter wußte immer nicht, wie das zuging.

* * *

Mittel,
Kinder gegen sich mißtrauisch zu machen

Belüge und hintergehe sie oft, dann werden sie dir nicht mehr trauen

1. Den ersten April beredete sich eine Mutter mit der Magd und dem Lehrjungen, daß sie Sabinchen in den April schicken wollten. Der Anschlag wurde bald ausgeführt; denn Sabinchen bekam den Auftrag, in einem großen Topf, der ihr zu dieser Absicht gegeben wurde, aus der Apotheke Irrwischfett zu holen.

Gleich, liebe Mutter! sagte das unschuldige Kind; ich will nur erst mein Mäntelchen umtun.

Nun hüpfte sie fort, voller Freuden, daß sie der Mutter eine Gefälligkeit erzeigen konnte. Als sie aber in die Apotheke kam, wurde sie ausgelacht.

Schluchzend kam sie zurück und wollte sich bei der Mutter erkundigen, ob sie auch recht verstanden habe?

Da schlugen Mutter, Lehrjunge und Magd ein helles Gelächter an und riefen ihr entgegen: Weißt du nicht, daß heute der erste April ist?

Unwillig wandte sich Sabinchen um, warf einen Blick voll Verachtung auf die Mutter, als wollte sie sagen: Nichtswürdiges Weib! verdienest du auch wohl, daß ich dich ferner Mutter nenne?

Wenn ihr nach der Zeit die Mutter etwas sagte, oder sie vor etwas warnte, so dachte sie: hum! – wer weiß auch, ob es wahr ist?

2. Franz hatte ein Brüderchen bekommen. Da er es gesehen hatte, so fragte er den Vater: Vater! sag mir doch, wo das Brüderchen hergekommen ist?

Das hat der Storch gebracht.

Wo hat es der Storch hergekriegt?

Draußen vor dem Tore, da ist ein Teich, in dem die Kinder schwimmen, daher hat auch der Storch dein Brüderchen geholt.

Das glaubte Fränzchen, hüpfte zu seiner älteren Schwester und erzählte ihr, was ihn jetzt der Vater gelehrt habe.

Die Schwester lachte über die Leichtgläubigkeit des Knaben und erzählte ihm alles, was sie von der Geburt der Kinder wußte.

Wenn nach der Zeit der Vater etwas erzählte, so fragte Fränzchen gemeiniglich: Vater! du lügst doch nicht? wie damals mit dem Storche?

* * *

Mittel,
sich bei den Kindern verächtlich zu machen

Macht eure Kinder mit euren Fehlern bekannt,
und sie werden euch gewiß verachten

Hans und Grete waren einander ziemlich gut, hatten aber beide ein so heftiges Temperament, daß eine Kleinigkeit, der man in anderen Häusern gar nicht achtet, sie so aufbrachte, daß sie alle Überlegung verloren. Oft umarmten sie einander des Morgens auf das zärtlichste, und versicherten einander ihrer Liebe, aber in eben dieser Stunde runzelten sie auch oft die Stirnen, die Augenbrauen zogen sich zusammen, die Zähne knirschten, die Mäuler öffneten sich und sprudelten einen Wust von pöbelhaften und beleidigenden Reden von sich.

So umarmte z. B. Hans einmal sein Gretchen auf das inbrünstigste und sprach: Bestes Gretchen!

Gr. O du guter Hans!

H. Wenn ich dir nur sagen könnte, wie lieb ich dich habe!

Gr. O du gehst mir über alles in der Welt!

H. Aber das Loch, das Christoph in der Jacke hat, hast du noch nicht zugestochen.

Gr. Das dacht ich wohl. Kaum bist du aus dem Bette, so geht das Knurren schon an. Das wird –

H. Ho! Ho! Ich werde doch wohl reden dürfen, bin ich nicht Herr im Hause?

Gr. Ha, ha, ha! Herr? So ein Kerl wie du bist? Wenn der nur nicht von Herrschaft reden wollte.

H. Mensch, raisoniere nicht! Du mußt ja Gott danken, daß du mich bekommen hast.

Gr. Ei denk doch! So ein Lump, wie du bist, ist allenthalben zu haben.

H. Du Gretchen, was willst du reden. Du tust ja nichts, du fragst ja viel danach, wenn deine Kinder wie die Bettelkinder umherlaufen. Deine Wäsche – Schimpf und Schande, daß man sie einen ehrlichen Menschen soll sehen lassen.

Gr. Pfui! über das Gerede. Wenn du dich doch nur um dich bekümmertest!

Die Kinder hörten gemeiniglich diesen Zänkereien sehr begierig zu.

Wenn es die Eltern bemerkten, so verdoppelten sie ihre Kräfte, um einander die empfindlichsten Schmachreden zu geben, weil jedes gerne die Kinder überzeugen wollte, daß es recht und das andere unrecht habe.

Die Kinder gaben, in ihren Gedanken, beiden recht, und hielten beide für nichtswürdige Leute. Es kam am Ende so weit, daß sie auf ihrer Eltern Befehle gar nicht mehr achteten, und die Eltern konnten gar nicht begreifen, woher dies kommen möchte.

2. Es war einmal ein Mann, der den Fehler hatte, daß, wenn er in Gesellschaft seiner Freunde ein Gläschen Wein trank, er ohne Überlegung plauderte, was ihm auf die Zunge kam. Oft vergaß er sich so sehr, daß er alle seine jugendlichen Torheiten erzählte. Er wollte sich vor Lachen ausschütten, wenn es ihm einfiel, wie er, in seiner Kindheit, seiner Mutter über die Äpfelkammer hergefallen war, was für Mutwillen er mit seinen Schulkameraden getrieben, und was für Ausschweifungen er auf seiner Wanderschaft, bald in dieser, bald in jener Schenke, begangen hatte.

Seine Kinder fanden in dergleichen Erzählungen so viel Vergnügen, daß sie oft Messer und Gabel liegenließen, Essen und Trinken vergaßen, damit ihnen ja kein Wort entwischen möchte.

Wenn er das merkte, so hielt er freilich an sich und sagte: Wie man halt ist, wenn man jung ist, Jugend hat Untugend!

Da nun die Kinder wußten, daß sie auch jung wären: so glaubten sie, sie müßten auch Untugend haben, und erlaubten sich alle Ausschweifungen, die ihr Vater begangen hatte, und noch viel mehrere.

Wenn ihnen dann der Vater dieses verwies, so richtete er insgemein wenig aus, denn sie dachten: Du hast es ja eben nicht besser gemacht!

Befiehl viel, ohne nachzufragen, wie es sei befolgt worden; drohe immer, ohne deine Drohungen zu erfüllen, und du wirst bald deiner Kinder Spott werden

1. Wenn man nach den Anordnungen hätte urteilen wollen, die Kunigunde immer bei ihren Kindern machte, so hätte man meinen sollen, ihre Familie müßte ein Muster guter Ordnung sein.

Du Christinchen! Du sollst die Schlafkammer unter deiner Aufsicht haben und sie alle Morgen aufräumen; deine Kleider in diesen Schrank hängen! Die Wäsche in diesen Kasten legen! Richte dich danach! Und du, Wilhelm, sollst dafür sorgen, daß die Gläser ausgespült und die Messer geputzt werden; zehn Uhr und vier Uhr sollst du allemal nachfragen, ob ich dich wohin zu verschicken habe! merke es!

Diese Sprache führte sie täglich, und täglich gab sie neue Gesetze, ohne sich zu erkundigen, wie die alten befolgt würden. Und Christinchen räumte die Schlafkammer nicht auf, und warf ihre Kleider und Wäsche an den Ort hin, wo sie sie auszog; Wilhelm hingegen spülte weder die Gläser aus, noch putzte er die Messer und war um zehn und vier Uhr gewiß auf dem Spielplatze.

Endlich kam es so weit, daß die Kinder sich umdrehten und lachten, wenn die Mutter ihnen neue Gesetze geben wollte.

2. „Untersteh dich noch einmal und schlage mir die Tür wieder so zu, so sollst du sehen, was du gemacht hast! Wenn du noch einmal mit ungewaschenen Händen dich zu Tische setzest,

so sollst du gewiß trocken Brot zu essen bekommen! Diesmal will ich dir es noch verzeihen, aber das erstemal, daß du es wieder tust, so will ich dir gewiß die Rute so derb geben, als du sie noch nie bekommen hast! Ja sieh mich nur an! Du denkst gewiß, es wäre Spaß? Nein, darauf wage es ja nicht! Du wirst sehen, daß mit mir gar nicht zu spaßen ist."

Dies war der Ton, aus welchem ein Vater täglich mit den Kindern sprach. Seine Unterredungen waren lauter Drohungen, die nie erfüllt wurden.

Das merkten die Kinder bald. Sie schlugen die Türen zu, kamen mit ungewaschenen Händen zu Tische, trieben allerlei Mutwillen, ohne den drohenden Vater im geringsten zu scheuen.

Darüber kam nun der gute Mann oft in solchen Eifer, daß ihm alle Glieder zitterten, daß er auf den Tisch schlug, daß die Gläser klangen, und wohl schwur, daß er einmal ein Exempel an seinen Kinder statuieren wolle, das sie ihr Leben lang nicht vergessen sollten.

Hum! dachten alsdann die Kinder, so geschwinde geht es nicht.

3. „Nun ist es bald Weihnachten!! Wer da von euch recht fromm gewesen ist, der soll auch etwas recht Schönes bekommen. Wer aber böse ist, dem wird eine derbe Rute beschert werden, und sonst nichts."

Diese Reden trieb Frau Lore gegen ihre Kinder, vom ersten Adventssonntage an, täglich. Constant, der ohnedies ein guter folgsamer Junge war, ließ sich dies noch mehr zum Guten ermuntern; aber Clärchen, ein kleines flatterhaftes Ding, ließ sich dadurch nicht im geringsten reizen, ihren Leichtsinn abzulegen. Sie blieb so mutwillig, unfleißig und tückisch wie zuvor.

Constant verwies es ihr oft und erinnerte sie, daß sie sich wohl noch um ihre Weihnachtsfreude bringen würde.

Hum! antwortete Clärchen, das ist gewiß; ehe Weihnachten kommt, hat die Mutter alles vergessen!

Nun kam Weihnachten: Was geschah? Der gute folgsame Constant bekam eine ganze Wanne voll Äpfel, Nüsse und ein Paar neue Hosen; hingegen das ungehorsame Clärchen bekam einen ebenso großen Korb voll Äpfel und Nüsse, und noch überdies einen schönen Rock, der wohl noch einmal soviel kostete wie Constants Hosen.

Ätsch, sagte sie zu ihm, habe ich dir es nicht gesagt? Daß ich doch kein Narr wäre und mich vor dem Schimpfen der Mutter fürchtete.

Constant merkte es sich. Frau Lore mochte hinfort von Rute oder Stock reden, so sah er Clärchen an und lachte.

* * *

Mittel, Kindern frühzeitig Haß und Neid gegen ihre Geschwister einzuflößen

Entziehe dem einen deine Liebe
und schenke sie ganz dem anderen!

Zwei Brüder, Christian und Christoph, hatten im Grunde beide gute Herzen, aber eine ganz entgegengesetzte Gemütsart. Christian war munter und sinnreich, Christoph hingegen verdrossen und mürrisch. So wie ihre Gemütsart, so war auch ihr Äußerliches. Christian hatte immer eine lächelnde, gefällige Miene. Christoph sah immer ernsthaft und finster aus, selten sah man ihn lachen. Bei jenem ging alles in Hüpfen und Springen, dieser hatte einen schwerfälligen Gang. Jener war sehr reich an scherzhaften Einfällen, dieser desto ärmer. Und wenn auch beide einerlei sagten, so kleidete es doch jenen, wegen seiner Freundlichkeit, besser als diesen. Wenn Christian sagte: krieg ich auch Kirschen? so war man fast nicht imstande, sie ihm abzuschlagen. Und wenn Christoph sprach: krieg ich auch Kirschen? so schien es, als wenn er eine Ungezogenheit begangen hätte.

Da war es nun ganz natürlich, daß alle Leute, die Christophs gute Seele nicht kannten, ihn vernachlässigten, und Christian ihm vorzogen. Die Kinder drängten sich um diesen, und rissen ihn mit zum Spiele fort, und jenen ließen sie stehen; kamen Fremde in das Haus, so konnten sie bei Christian des Lobens und Schmeichelns nicht satt werden; aber den guten Christoph – ja den bemerkte man nicht.

Dies ging am Ende so weit, daß die Eltern selbst sich in Christian vergafften und Christoph beinahe alle Liebe entzogen.

Schon der Ton, aus welchem sie mit beiden sprachen, war äußerst verschieden, so daß man hätte glauben sollen, Christoph wäre ein Stiefkind.

Christianchen, willst du mir denn ein Glas Wasser holen?

Da Christoph, nimm das Glas! Bring es voll Wasser!

Komm du kleiner blauäugiger Vogel! Da habe ich dir etwas mitgebracht. Sieh einmal die Kirschen!

Da Christoph, hast du auch Kirschen!

Ah! bist kein hübscher Christian. Hast dir das ganze Gesicht mit Heidelbeeren blau gemacht.

Wie doch der Junge wieder einmal aussieht – wie ein Schwein! Hat man doch weiter nichts zu tun, als an dir zu waschen.

Christian! Christian! Wenn du mir das noch einmal tust, so setzt es etwas. Ich schlage nicht gerne, das weißt du. Aber – wenn du im Guten nicht hörst – kennst du da die Rute?

Hundsföttischer Junge! Was hast du gemacht? Untersteh dich noch einmal, so will ich dich gewiß an die Ohren schlagen, daß du dich um und um drehen sollst.

So verschieden nun der Ton war, aus dem diese Leute mit ihren Kindern sprachen, so verschieden war auch ihr ganzes Betragen gegen sie.

Christian kam bei den größten Ungezogenheiten mit einem

kleinen Verweise durch. Christoph wurde bei den kleinsten Versehen mißhandelt; jener bekam manchen Honigkuchen, manche Makrone, manche Pfirsiche, und der arme Christoph mußte das Maul wischen. Zehnmal kniff die Mutter wohl den Tag über Christian in die vollen Backen; aber der gute Christoph – daß er doch nur einmal eine Caresse [Liebkosung] bekommen hätte! Über Tische bekam Christian immer zuerst und das beste Stück; ging es an ein Spazierfahren, so brauchte er nur mit seinen blauen Augen nach dem Vater und der Mutter zu schielen, so kam er gewiß mit; aber Christoph – der mußte immer zuhause bleiben – nahm man ihn ja einmal mit, so wurde es ihm als eine besondere Gnade angerechnet. Daß Christian auch in seiner Kleidung einen Vorzug hatte und man alle Mühe sich gab, ihm immer etwas anzubinden und anzustecken, das in die Augen fiel, versteht sich von selbst.

Dadurch wurde nun Christoph alle Tage erbitterter. Er wurde seinem Bruder gram. Wenn dieser etwas geschenkt bekam, anstatt, daß er darüber eine Freude hätte haben sollen, so ärgerte er sich; bekam Christian hingegen einen Verweis, oder stieß sich, oder fiel, so hatte er eine Freude. So wenig er zu lachen pflegte, so habe ich ihn doch einmal lachen sehen, da der schöne Blumentopf, den sein Bruder von der Mutter bekommen hatte, vom Schranke fiel.

Die Bosheit seines Herzens wurde täglich genährt und wuchs so stark, daß er sie am Ende nicht länger verbergen konnte.

Anfänglich legte er sich auf das Pelfern [Schelten]. Wenn Christian etwas vor ihm voraus bekam, so sprudelte er allerlei unanständige Reden heraus: Das ist wahr – Das ist nicht erlaubt – Christian kriegt alles – ich kriege nichts – hu-hu-hu, bin ebensowohl Kind – das übrige murmelte er durch die Zähne, die gemeiniglich vor Bosheit knirschten.

In der Folge verging er sich so weit, daß er seinem Bruder alle mögliche Tücke zufügte. Er riß Blätter aus seinen Büchern, befleckte seine Kleider, täglich gerieten sie aneinander, schimpften und balgten sich, und, da Christoph derbe Fäuste hatte, so warf er oft seinen Bruder zu Boden, faßte ihn bei den Haaren und schlug den Kopf auf die Erde.

Freilich bekam er allemal dafür seine Strafe; das half aber alles nichts. Er wurde von Tag zu Tag schlimmer, und seine Mutter sagte oft: Wenn ich nur wissen sollte, wo der Junge herkäme! Hopfen und Malz ist an ihm verloren! Er kriegt alle Tage Schläge, und ist doch so boshaft!

Wenn du ein Kind strafst, so lobe das andere!

Frau Anne war in ihrem Betragen etwas heftig. Wenn ein Kind etwas versah, so fuhr sie über dasselbe her, zauste es bei den Haaren, gab ihm Maulschellen und Faustschläge. War sie nun ermüdet, so fiel sie in den Lehnstuhl, hielt noch eine lange Strafpredigt, und dann kam sie gewöhnlich auf das andere Kind zu reden, das denselbigen Tag keine Schläge bekommen hatte, und dem sie eine ebenso übertriebene Lobrede hielt.

Um mich deutlicher zu erklären, will ich doch einmal ein Exempel hinzusetzen.

Kathrinchen, ihr ältestes Töchterchen, hatte einmal Lust, sich am Wasser zu vergnügen. Sie setzte Stücken Holz auf das Wasser, sagte, das wären Schiffe, und hatte da ihre Lust daran. Dann wollte sie fischen, fuhr mit den Armen bis über den Ellbogen in das Wasser, und, wenn sie ein Steinchen oder ein Stückchen Eisen erhascht hatte, so rief sie ihren Gespielinnen zu: he! Ich habe einen Fisch gefangen! Da habe ich einen Karpfen! Da habe ich eine Forelle! Mit dieser Lust machte sich Kathrinchen nach und nach so naß, daß alle ihre Kleider troffen. Christinchen aber, der es dazumal gefiel, ein paar junge Sperlinge zu rupfen, nahm an dieser Lust keinen Anteil, und blieb also trocken.

Da traf nun Frau Anne ihr triefendes Kathrinchen an, und gleich – schwapp, schwapp – hatte sie ein paar tüchtige Ohrfeigen.

Sie griff ihr in die Haare, schleppte sie in die Stube, zauste sie noch ein paar Minuten, dann fiel sie, halb atemlos, in den Lehnstuhl, und hielt ihr noch folgende Strafpredigt:

Du gottehrenvergeßnes Kind! Schimpf und Schande hat man von dir! Ich ziehe und ziehe an dir, und es bleibt immer, wie es ist. Und wenn ich mir das Maul bis zu den Ohren rede: so wirst du nicht anders. Ein Sausiedel[1], ein rechter Aschenbrödel bist du. Wie sie da steht; die große Elze[2]! wie ein Trampel! Die Schürze habe ich ihr erst heute weiß vorgetan – wie sie schon aussieht! Pfui! ich wollte mich schämen, wenn ich hübscher Leute Kind wäre, und wollte mich so säuisch aufführen! Da lob ich mir doch Christinchen! Wie das so reinlich dasteht, wie wenn sie ein Kätzchen geleckt hätte! Das hält doch etwas auf sich! Das wird niemals solche dummen Streiche vornehmen! Aber komm her, mein liebes Christinchen! Ich will dir ein Mäulchen geben. Von Kathrinen – dem – pfui! ich will nichts mehr von ihr wissen – mit dem Besen will ich sie fortkehren!

Machte nun Christinchen den anderen Tag etwas nicht nach der Mutter Kopfe, so bekam sie eben diese Strafpredigt, und Kathrinchen wurde ihr zum Muster vorgestellt.

Was Frau Anne bei diesem Betragen gegen ihre Kinder eigentlich zur Absicht gehabt habe, weiß ich nicht. Wenn aber dies ihre Absicht war, ihre Kinder gegeneinander aufzuhetzen, so hat sie dieselbe glücklich erreicht.

Sie wurden gegeneinander so erbittert, daß sie einander mit den Augen hätten erstechen mögen. Das gelobte Kind ärgerte sich immer über das bestrafte, weil es der Mutter so vielen Verdruß verursachte; und das bestrafte hätte vor Unwillen vergehen mögen, daß dem Schwesterchen, das doch eben nicht besser war, solche Lobeserhebungen gemacht wurden.

---

1) Ein Sausiedel – „Siedler bei den Säuen“ – ist jemand, der sich bei den Säuen aufhält und deshalb das Wesen derselben angenommen hat.

2) Schimpfname für eine langaufgeschossene, ungeschickte Person.

Sei fein gelinde bei den Kränkungen, die deine Kinder einander zufügen, und hüte dich, daß du ihre Zänkereien nicht genau untersuchst

Marianne wußte sich sehr gut bei ihren Eltern einzuschmeicheln, aber das ist nicht zu leugnen, daß sie auch sehr tückisch, bisweilen boshaft war. Hatte ihr Bruder etwas, das ihr anstand, so zog sie es an sich, oder zerriß, zerschlug und verdrehte es. Da fing nun Wilhelm allemal ein Zetergeschrei an. Die Eltern sprangen bei. – Was gibt es? riefen sie.

Die Marianne die, antwortete Wilhelm, sie hat meine Zahlpfennige genommen, sie hat mein Bildchen zerrissen.

Mußt du denn um so eine Kleinigkeit so ein Lärmen anfangen? Sei doch nur stille! Wie lange wird es währen, so hat sie dies Spielzeug satt und wirft es hin, da kannst du es ja wieder nehmen.

Dies war gewöhnlich die ganze Genugtuung, die Wilhelm für die Beleidigungen bekam, die seine Schwester ihm zufügte.

Bisweilen, wenn die Kinder zu schreien anfingen, sprangen die Eltern auch wohl zu, und ohne nur die geringste Untersuchung anzustellen, wer den Zank veranlaßt habe, schlugen sie auf beide ein. Wilhelm bekam insgemein die derbsten Hiebe, weil er am heftigsten zu schreien pflegte.

Dies brachte ihn so auf, daß er anfing, sich selbst Recht zu schaffen. Wenn seine Schwester ihn getückt hatte[1], so fuhr er auf sie los, raufte und mißhandelte sie, und sie wurden beide gegeneinander so erbittert, daß sie einander lebenslang recht heidnisch haßten.

* * *

---

1) ihm einen boshaften, tückischen Streich gespielt hatte

Mittel, bei Kindern die Menschenliebe zu ersticken

Sprich von den Menschen in deiner Kinder Gegenwart recht viel Böses

1. Herr Orgon hatte sich seinen Lehnstuhl so setzen lassen, daß er von da aus die ganze Straße übersehen und alle Vorbeigehenden beobachten konnte. Da er nun weiter nichts zu tun hatte, so beschäftigte er sich damit, daß er die Vorübergehenden beurteilte und mit diesen Beurteilungen sein Weibchen und seine Kinder unterhielt. Die Urteile fielen durchgängig sehr hämisch aus.

Wie doch das Käthchen so keck davongeht, als wenn sie kein Wässerchen betrübte! Sie denkt gewiß, die Stadt habe es schon vergessen, was im vorigen Jahre mit ihr und dem Nachbarn vorging? – Hum!

Da kommt Meister Friedrichs Tochter – wer die zur Frau bekommt, der wird sich auch laben – wie sie sich herausgeputzt hat – wie sie schwänzelt!

Guckt alle her! Wie sich der Herr Doktor N. brüstet! Tausend! Es ist schade, daß die Gasse nicht noch ein bißchen breiter ist. Wenn er doch an das Kapital dächte, das er noch an seinen Schwager zu bezahlen hat, da würde ihm der Mut bald vergehen!

Denk! Denk! Meister Jörgens Gottfried – gar einen Haarbeutel – gar seine Strümpfe! Und hat doch wohl kein Hemd auf dem Leibe.

Wie doch die N'-schen Kinder so zerlumpt hergehen! Wie kläglich sie aussehen, als wenn ihnen die Hühner das Brot genommen hätten! Man soll zwar von Toten nichts als Gutes reden, aber ihr Vater – tröst ihn Gott, wenn er zu trösten ist! – war ein infamer Mann. Was der in seinem Leben für Unheil gestiftet hat! Gottes Strafe bleibt doch nicht aus.

He Bauer! Wie teuer gebt ihr das Korn? Acht Groschen die Metze? Seid ihr närrisch? (zu seinen Kindern): Das ist wahr, es ist doch kein gröberer Flegel in der Welt, als ein Bauer. Wenn er dem Bürger etwas verkaufet, so fordert er in das Gelag hinein, und das beste behält er immer für sich. Seine faulen Eier, die Milch, wo die Mäuse drinnen ertrunken sind, seine kranken Hühner und Gänse – die trägt er alle zu Markte – die soll unsereins alle essen.

Meister Franz hat ja gar einen neuen Roquelor?[1] Er hat gewiß ein paar gute Brautkleider zu machen gehabt, daß er etliche Ellen Stoff hat können unterschlagen. Ich habe es meiner Tage gehört: Schneider, Müller und Leineweber, sind alle Spitzbuben.

Sieh! Jetzt vergeht doch Frau Marcippillen das Großtun! Wenn ich zurückdenke, wie das Weib sonst so hoch herfuhr! In keinem Laden war ihr etwas gut genug.

Alle Sonntage mußte Braten – alle Tage zweimal Kaffee, sein. Ha ha! Wenn sie doch jetzt satt Hering und Kovent[2] hätte!

Geschwind, Kinder! Seht ihr den Mann dort mit dem braunen Rocke? Das ist der, den seine Magd im vorigen Jahre anklagte.

So hämisch und lieblos waren alle Urteile, die Herr Orgon über seine Nebenmenschen fällte. Von niemandem sprach er Gutes. Aller Menschen Fehler, die zum Teil längst vergessen waren, deckte er auf; und wo er keine finden konnte, da suchte er doch wenigstens die Leute verdächtig zu machen.

Die Kinder, die alles dieses begierig anhörten, kamen nach und nach auf den Gedanken, daß alle Menschen Schurken und Narren wären, und daß es in der Welt, außer ihnen, ihrem Papa und Mama, keinen guten und vernünftigen Menschen gebe. Sie sahen das ganze Menschengeschlecht mit Verachtung an, und gewöhnten sich an eine so alberne Miene, als wenn sie die ganze

---

1) Ein Roquelaure ist ein Reise- oder Regenmantel, so benannt nach seinem französischem Erfinder.

2) Halb-, Dünnbier, wie es die Klosterbrüder brauten im Unterschied von dem stärkeren Bier der Oberein in den Klöstern.

Welt übersehen könnten. Sie dachten nur immer an sich, ohne daß ihnen jemals der Gedanke eingekommen wäre, zu anderer Menschen Glück etwas beizutragen.

2. Luischen kam einmal ganz wehmütig in die Stube, und lief nach der Sparbüchse.

Nu? frage der Vater, was soll das werden?

Ach! Es ist eine gar zu arme Frau draußen. Sie sagte, sie hätte noch keinen Bissen Brot heute zu sich genommen, und hätte die Gicht.

Hast du nicht gefragt, wie sie heißt?

Anne Barbe – es ist die Frau mit der Krücke, die ich dir schon einmal gezeigt habe.

So? Nun, da kannst du dein Geld behalten. Das Mensch hat alles durchgebracht. Geh! Sag' ihr; wenn sie in der Jugend besser gehaushaltet hätte, so brauchte sie jetzt nicht zu betteln.

Das kann ich wirklich nicht übers Herz bringen.

So will ich es tun. Mensch! Schämt ihr euch nicht, anderen Leuten zur Last zu fallen? Habt ihr nicht ein eigenes Haus, habt ihr nicht einen Garten gehabt? Nicht wahr, das habt ihr durch die Gurgel –

Um Gottes willen, lieber Herr!

Was da! Was da! Packt euch fort, oder ich will euch etwas anderes zeigen.

So lieblos behandelte dieser Mann alle Armen. Wenn er auch ja, des Wohlstands wegen, ihnen bisweilen einen Pfennig mitteilen mußte, so suchte er sich doch, durch die hämischste Beurteilung derselben, für seinen Pfennig bezahlt zu machen. Bald sagte er, sie wären Faulenzer, Tagediebe, die nicht arbeiten wollten, müsse er doch auch arbeiten; bald versicherte er, sie hätten durch ihr voriges liederliches Leben sich in Armut gestürzt, man müßte halt seine Sachen zurate halten, wenn man durch die Welt kommen wollte, er wüßte am besten, wie genau er sich sein Lebtag habe behelfen müssen. Baten Verunglückte um seinen Beistand, die er weder der Faulheit, noch der Verschwendung, mit einigem Grunde, beschuldigen konnte, so sagte er: Wer weiß, wo sie es verdient haben! Gott tut nichts ohne Ursache!

Durch dergleichen Reden wurde das wohltätige Luischen gegen die Not der Armen ganz unempfindlich gemacht, ja sie bekam nach und nach gegen dieselben einen wahren Abscheu. Wenn nach der Zeit die Armen wehmütig flehten, sich ihrer zu erbarmen, so ging sie unempfindlich vorbei und dachte, es ist an dem Lumpenvolke doch nichts angewendet, du kannst ja dein Geld besser brauchen.

3. Lorchens Mutter war, wie sie sagte, mit den Mägden durchaus unglücklich. Sie hatte schon lange ein Mensch gesucht, das so ganz nach ihrem Sinne wäre, aber leider noch nicht finden können. Sie jagte jährlich drei bis vier Mägde fort, in der Hoffnung, doch einmal eine recht gute zu bekommen, und sie bekam sie immer nicht. Einen Teufel, pflegte sie immer zu sagen, jage ich fort und den anderen bekomme ich wieder. Die eine war zu langsam, die andere zu frech, die dritte sah aus, wie wenn sie alles mit den Augen erstechen wollte, die vierte hatte ein loses Maul. Kurz, von all den sechzig Mägden, die sie in ihrem sechzehnjährigen Ehestand gehabt hatte, hatte jede ihre großen Fehler gehabt.

Und diese hatte sie sich alle gemerkt. So oft auf die Mägde die Rede kam, so erzählte sie mit größter Heftigkeit, was sie mit Julen, Christinen und Kathrinen habe ausstehen müssen, und setzte gewöhnlich hinzu, dies Lumpengut wäre nicht wert, daß man ihm einen Bissen Brot reiche.

Versah eine Magd etwas, da hätte man nur den Lärm hören sollen, den sie deswegen anfing! Ihr infames Mensch, hieß es gewöhnlich, ihr seid doch nicht wert, daß euch die Sonne bescheine, so ein Dummkopf! Wißt ihr nicht, daß ihr mein Brot esset? u.s.w.

An der Seite dieser Mutter wuchs nun Lorchen auf. Sie ließ sich vom Morgen bis zum Abend von Mägden bedienen, ließ von

Mägden ihr Bett aufschütteln, ihre Wäsche waschen, ihr Brot backen, ihre Kleidung ausbessern, ihre Mahlzeiten bereiten, sich alles, was sie wollte, aus den entferntesten Teilen der Stadt beitragen, und nicht ein einziges Mal fiel es ihr ein, Gott für die Wohltaten zu danken, die er ihr durch die Mägde erzeigte, nicht ein einziges Mal fiel es ihr ein, sich gegen das viele Gute, das die Magd an ihr tat, nur einigermaßen erkenntlich zu beweisen.

Sie behandelte vielmehr die Personen, die ihr so viele Dienste leisteten, auf das schnödeste. Dummkopf, Affengesicht, Trampel, waren die gewöhnlichen Namen, die sie ihnen gab. Und wenn etwas nicht nach ihrem Kopfe ging, wenn etwa das Schnürband riß oder das Kopfzeug nicht recht sitzen wollte, dann wurde die Magd gerufen, damit sie ihren Unwillen an ihr auslassen konnte.

Wenn jemand ihrem Bologneserhündchen so begegnet wäre, da hätte ich das Unglück sehen wollen!

* * *

Mittel, Kindern die Grausamkeit zu lehren

Bringe ihnen frühzeitig ein Vergnügen an den Schmerzen und Qualen unschuldiger Geschöpfe bei

Nachbar Kilian war, nach der einstimmigen Aussage des ganzen Dorfes, ein rechter Barbar. Kein größeres Vergnügen kannte er, als seine Mitgeschöpfe zu peinigen. Unter der Kirchenmusik schlief er gewöhnlich, wenn er aber das Winseln eines Leidenden hörte – dann lächelte er, dann labte er sich.

Nach Tische war dies sein gewöhnlicher Zeitvertreib, daß er seinen Hund bei den Ohren in die Höhe zog und ihn heftig schüttelte; je jämmerlicher dieser winselte, desto mehr funkelten Kilians

Augen, er biß die Zähne zusammen, und schüttelte so lange, bis er außer Atem war. Wenn er nur eine Stunde weit ritt, so mußte das Pferd Schaum haben, und bei dem Herabsteigen besah er allemal die blutigen Spornen. Auf seinen Wagen lud er allemal noch einmal soviel als andere Bauern, und kaum stellten sich die Pferde an, als wenn sie stillestehen wollten, so sprang er bei, schlug mit einem armesdicken Prügel auf sie so wütend los, daß alle Anwesenden vor Jammer ihr Gesicht wegwenden mußten. Daher hatten seine Pferde immer rohe Flecken, so groß wie eine Teeschale. Von diesen wendete er kein Auge ab, wenn er neben den Pferden herging, so, daß es schien, als wenn dieser betrübliche Anblick seine Augenweide wäre.

Von Schlägen und Schrecken war seine Frau völlig contract[1], und ihre Gesundheit hatte in dem letzten Wochenbett den letzten Stoß bekommen, da er sie, weil sie einen Schlüssel verloren hatte, bei den Haaren aus dem Bette zog, den Kopf zwischen die Tür klemmte, die Säge auf den Nacken setzte, und ihr den Hals zu durchsägen drohte.

Strafte er seine Kinder, und dies geschah sehr oft, so band er ihnen die Hände, hing sie in die Höhe, und prügelte sie mit einem geflochtenen Stricke so unmenschlich, daß ihnen oft der Schaum vor den Mund trat.

Eine fremde Magd, die er auf seiner Wiese Gras rupfend antraf, hat er so mißhandelt, daß sie wirklich halb tot liegenblieb, und nur mit vieler Mühe beim Leben erhalten wurde.

Da er merkte, daß ihm etwas Obst war entwendet worden, so legte er Selbstschüsse, und ärgerte sich alle Morgen, wenn er sah, daß sich niemand erschossen hatte.

Seine gewöhnliche Drohung war: wart, ich will dich in Kochstücke zerhacken; krieg ich dich nur einmal, wohin ich dich haben will, so will ich dir das Messer im Leibe umwenden.

Wenn seine Anverwandten ihm vorstellten, daß es keinen guten Ausgang mit ihm nehmen würde, wenn er sein barbarisches

1) gliederlahm

Wesen nicht ablege, so wies er sie allemal mit den Worten zurück: Mag es doch hin! Einmal sterbe ich doch. Ist's auf dem Bette, oder am Galgen, oder auf dem Rabensteine – das gilt mir gleich viel.

Ein so außerordentlicher Mann mußte wohl eine außerordentliche Erziehung gehabt haben. Denn obgleich bei der gewöhnlichen Erziehung viele seltsame Geschöpfe gebildet werden, so hörte man doch selten von einem solchen sonderbaren Manne, wie Kilian war.

Nachdem ich mich lange umsonst bemüht hatte, von seiner Erziehung nähere Nachricht einzuziehen, so traf ich endlich einen alten Schulkameraden von ihm an, den ich fragte, ob er denn gar nicht wüßte, woher es doch käme, daß Nachbar Kilian ein so schrecklicher Unmensch wäre?

Das läßt sich leicht erraten, antwortete er, wie will es denn anders kommen? An seinem Vater, Gott hab ihn selig, war auch kein gutes Haar. Er tat auch nichts lieber, als die Leute turbieren[1]. Zwei von seinen Söhnen konnten es nicht bei ihm aushalten und sind zur See gegangen.

Nun, da läßt sich leicht begreifen, woher Kilians Grausamkeit kommt. Aber könnt ihr, frage ich, euch nicht mehr besinnen, was der Vater mit ihm vorgenommen hat, da er noch klein war?

Ich denke ja. Ich bin ja immer in dem Hause auf- und abgegangen, wir waren Nachbars Kinder. Da weiß ich wohl noch, daß Kilianchen das Nesthäkchen war, und daß sein Vater alles zusammenschleppte, womit er ihm eine Freude machen konnte.

Und was war das?

Er räumte alle Vogelnester aus und brachte die Jungen Kilian. Der nahm sie und rupfte sie, schnitt ihnen die Flügel und Beine ab, und wollte sich entzweilachen, wenn sie im Blute sich wälzten und piepten. Alle jungen Hunde schleppte er ihm zu, und ließ sie von ihm martern, es hat mich selbst gedauert das arme Vieh! Er ließ keine Taube köpfen, er verdrehte ihr erst die Flügel,

1) beunruhigen, ängstigen, quälen

und gab sie Kilian zum Spielen. Und wenn er eine Henne abschnitt, so ließ er sie allemal mit der durchschnittenen Kehle wieder laufen, setzte sich mit seinem Jungen dabei, und wollte sich totlachen über die Purzelbäume, die das arme Tier machte.

So! So! Wenn Kilian so ist erzogen worden, so ist es kein Wunder, wenn er ein solcher Tyrann geworden ist. Wer erst so ausgeartet ist, daß er sein Vergnügen an der Angst und an dem Piepen eines jungen Vogels und an dem Winseln eines jungen Hundes findet, der wird gewöhnlich, wenn er größer wird, ein Peiniger von Menschen und Vieh.

* * *

Mittel, die Kinder rachgierig zu machen

Wenn sie unwillig sind, so gib ihnen allemal etwas, woran sie ihren Unwillen auslassen können

Wenn der kleine Gustav fiel oder sich stieß, so fing er allemal ein solch Zetergeschrei an, daß das ganze Haus dadurch alarmiert wurde. Seine Eltern sprangen bei, waren ängstlich, und suchten ihn zu besänftigen, und zwar auf folgende Art: Sie fragten ihn, worauf er gefallen sei? Woran er sich gestoßen habe? Dann holten sie eine Peitsche oder die Rute herbei, schlugen damit auf die Sache, die, wie er glaubte, ihn beleidigt hatte: Du garstiger Stein! Denkst das Gustävchen umzuwerfen! Ich will dich lehren artig sein! Du infamer Stuhl! Hast du mir nicht einmal das arme Kind vor den Kopf gestoßen? Ich will dich prügeln, daß du daran denken sollst! So sagten sie, gaben alsdann die Peitsche Gustav in die Hand, daß er auch dreinhauen mußte, und so wurde er besänftigt.

Niemals stellte er sich unbändiger an, als wenn ihm die Mutter das Gesicht waschen wollte. Anstatt nun, daß sie seinen Willen hätte brechen und ihm zeigen sollen, wie er selbst durch seinen Leichtsinn sein Gesicht beschmutzt habe, so schob sie die Schuld allemal auf den armen Phylar. Da ist, sagte sie, der infame Hund einmal wieder da gewesen, und hat dein Gesicht verunreinigt. Aber wart! Wir wollen es ihm schon anstreichen. Da schielte Gustav immer nach dem Hunde hin. Und kaum war das Handtuch vom Gesicht weg, so ging das Prügeln an, auf den armen Hund los.

So wurde er nach und nach gewöhnt, so oft ihm etwas Widriges begegnete, über das nächste, was da war, herzufallen, und seinen Unwillen auszulassen.

Da nun die Magd am meisten um ihn war, so mußte diese gewöhnlich seinen Zorn empfinden. Er schlug nach ihr, kratzte und biß sie. Seine Mutter sah es oft, und fand hierin nichts Unschickliches.

Als er einmal die Magd im Gesicht kratzte, und diese dadurch so aufgebracht wurde, daß sie ihn auf die Hände schlug, so entstand darüber ein gewaltiges Lärmen. Die Eltern schimpften und schmähten. Was müßt ihr euch wohl einbilden, sagten sie, daß ihr euch an unserem Kinde vergreift? Ihr seht ja, daß es ein kleines Kind ist. Es wird das dicke Bauernfell nicht gleich zerrissen haben.

Und sogleich mußte die Magd das Haus räumen.

So wurde der Gustav gebildet, der, da er größer wurde, einige Male seine alten Eltern geschlagen, und sie mit den abscheulichsten Reden gepeinigt hat; der auf jedermann wütend losging, der ihn beleidigt hatte, und der, wenn er an Menschen sich nicht rächen konnte, die Stühle zertrat und die Krüge an die Erde warf.

*

Wenn dein Kind von jemandem ist beleidigt worden, so stelle ihm die Beleidigung recht groß vor, und laß sie nicht auf ihm sitzen

Melchior lief einmal nach der Schule auf den Spielplatz und trieb da allerhand Mutwillen. Unter anderem belustigte er sich damit, daß er seine Kameraden mit Erdklumpen und Steinen bewarf und sie dadurch reizte, auch nach ihm zu werfen.

Der Spaß ging ein paar Minuten ganz gut. Sie trafen einander nicht, und wenn auch einer bisweilen getroffen wurde, so ging es doch ohne Schaden ab.

Einmal aber warf der kleine Johann so unglücklich, daß er Melchior vor die Stirn traf und ihm ein Loch schlug. Da entstand ein allgemeines Klagegeschrei. Das Unglück! Das Unglück! Melchior hat ein Loch im Kopfe!

Besonders Johann war untröstlich. Er umarmte den blutigen Melchior, küßte ihn. Ach du armer Schelm! sagte er, ich habe es nicht gerne getan. Ich dachte nicht, daß ich dich treffen würde. Du hast mich auch am Knie getroffen. Komm mit an das Wasser, ich will dich waschen. Sag es nur deinem Vater nicht! Hör! Melchior! Sag es um Gottes willen deinem Vater nicht, daß ich keine Schläge kriege. Willst du? Versprich es mir.

Melchior war gerührt. Er sah ein, daß er an seinem Unglücke selbst schuld war, weil er das unbesonnene Spiel angefangen habe. Ihn dauerte auch der arme Johann, der so sichtbare Beweise seiner Reue von sich gab. Er beteuerte also, daß er den ganzen Vorgang seinem Vater verschweigen wolle.

Unterdessen ließ sich der Vorfall nicht wohl verschweigen. Das Loch war doch da, und Melchior konnte es nicht verbergen. Eine Stunde ging er wohl seinem Vater aus den Augen; da er aber zu Tische gerufen wurde, so mußte er erscheinen, und da fiel denn das Loch dem Vater gleich in die Augen.

Nu! Was gibt es denn da? Ich glaube, du hast gar ein Loch im Kopfe? Behüt uns Gott! Über dem Auge? Was hast du einmal vorgehabt?

Ich bin gefallen.

Gefallen? Was willst du gefallen sein. Wer weiß, was du einmal vorgehabt hast, wo bist du gewesen?

Auf dem Spielplatze hinter der Kirche.

Und was waren da für Jungen?

Christian, Gottfried und Jacob.

Sonst keine?

Und – und Johann.

Nun da will ich doch einmal die Jungen fragen, was es gegeben hat. Und wenn ich erfahre, daß du mich belogen hast, da soll es dir gewiß nicht so hingehen. Jetzt gleich ziehe ich mich an und gehe fort.

Ich will es nur sagen – es hat mich einer beworfen.

Wer? Wer hat dich beworfen?

Ich denke Johann.

Das ist ja ein abscheulicher Ranke[1]! So ein Flegel! So zu werfen! Frau, da sieh nur das Unglück! Da hat der Ranke, der Johann, unseren Melchior beworfen. Sieh nur einmal das Loch! Wenn es einen Finger breit tiefer gekommen wäre, das Auge aus dem Kopfe hätte er ihm werfen können. Da hätten wir nun das Unglück, da müßten wir einen Krüppel ernähren. Tot, mausetot hätte er ihn werfen können. Aber wart! Wart! Ich will dir schon etwas einschenken – und nun nahm er den Melchior und lief mit ihm nach Johanns Hause zu.

Doch gar geschwinde lief er nicht. Denn allen, die ihm begegneten, zeigte er Melchiors verwundete Stirne, und schrie über die Bosheit Johanns, des verruchten Buben. Da versammelte sich nun ein Truppe Weiber, Männer und Kinder, die alle um Melchior herumtraten, das Loch sehen wollten, in die Hände schlugen und

---

1) Ranke = loser, wilder Bube (GRIMM: von Ranke, sich windender Schoß)

versicherten, daß der Vater die Sache nicht könnte stecken lassen. Und so ging der Zug nach Johanns Hause zu.

Melchior wurde unter der Zeit ganz geändert. Er fing nun an einzusehen, daß Johann der abscheulichste Junge sein müsse, und freute sich recht darauf, daß ein solcher Bube, der ihm das Auge hatte auswerfen, oder gar tot machen wollte, recht tüchtig bestraft würde.

Da standen sie nun vor Johanns Hause. Melchiors Vater schlug vor die Tür, daß sie hätte zerspringen mögen. Johanns Vater sah durch das Fenster, und da er den Schwarm Menschen und den Tumult vor seinem Hause sah, kam er vor Schrecken halb tot und öffnete die Tür.

Aber noch mehr entsetzte er sich, da ihm Melchiors Vater die pöbelhaftesten Grobheiten entgegenrief, ihn einen nichtswürdigen Mann, seine Familie eine Bestienbrut nannte, und vom Verklagen und Zuchthause redete.

Johanns Vater mußte notwendig bei einem solchen Betragen alle Fassung verlieren. Er redete seinem Sohne das Wort, schimpfte wieder, warf endlich Melchior, nebst seinem Vater, zum Hause hinaus und schlug die Tür zu.

Den anderen Tag untersuchte er die Sache und strafte Johann gebührend ab.

Aber Melchiors Vater hatte es nicht gesehen. Er redete also alle Tage über das Unglück, das Johann hätte anrichten können, und schwor, sich an ihm zu rächen.

Er hielt es auch. Denn als er einmal Johann auf der Straße antraf, prügelte er ihn mit seinem spanischen Rohre so durch, daß er es in vielen Tagen nicht verwinden konnte.

Und so betrug sich Melchiors Vater immer. Wenn sein Junge einmal von einem anderen war beschimpft oder geschlagen worden, so fing er allemal einen entsetzlichen Lärm an. Er schimpfte auf die Jungen, die ihn beleidigt hatten, und auf ihre Eltern, rückte ihnen vor die Tür und zankte sich mit ihnen.

War Melchior in der Schule gestraft worden, so rückte er den

Schulkollegen in das Haus und sagte ihnen die größten Grobheiten. Zuchtmeister möchten sie wohl sein, aber keine Schuldiener, sie wüßten nicht, wieviel es koste, ein Kind großzuziehen – das waren die gewöhnlichen Komplimente, die sie bekamen.

Melchior wurde bei dieser Art der Erziehung das, was er notwendig werden mußte, ein rachgieriger Junge. Wenn ihn jemand beleidigt hatte, so wurde er so hitzig, daß er alles Bewußtsein verlor. Er bedachte nicht, daß er die Beleidigung oft selbst veranlaßt habe; daß es damit so böse nicht gemeint sei, als er glaubte. Das Ding lasse ich nicht stecken, das soll dich teuer zu stehen kommen – das waren die gewöhnlichen Drohungen, die er ausstieß, so oft ihm jemand eine Beleidigung zufügte.

In der Tat kann man ihm nicht schuld geben, daß er jemals etwas habe stecken lassen. Als Knabe, als Jüngling, als Mann, hat er alles durchgefochten. Entweder hat er sich mit seiner Zunge oder mit seiner Hand gerächt, oder er hat seine Gegner auf das Rathaus geschleppt und da die Sache mit ihnen ausgemacht.

Jetzt muß er aber doch manches stecken lassen. Sein Vermögen, das ihm sein Vater übrig ließ, und das noch durch die Beerbung eines reichen Vetters um ein ansehnliches vermehrt wurde, ist für Strafgelder und Prozeßkosten draufgegangen. Das Haus ist sogar verkauft, und er muß sehr kümmerlich von den Guttaten leben, die ihm seine Anverwandten zuwerfen. Da muß er nun freilich oft den beißendsten Spott und die bittersten Vorwürfe hören, ohne daß er weiter etwas tun kann, als die Zähne zusammenbeißen und mit der Faust drohen.

* * *

Mittel, Kindern den Neid zu lehren

Stelle ihnen immer anderer Leute Glück als ein großes Unglück vor

Frau Eleonore hatte einen großen Hang, sich in Kleidung und Aufputzung ihres Hauses hervorzutun, und – wenig Einnahme, die kaum reichte, die unentbehrlichsten Ausgaben zu bestreiten. Dies kränkte sie sehr.

Doch würde sie ihren Gram leicht überwunden haben, wenn sich nur andere Leute ebenso kümmerlich hätten behelfen müssen. Das war aber nicht der Fall. Sie hörte immer von Leuten, die große Einnahmen hatten, denen Erbschaften zufielen, die in der Heirat glücklich waren, in der Lotterie gewonnen, und solche Nachrichten waren, wie sie zu sagen pflegte, lauter Nägel zu ihrem Sarge.

Ihr gegenüber wohnte ihre Schwester, die einen begüterten Kaufmann hatte, in dessen Laden es selten leer wurde, weil er sehr liebreich war und durch seine Freundlichkeit immer mehrere Käufer an sich zog. Da saß nun Frau Eleonora mit Fiekchen, ihrer Tochter, am Fenster und beobachtete. So oft jemand in den Laden ging, aus dessen Anzuge sie schließen konnte, daß er einen vollen Beutel mitbringe, so gab es ihr einen Stich ins Herz, und sie seufzte: Das ist wahr, anderen geht doch alles nach Wunsch und Willen – da sitzt meine Schwester, die großtuige Frau, wie eine Edeldame, alles läuft zu und bringt Geld, wer bringt mir denn was?

Einmal hatte sie gehört, daß ihre Nachbarin einen reichen Vetter beerbt hätte – dies brachte sie aus aller Fassung. Sie kam mit zitternden Händen nach Hause. Kannst du denken, Fiekchen, sagte sie, da ist die Nachbarin da, die so nicht mehr weiß, wie sie den Kopf hoch genug tragen will, die hat 3000 Taler geerbt. Platzen möchte man, wenn man sieht, wie es in der Welt hergeht. Da will ich nur den Spektakel sehen, den das Weib machen wird! Da werden Spiegel, Kommoden gekauft werden! Gib nur Achtung, wie sie sich herausputzen wird! Ich werde den Greuel nicht lange mehr ansehen. Nur du armes Mädchen! (hier brach sie in Tränen aus) nur du dauerst mich – nur du daß – ach mein Herz möchte springen, daß – du in einer so gottlosen Welt bleiben sollst – bei der Bagage!

Da sie die Nachricht bekam, daß ihrer Schwester Tochter einen Hofrat bekäme, so fiel sie um und bekam Verzuckungen.

Fiekchen hatte wirklich ein gutes Herz. Die gute Mutter dauerte sie, sie weinte, wenn sie sie weinen sah; schimpfte auch mit, wenn die Mutter auf andere schimpfte: weil sie ihr dadurch einige Erleichterung zu verschaffen glaubte.

Aber durch diese Art der Behandlung wurde in Fiekchens Herze das Ding erzeugt, das man den Neid zu nennen pflegt.

Dies Ding muß gewaltig zehren, denn Fiekchen kam dabei von allen Kräften. Das blühende Rot, das sonst ihre Wangen färbte, verschwand, und verwandelte sich in schwarzgelb. Wie konnte es auch anders kommen – das gute Kind hatte keine frohe Stunde, Tag für Tag Ärgernis. Da heiratete eine von ihren Gespielinnen einen reichen Mann, dort kaufte sich ihr Mühmchen ein neues Kleid. Eine erbte; die andere war in der Lotterie glücklich. Alles dieses würde nun andere Leute nicht beunruhigt haben; aber Fiekchen ärgerte es. Sie hat oft gesagt, daß es ihr wie ein Wurm an dem Herzen nage, daß kein Schlaf in ihre Augen käme, seitdem ihre ehemalige Freundin das große Haus am Markte erkauft habe. Da es in diesem Jahre schwere Gewitter gab, so beruhigte sie sich damit, daß einmal der liebe Gott ein Einsehen haben und in das Nest schlagen würde. Aber auch dies geschah nicht. Wie war es möglich, daß Fiekchen in einer solchen Welt, wo sie so viel glückliche Leute, so viele fröhliche Gesichter sah, lange aushalten konnte!

Sie starb an der Schwindsucht, nach Aussage des Kirchenbuchs in einem Alter von 22 Jahren, vier Monaten und fünf Tagen.

Mittel, Kindern Schadenfreude beizubringen

Bringe sie nur erst soweit, daß sie sich über anderer Glück ärgern: so werden sie sich gewiß auch bald über ihr Unglück freuen

Dies ist ganz natürlich. Denn wenn jemandem das Glück anderer ärgerlich ist, so wird er notwendig auch wünschen, daß sie unglücklich werden möchten. Und welche Freude! wenn sein Wunsch erfüllt wird.

Wenigstens sah man dies an dem neidischen Fiekchen. Das war noch ihre einzige Freude, die sie in ihrem betrübten Leben bisweilen aufheiterte, daß doch hier und da noch Leute, teils durch ihre eigene Schuld, teils durch Unglücksfälle, in betrübliche Umstände gerieten.

Als ihre Muhme, die Hofrätin, von deren Hochzeit ihre Mutter beinahe den Tod hatte, Witwe wurde, so heiterte sich ihr ganzes Gesicht auf. Ist's möglich? sagte sie zu der Frau, die ihr davon die erste Nachricht gab, ist's möglich? Da hast du es, Frau Hofrätin! Ich gönne niemandem etwas Böses, aber – der Frau geschieht schon recht. Das war ja nicht zum Ausstehen, was die Frau großtat. Ich denke aber, nun wird es sich schon legen – die gute Einnahme fällt nun weg – an Staat und gute Bißchen ist sie gewöhnt – ich will gar nicht hinsehen, was da herauskommen wird. Auf dem Misthaufen kann sie noch sterben, die große Hofrätin die.

Und bei diesen Gedanken klopfte ihr Herz so freudig wie das Herz einer Braut, wenn sie den Bräutigam umarmet. So wenig sie auch sonst von Gesellschaft hielt, so ließ sich doch die Frau, die ihr diese freudige Botschaft gebracht hatte, diesmal nicht von sich. Sie mußte zu Tische bleiben und den ganzen Abend bei ihr zubringen. Das war ein herrlicher Abend! Da mußten die meisten

Häuser die Musterung passieren. Da wurden Neuigkeiten erzählt, die anderen Leuten ganz unbekannt waren. Von den meisten Häusern hieß es: mit diesen Leuten hat es nicht lange Bestand; ich will es wohl noch erleben, daß sie aus der Stadt gehen müssen. Denken sie an mich, Frau Ursel!

Da davon gemurmelt wurde, daß Jungfer Rebeckchen zu Falle gekommen wäre, so kam Fiekchen den ganzen Tag nicht nach Hause. Sie durchzog die Straßen, teils um diese erfreuliche Begebenheit, womöglich denselbigen Tag noch, durch die ganze Stadt auszubreiten, teils um selbst davon eine recht umständliche Nachricht einzuziehen.

So gewiß ist es, daß man seinen Kindern erst den Neid lehren müsse, wenn sie einmal zur Freude über ihres Nebenmenschen Unglück aufgelegt sein sollen.

* * *

Mittel, Kindern Abscheu gegen gewisse Tiere einzuflößen

Suche dein Kind zu bereden,
daß dergleichen Tiere giftig wären

Wilhelms Vater hatte in seinem Zimmer Mäuse verspürt, und stellte deswegen eine Falle auf, um sie zu fangen. Wilhelm kam dazu und fragte: Vater, was machst du da?

Eine Falle stelle ich auf, um die Mäuse zu fangen, die in meine Stube gekommen sind.

Ach, die armen Tierchen! Haben dir ja nichts getan.

Sie haben mir wohl noch nichts getan, aber sie könnten mir leicht etwas tun. Wenn sie mir in die Kleider oder Wäsche kämen, so könnten sie Löcher hineinfressen.

Ja so. Das habe ich nicht gewußt. Aber wie machen es die Mäuse, daß sie sich fangen?

Sieh, da hänge ich Speck an ein Häkchen! Das riechen die Mäuse, laufen herbei und wollen davon fressen, wenn sie dann daran ziehen – pautz, da fällt die Falle zu, und da stecken die Mäuse drinnen.

Das merkte sich Wilhelm. Des Morgens bald früh sprang er aus dem Bette, um zu sehen, ob sich keine Maus gefangen hätte – da war wirklich eine in der Falle! Das war eine Freude! Er holte sie heraus, strich sie, bewunderte ihre Ohren, die artigen Pfoten, die scharfen Zähne, das weiche Fell, und nun ging er die Treppe hinauf, um der Mutter das allerliebste Tier zu zeigen. Aber sobald er in die Stube trat, erhob die Mutter ein so entsetzliches Geschrei, daß es der Vater im Garten hörte. Hu! Hu! Hu! Eine Maus! Eine Maus! Wirf sie hin! Sie ist ja giftig. Du Schurke! Hast du mir nicht einen Schrecken zugefügt! Wer wird denn die Mäuse anfassen? Sie haben ja Gift im Schwanze.

Da stand der arme Wilhelm wie versteinert. Er war blaß wie eine Leiche und sah die Maus mit eben solchem Entsetzen wie einen Skorpion an.

Sein Vater, der auf das Geschrei herbeigelaufen kam, gab sich alle Mühe, ihn zu bereden, daß er die Maus wieder aufheben und auf die Gasse werfen sollte. Das war alles umsonst. Er versprach ihm eine Nösel Nüsse, wenn er ihm folgen würde, und dies bewegte ihn, wirklich die Hand danach auszustrecken. Aber das ging ganz langsam, ganz langsam, und kaum war er mit dem Finger nahe an die Maus gekommen, so zog er sie wieder mit Entsetzen zurück und sagte: Hu! Hu! Hu! Ich kann das garstige Ding, ach in kann es nicht anfassen, es ist ja giftig.

Diese Furcht vor Mäusen hat ihn auch in seinen männlichen Jahren nicht verlassen. Er springt zehn Schritte zurück, wenn er eine Maus erblickt, und wenn ihm eine über den Leib springt, so wird er ohnmächtig.

Seine Freunde versichern, dieser Abscheu gegen die Mäuse wäre ein Erbstückchen – –

Mittel, Kindern Abneigung gegen fremde Religionsverwandte einzuflößen

Berede sie, Gott hasse alle diejenigen, die nicht ihres Glaubens sind

Frau Elisabeth war der lutherischen Religion sehr eifrig zugetan und wünschte daher, daß sich dieser Religionseifer auch auf ihre Kinder forterben möchte. Sie glaubte diese Absicht nicht besser erreichen zu können, als wenn sie den lieben Gott immer als einen Eigensinnigen vorstellte, der unter allen Menschen niemanden leiden könnte als die Lutheraner.

Wenn sie daher ihren Kindern Religionsunterricht erteilte, so fand sie es nicht für gut, nach dem Exempel Jesu, Gott als einen Vater aller Menschen ihnen bekanntzumachen, sondern suchte sie zu bereden, er sei nur ein Vater der Lutheraner, und übergäbe alle, die das lutherische Glaubensbekenntnis nicht annehmen, dem Teufel zur ewigen Qual.

Anfänglich bemerkte sie bei ihren Kindern, zu ihrer großen Betrübnis, viele Herzenshärtigkeit. Wilhelmine, die älteste Tochter, machte ihr einmal die Einwendung, sie kenne so viele gute Menschen unter den Reformierten, Katholiken, Juden, Mennonisten und Herrnhutern, die um sie herum wohnten, wie es denn also möglich sei, daß diese rechtschaffenen Leute, die doch nichts Böses getan hätten, von Gott könnten verdammt werden? Die Mutter wußte es ihr aber aus verschiedenen Sprüchen der Bibel zu beweisen, daß der lutherische Glaube allein der wahre sei, daß alle Menschen, wenn sie nur wollten, lutherisch werden könnten, und daß sie daher nicht Ursache hätten, sich zu beschweren, daß sie Gott deswegen verdamme, wenn sie von dieser Freiheit keinen Gebrauch machten.

Ihr Sohn Fritz war einmal gar so frech, ihr unter die Augen zu sagen, im 25. Kap. Matthäi stünde doch, Jesus werde am Tage des Weltgerichtes nicht fragen, ob jemand lutherisch, reformiert, katholisch, jüdisch u. dgl. gewesen sei, sondern, ob er Liebe und Barmherzigkeit gegen seinen Nebenmenschen bewiesen habe?

Für diese Naseweisheit bekam er aber auch eine recht derbe Maulschelle, die die Wirkung tat, daß er ihr mit dergleichen Einwendungen nicht mehr beschwerlich fiel.

Um ihr Gewissen noch besser zu verwahren, bemühte sie sich, einen Informator zu bekommen. Anfänglich wurde ihr ein sehr liebreicher, geschickter Mann vorgeschlagen, der schon zwei Jahre lang in einem Hause die Kinder auf das beste erzogen, und in ihren Kenntnissen sehr weit gebracht hatte. Wirklich war sie schon geneigt, ihm ihre Kinder anzuvertrauen, als sie zu ihrem großen Glücke erfuhr, was an dem Zeisige wäre, daß er nämlich – die reformierte Kirche besuche. Sie dankte dem lieben Gott recht herzlich, in ihrem Abendgebete, daß er das große Unglück abgewendet, das über ihrer armen Kinder Häuptern geschwebt hätte.

Den folgenden Tag stellte sie sogleich den Herrn Markolphus ihren Kindern zum Erzieher und Lehrer vor. In seinen Sitten ist er zwar etwas roh, in seinem Anstande plump, verstehen tut er auch nicht viel – was schadet dies aber alles? Er ist doch echt lutherisch, und ihr Gewissen ist doch wegen des Seelenheils ihrer Kinder beruhigt. Einige Neulinge haben sie zwar bereden wollen, das Seelenheil bestünde in einem guten Verstande und Rechtschaffenheit des Herzens; sie hat aber sich durch dergleichen Grübeleien nicht irremachen lassen, und bleibt dabei, das Seelenheil bestehe eigentlich im lutherischen Glauben.

Sie hat die große Glaubensfreude, ihre Bemühungen gesegnet zu sehen. Ihre Kinder hassen alles, was nicht echt lutherisch ist, und da im vorigen Jahre die Reformierten bei dem Magistrate sich die Erlaubnis auszuwirken suchten, in einer lutherischen Kirche das Abendmahl halten zu dürfen, so war ihr Sohn derjenige, der es vorzüglich hintertrieb. Dafür segnete sie ihn auch auf ihrem Sterbebette und freute sich auf den seligen Augenblick, da sie alle ihre nicht lutherischen Nachbarn im Pfuhle erblicken wird, der mit Feuer und Schwefel brennt.

Gehe deinen Kindern mit gutem Beispiel voran

Herr von Gutberg ging von der Erde und ließ viel Geld, aber keine Kinder zurück. Damit nun dieses Geld recht gut angewendet werden möchte, so machte er allerlei Verordnungen. Unter anderem verordnete er, daß die jährlichen Zinsen von 30000 Rthlr. zur Unterstützung solcher Personen, die ohne ihre Schuld arm wären, verwendet werden sollten, beging aber dabei den Fehler, daß er nicht bestimmte, welche Religionsverwandten eigentlich auf diese Unterstützung Anspruch machen dürften. Ein Glück war, daß die Verteilung dieser Wohltaten Herrn Kritzkopf anvertraut wurde, der sehr wachsam war, daß sie niemandem, als echt Reformierten zuteil wurden. Oft kamen Weiber zu ihm, die ihre Männer verloren, und von ihnen nichts als Kinder geerbt hatten; Vormünder von vater- und mutterlosen Waisen; Hausväter, die durch Unglücksfälle ihr ganzes Vermögen eingebüßt hatten, und wurden, weil sie nicht reformiert waren, mit dem Vorwande zurückgewiesen, es sei jetzt kein Geld vorhanden. Bat hingegen ein liederliches Weibsbild, ein Hauswirt, der seine Güter verschwendet hatte, um Unterstützung, so erhielten sie dieselbe ohne Weigerung, wenn sie sich nur zur reformierten Religion bekannten. Dies geschah nun immer in seiner Kinder Gegenwart, denen er auch gewöhnlich die Gründe anzuführen pflegte, warum man niemanden, als Reformierte, lieben müsse.

Dies schöne Beispiel hatte die erwünschtesten Folgen. Die Kinder beurteilten den Wert des Menschen nicht nach seinem Fleiß, Verstand und seiner Rechtschaffenheit, sondern – nach seiner Anhänglichkeit an die reformierte Religion.

Louischen, seine älteste Tochter, hatte einen Liebhaber, der durchgängig als der gesündeste, schönste, verständigste, tätigste, rechtschaffenste Mann bekannt war. Sie liebte ihn, sobald sie ihn erblickte, ihr Herz wünschte keinen anderen Gatten, als Herrn Brav. Weil er aber lutherisch war und sich nicht entschließen konnte, seiner Religion zu entsagen, so hatte sie Stärke des Geistes genug, ihm ihre Hand zu versagen, und sie einem entnervten reformierten Wollüstlinge zu reichen, der ihr, in den ersten Wochen der Ehe, eine Krankheit mitteilte, die sie das Leben kostete. Sie starb, in der Hoffnung, daß es ihr Gott im Himmel vergelten werde, daß sie einen schlechten Reformierten einem braven Lutheraner vorgezogen habe.

* * *

Mittel, die Kinder gegen die Schönheiten der Natur unempfindlich zu machen

Verweise es ihnen, wenn sie die Natur beobachten wollen, und suche sie durch allerlei Versprechungen davon abzubringen

Der kleine Mathias bekam in der Stadt von der schönen Natur weiter nichts zu sehen, als ein Stückchen Himmel, so breit als seine Gasse, denn sein Vater, der ein Handwerksmann war, wohnte in einer engen Straße in einem kleinen Hause, an dem nicht einmal ein Gärtchen war. Wenn ihn dann der Vater einmal mit auf das Feld nahm, da war dies für ihn eine unaussprechliche Freude, weil ihm alles neu war. Da fand er bald eine Blume, bald einen Wurm, bald einen Vogel, die seine Aufmerksamkeit auf sich zogen. Da hüpfte er dann dem Vater nach und rief: Vater! Vater! sieh einmal da! Das allerliebste Blümchen! Das artige Vögelchen!

Aber der Vater antwortete allemal unwillig: mit deinen Possen du, hast du denn noch keine Blume, noch keinen Vogel gesehen?

Einmal fand er eine große Raupe, hob sie voll Erstaunen auf und brachte sie dem Vater. Sieh einmal, sagte er, das große Tier, das ich da gefunden habe. Aber der Vater sagte: Pfui! das garstige Ding da! Wirf es hin! Tritt es tot; es könnte dich beschmeißen.

Da sich Mathias, bei allem, was er sah, aufhielt und es bewunderte, so konnte es nicht anders kommen, als daß er oft zurückblieb und sein Vater warten mußte, bis er herbeikam.

Dies machte nun den Vater verdrießlich. Er verwies ihm diese Verzögerung, und sagte oft: geh doch fort, du heilloser Junge! Wenn du nicht geschwinder gehst – gib Achtung! So mußt du gewiß ein andermal zuhause bleiben.

Da lief Mathias wieder ein Fleckchen; aber die Begierde, alles, was um ihn war, zu betrachten, war viel zu groß, als daß er sie sogleich hätte überwinden können. Kaum war der Vater wieder etliche Schritte gegangen, so sah er einen Frosch hüpfen, oder hörte eine Heuschrecke zwitschern – da stand mein Mathias wieder stille.

Der Vater kriegte am Ende das Ding satt, nahm ihn bei der Hand, schleppte ihn mit sich fort, und wenn er dessen ungeachtet bald da, bald dorthin sah, so fing er gewöhnlich folgende Erzählung an: Geh zu! Mathias! Geh zu! Wenn du brav drauflos schreitest: so kommen wir bald nach dem Dorfe dort. Da soll dir es wohl besser gefallen, als auf dem leeren Feld da. Da will ich lassen einen Kaffee machen, und Milch und Eier hineinschlagen, daß die Milch kaum fließt.

Und da krieg ich auch was?

Das versteht sich. Da kriegst du zwei Schalen. Geh nur zu! Immer zu! Lauf! Da laß ich ein paar Bratwürste braten, und lasse Bier herbeibringen, da soll es dir eine rechte Lust werden. Durch diesen Kunstgriff gelang es ihm endlich, die heftige Begierde des Mathias, die schöne Natur zu bewundern, und aus derselben den guten, weisen und mächtigen Schöpfer zu erkennen, gänzlich zu ersticken. In der Folge schritt er brav drauflos, dachte an den Kaffee, und ließ Natur Natur sein, zum großen Vergnügen des Vaters.

Jetzt ist er ein Mann, und die Spuren der Erziehung, die er genossen hat, sind noch immer an ihm sichtbar. Er läuft auf seinen Spaziergängen durch Wiesen, Wälder, Saatfelder, ohne da etwas Merkwürdiges zu sehen. Vor ihm fliegt die Lerche auf, bei seinem Eintritte in den Wald begrüßt ihn die Nachtigall – er bemerkt es nicht, denn seine Gedanken sind schon in dem Bierkruge.

Wenn man ihn bei seiner Rückkehr fragt, was er Merkwürdiges gesehen habe, so weiß er nichts zu sagen, als: Es war heute viel warm, es war ein Mordsweg, das Bier war vortrefflich. Es müßte denn sein, daß er die Karte gespielt hätte – dann kann er stundenlang erzählen.

Ein einziges Mal hat doch die Natur so viel Gewalt über ihn gehabt, daß sie seine Aufmerksamkeit auf sich zog. Der Vollmond ging auf. Da rief er seinem Kameraden zu: Alle Hader! Der schöne Mond! Wie er da hängt! Wie eine Kuchschüssel.

Suche deine Kinder früh zur Erlernung der lateinischen Sprache zu bringen

Herr Professor Pancratius hatte die Freude, daß seine Gattin ihm ein Söhnlein gebar. Er war eben damit beschäftigt, eine dunkle Stelle des alten lateinischen Schriftstellers Suetonius zu erklären, die ihm bereits einige Tage Mühe gemacht, und einige Nächte den Schlaf geraubt hatte, als er diese erfreuliche Nachricht erhielt. Wie groß seine Freude darüber war, kann man daraus sehen, daß er wirklich sogleich den Suetonius liegen ließ und sich zu seiner Frau und ihrem Söhnlein verfügte.

Er sah sogleich nach der Nase, und da er in derselben einige Ähnlichkeit mit der Nase des alten römischen Bürgermeisters Cicero zu finden glaubte, so wurde seine Freude noch einmal so groß. Seine erste Sorge war nun diese, daß das Kind zur heiligen Taufe gebracht wurde, dann überließ er die weitere Verpflegung desselben der Mutter und der Wartfrau, weil er es für unschicklich hielt, daß ein so gelehrter Mann, wie er war, um solche Kleinigkeiten, wie es das Einwickeln, die Reinigung und die Nahrungsmittel eines kleinen Kindes sind, sich bekümmern sollte.

Nachdem er, seit dieser Zeit ungefähr vier Jahre, auf seiner Studierstube verlebt hatte, fiel es ihm ein, daß nun die Zeit wohl da sein möchte, für die Erziehung seines kleinen Tullius (so pflegte er ihn im Scherz zu nennen, weil Cicero ebendiesen Namen geführt hatte) zu sorgen. Er machte den Anfang damit, daß er ihm sagte, wie der Tisch auf Lateinisch hieß. Dann lehrte er ihn täglich erst fünf, dann zehn Sachen lateinisch benennen. Hierauf mußte der Kleine täglich eine halbe Seite Vokabeln lernen, z. B. alumen der Alaun, aluta semisch Leder. Anfänglich fragte der Kleine den Herrn Vater, was ist denn das Alaun? semisch Leder? Da aber der gelehrte Mann niemals Zeit gehabt hatte, sich um solche Kleinigkeiten zu bekümmern, und sie also selbst nicht kannte, so verwies er dem kleinen Tullius diesen Vorwitz und brachte es damit bald so weit, daß diese Fragen unterblieben, und daß der liebe Kleine eine ganze Seite lateinische Wörter täglich lernte, ohne die Sachen zu kennen, die dadurch sollten angezeigt werden.

Bald darauf wurde das Kind angeführt, alte lateinische Schriftsteller zu lesen. Da diese nun schwer zu verstehen waren, so mußte es fast seine ganze Jugendzeit damit zubringen, daß es sich auf das Lesen derselben zubereitete und sie wiederholte.

Vorige Woche hatte ich das Glück, mit dem jungen Herrn Magister Pancratius und seinem gelehrten Herrn Vater spazierenzugehen. Ich erstaunte, wie weit der Vater den Sohn gebracht hatte. Dieser wußte von allen Straßen und merkwürdigen Häusern Roms zu sprechen wie ein geborener Berliner von Berlins Merkwürdigkeiten, welches der Herr Vater mit einem gefälligen Lächeln anhörte. Mit allem aber, was die Natur hervorbringt, war er völlig unbekannt. Da ich meine Verwunderung bezeugte über einen Acker, der vorzüglich viel Roggen trug, so fragte er mich, was ist denn das? Und da ich ihm sagte: Roggen, so fragte er weiter: was macht man denn mit dem Roggen? Da wir einige Schritte weitergegangen waren, bemerkte ich einen Raupenbalg, auf dem die Maden einer Schlupfwespe ausgekrochen waren und sich in Larven verwandelt hatten. Ich zeigte mit dem Finger darauf, und sagte: sehen Sie da! O, rief er, stören Sie doch die arme Raupe nicht, daß sie nicht von den Eiern läuft.

So weit kann uns die frühe Erlernung der lateinischen Sprache bringen.

* * *

Mittel, wie man Kindern lehren kann, Gespenster zu sehen

Erzähle deinen Kindern recht viel von Gespenstern

Wenn Meister Martin Feierabend gemacht hatte, so versammelten sich seine Kinder um ihn und baten, daß er ihnen etwas erzählen sollte. Da stopfte er sich dann sein Pfeifchen, setzte sich zu dem Ofen und seine Kinder drängten sich um ihn. Dann fing er an zu erzählen, fast von nichts, als von – Gespenstern; teils, weil er nichts anders wußte, teils weil er bemerkte, daß seine Kinder nichts lieber hörten.

Er wußte ihnen vierundzwanzig Orte in seiner eigenen Gegend zu nennen, wo es nicht geheuer war. Auf dem einen sollte ein Kloster gestanden haben, wo sich noch bis jetzt, im Advent und in der Fastenzeit, eine Nonne sehen ließe.

Im Riete, unweit der großen Pappel, die gleich unter der

Mühle steht, sollte sich ein Mann ersäufet haben, der noch immer umgehe. Kurios wäre es auch, daß allemal Punkt elf, auf dem Gottesacker sich ein schwarzer Hund mit feurigen Augen, so groß als ein Kochlöffel, zeige und Glock zwölf wieder auf dem Grabe eines alten schwedischen Hauptmannes verschwände. Bei dem Klosterturme in der Vorstadt sei ihm einmal etwas auf den Rücken geplumpst, wie ein Mehlsack, das habe er bis vor seine Haustür tragen müssen. In seinem Leben wolle er des Nachts vor diesem Turme nicht wieder vorbeigehen. Unter dem großen Steine am Markte rechter Hand, wenn man nach der Schule zugeht, solle ein großer Schatz liegen, der mit einem schwarzen Bocke versetzet wäre. Seine Großmutter habe von ihm erzählt, daß sie von ihrer Großmutter gehört hätte, daß sich einmal ein paar Wagehälse dran gewagt hätten, hätten auch wirklich das Geld schon funkeln sehen, weil aber der eine gerufen hätte: da ist der Schatz! So wäre er gleich wieder versunken. In dem alten Schlosse oben auf dem Berge solle ein verwünschtes Fräulein wohnen, das sich alle hundert Jahre in Gestalt einer Eidechse sehen ließe, und nicht eher könne erlöset werden, bis ihr ein reiner Junggeselle den Kopf abhieb usw.

Wenn er auf den Kyffhäuser Berg, auf den Brocken, Rübezahl, oder Dr. Fausten zu reden kam, so war er unerschöpflich.

Die alte Marie, die er bei sich hatte, war freilich eine Magd, mit der nicht viel anzufangen war; weil sie aber den Kindern so hübsch zu erzählen wußte und er selbst von ihr noch manches Gespensterhistörchen, das ihm noch unbekannt war, lernen konnte, so behielt er sie doch.

Durch diese Art des Unterrichts brachte Meister Martin seine Kinder in kurzer Zeit sehr weit. Sie behielten alles wohl und bekamen den Kopf so voll Gespenster, daß, wenn die Nacht einbrach, sie Erscheinungen erwarteten. Hierdurch wurden sie so vorsichtig gemacht, daß sie in der Dunkelheit sich nicht trauten, einen Schritt vor die Tür zu tun. Trieb sie ja die Natur, so mußte allemal die alte Marie mitgehen, und so lange neben ihnen stehen, bis sie ihren Leib erleichtert hatten. Gingen sie zu Bette, so mußte Marie bei dem Bette sitzen, bis sie eingeschlafen waren.

Mußten sie ja, da sie größer wurden, in der Dunkelheit durch das Feld gehen, so sahen sie jeden Baum für einen schwarzen Mann, jede Sternschnuppe für einen fliegenden Drachen, und jeden Hamster, der ihnen begegnete, für ein Ding an, mit dem der Böse sein Spiel habe.

Peter, der älteste Sohn, brachte es in der Kunst, Geister zu sehen, vorzüglich weit. Schon in seinem achtzehnten Jahre wußte er von siebenundsiebzig Gespenstern zu erzählen, die er mit seinen eigenen Augen gesehen hatte. Sein Vater meinte, es käme dies daher, weil er ein Sonntagskind wäre, und glaubte, daß dem Burschen noch ein großes Glück bevorstehe.

Wer weiß auch, was nicht noch mit der Zeit geschieht. Er ist freilich schon durch böse, mutwillige Leute in großen Schaden gekommen! – Er ging, zum Exempel, einmal des Abends von einer Dorfkirmes nach Hause, sah auf dem Wege eine Pfanne voll glühender Kohlen stehen, hörte aus einem Busche kläglich rufen: erlöse mich, erlöse mich! Und in der gewissen Meinung, daß die Kohlen ein Schatz wären, warf er seine neue Pudelmütze darauf, die sogleich lichterloh brannte, weil ein loser Vogel aus der Gesellschaft, in der er gewesen war, wirkliche Kohlen hingesetzt hatte; seine Magd nimmt auch allerhand Spukereien vor, und bestiehlt seine Speisekammer; bei alledem kann man nicht wissen, was sich zwischen hier und Michaelis zuträgt.

Er weiß ja von sicherer Hand, daß in einem gewissen Kreuzweg ein großer Schatz stehe, der dem zufallen soll, der ein pechschwarzes Kaninchen, das aber, wohl zu merken, in der Walpurgisnacht ist gestohlen worden, unter gewissen Zeremonien, hinter die er nun auch gekommen ist, mit einem dreikreuzigen Messer, in dem Kreuzwege, abschlachtet. Er hat auch wirklich bei einem Mitmeister schwarze Kaninchen gesehen, und ist fest entschlossen, in nächster Walpurgisnacht eins zu stehlen. Da wird man nun sehen, wie das Ding gehen wird.

Mittel, Kindern Furcht vor Gewittern beizubringen

Stelle dich selbst, sobald ein Gewitter aufsteigt, fein ängstlich an, so werden sich deine Kinder bald nach dir bilden!

Herr Siegfried hatte die besondere Gewohnheit an sich, daß er seine Kinder auf alle merkwürdigen Begebenheiten in der Natur aufmerksam machte, und sie dabei immer an die Güte und Weisheit Gottes erinnerte. Dies ging so weit, daß er sogar mit ihnen in das freie Feld ging, sooft ein Gewitter aufstieg, und demselben so lange zusah, bis ihn der Regen nötigte, in sein Haus zurückzukehren.

Gewöhnlich pflegte er dann folgendermaßen zu seinen Kindern zu reden: „Sehet, Kinder! Wie lieb uns Gott hat! Heute war der Tag so heiß, so schwül, daß wenn diese Hitze noch einige Zeit gedauert hätte, unsere Gewächse verdorret, und wir selbst zu aller Arbeit untüchtig geworden wären. Da hat aber der liebe Gott die Einrichtung gemacht, daß auf große Hitze ein Gewitter erfolgen muß. Dies kühlet die Luft ab – fühlt ihr es nicht, wie kühl sie schon wird? Bald wird ein fruchtbarer Regen folgen, der alle unsere schmachtenden Gewächse erquickt."

Dadurch wurden die Kinder bald so weit gebracht, daß sie kein Gewitter mehr fürchteten. Wenn ein Wetterstrahl durch die Luft fuhr, so riefen sie: sieh einmal, Vater, das war ein prächtiger Blitz! Geschah ein Donnerschlag, so sagten sie, der Schlag läßt sich hören! Und, wenn es gar zu regnen anfing! So sangen sie gewöhnlich:

Du tränkst das Land,
Führst uns auf grüne Weiden,
Und Tag und Nacht
Und Korn und Wein und Freuden,
Empfangen wir aus deiner Hand

Was wohl aus diesen Kindern würde geworden sein, wenn sie auf diesem Fuß wären groß gezogen worden! Alle Nachbarn ärgerten sich daran, murmelten darüber, und sagten einander in das Ohr: Herr Siegfried sei ein Naturalist, der alle Gottesfurcht aus den Herzen seiner Kinder vertreibe.

Zum großen Glück für sie starb Herr Siegfried bald, und sein Bruder rettete wenigstens den ältesten Sohn Adolph.

Er nahm ihn zu sich, und ließ es sich sehr angelegen sein, alles, was der Vater bei ihm, wie er zu sagen pflegte, verdorben hatte, wiedergutzumachen. Von den mancherlei Mitteln, die er anwandte, um zu seinem Zweck zu kommen, will ich jetzt nichts anführen, als sein Verhalten bei Gewittern.

Sooft sich eins in der Ferne zeigte, rang und wand er die Hände, und sagte: Gott erbarme dich unser! Herr sei uns gnädig! erzählte dabei, wie viele Dörfer seither durch den Wetterstrahl wären angezündet, und wie manche Menschen davon wären getötet worden. Anfänglich wollte Adolph allerlei Einwendungen dagegen machen, er wurde aber sehr bald zum Schweigen gebracht. Ließ sich nun der Donner hören, so stimmte Adolphs Vetter, nebst seiner Familie, ein gewöhnliches Bußlied an. Sobald aber ein starker Donnerschlag geschah, so ertönte ein Lied im höheren Chor. Zumeist war es das Lied:

Straf mich nicht in deinem Zorn;
Großer Gott verschone!
Ach laß mich nicht sein verloren,
Nach Verdienst nicht lohne!
Hat die Sünd
Dich entzünd,
Lösch ab in dem Lamme
Deines Grimmes Flamme!

Diese Behandlung tat nun bei Adolph sehr gute Wirkung. Wenn die Worte kamen: lösch ab in dem Lamme deines Grimmes Flamme, so zitterten ihm alle Glieder, weil er an solche Ausdrücke gar nicht gewohnt war, und Gott immer als einen Gott der Liebe hatte kennengelernt.

In kurzem kam es mit ihm so weit, daß er nicht mehr in den Blitz sehen konnte und Todesangst ausstand, sobald ein Gewitter sich näherte. Darüber freute sich sein Herr Vetter gar sehr und erzählte es gegen jedermann, daß er den kleinen Adolph zur Gottesfurcht geführt habe.

* * *

Mittel, den Kindern Todesfurcht einzuflößen

Beschreibe ihnen den Tod als das schrecklichste Übel

Meister Heinrich hatte zwei Röcke, einen Werktagsrock und einen Sonntagsrock. Den einen legte er an, wenn er in die Kirche ging, den anderen bei seinen Geschäften und täglichem Umgange. Er glaubte also, daß man auch zwei Religionen haben müsse, eine für die Kirche, die andere für das tägliche Leben.

Um dieses zu erläutern, will ich nur ein Exempel anführen. In der Kirche, die er besuchte, predigte der Herr Magister Rudolph, der den Tod gewöhnlich als einen Übergang von der Erde in einen anderen Zustand vorstellte, welcher für alle, die auf der Erde gut gelebt hätten, eine wahre Wohltat sei, und also von dem Christen nicht dürfe gefürchtet werden. Dies hörte Meister Heinrich gern, und glaubte es auch – solange er in der Kirche war. Und dies war ein Teil seiner Religion für die Kirche.

In seiner Religion für das tägliche Leben wurde aber der Tod ganz anders, als das schrecklichste Übel, das dem Menschen begegnen könnte, vorgestellt. Wenn er Nachrichten erhielt, daß einer seiner Bekannten die Erde verlassen hatte, so schlug er allemal in die Hände, und sagte, daß Gott erbarme! Ist er auch tot? und war so ein feiner hübscher Mann! Stieß ihm eine kleine Unpäßlichkeit zu, so verlor er seine ganze Fassung, und sagte oft, ach du lieber Gott! Ich will gern alles dulden, wenn ich nur nicht sterbe! Da ihm der Tod seine Frau raubte, wollte er sich alle Haare aus dem Kopfe raufen, zog einen kohlschwarzen Rock an, band einen langen Flor um seinen Hut und vermummte seine Kinder ebenso.

Dadurch brachte er es denn so weit, daß seine Kinder, vorzüglich sein Sohn Bernhard, wirkliche Todesfurcht bekamen. Es gab ihm allemal einen Stich in das Herz, wenn er die Totenglocke läuten hörte, und, wenn er eine Leiche erblickte, so lief es ihm eiskalt über die Haut.

Einmal bekam Bernhard die Masern, die er leicht hätte überwinden können, weil er eine ziemlich feste Natur hatte. Da aber ein etwas bedenklicher Umstand eintrat, lief der Vater ängstlich in der Stube umher, wimmerte und sagte: Herr Jesu erbarm dich, er stirbt! Mein Bernhard stirbt! Das Unglück! Bernhardchen! Stirb nicht! Ach stirb nicht! Ach du herzenslieber Bernhard, stirb nicht! Der Junge erschrak, bekam Verzuckungen und – starb wirklich.

* * *

Mittel, den Kindern die Religion verhaßt zu machen

Mache ihnen Gott verhaßt, so werden sie auch die Religion hassen

Horch! Wie der liebe Gott schmält! sagte eine Mutter zu ihrem Kinde, sooft es donnerte. Gib Achtung, der liebe Gott straft! sagte sie, wenn es nicht gleich folgen wollte. Oft, wenn es die unschuldigsten Ergötzlichkeiten sich erlaubte, drohte sie ihm mit der heißen Hölle, und wenn sie etwas erzählte, so war es gewöhnlich von der Hölle, in welche der liebe Gott die bösen Kinder würfe, und ewig von dem Teufel martern ließe.

Fiekchen konnte nicht anders, als ihrer Mutter glauben. Sie stellte sich sogleich den lieben Gott als einen bösen Mann vor, der sein Vergnügen darin fände, wenn er durch sein Poltern Menschen ängstigen könnte, der den armen Kindern keine Freude gönne, sondern gleich wütend zuschlüge, wenn sie ein bißchen herumsprängen, und etwa ein Loch in die Schürze rissen, und so grausam wäre, daß er sie gleich dem Teufel übergäbe, wenn sie etwa eine Tasse zerbrächen, oder ein Bierglas umstießen.

Notwendig mußte Fiekchen dem lieben Gott gram werden.

Anstatt daß sie bei Gewittern an das Fenster hätte treten sollen, und die Majestät ihres Vaters bewundern, ihn anbeten und für den Segen preisen, den er auf ihren Garten goß, so verkroch sie sich in einen Winkel und zitterte.

Sie betete zwar täglich ihren Morgen- und Abendsegen, aber niemals aus Liebe und Dankbarkeit, sondern aus Furcht, der liebe Gott möchte böse werden und sie strafen.

Notwendig mußte sie auch eine Abneigung gegen sein Wort bekommen. Sie sah es als ein Gebiß an, das Gott den Leuten in den Mund gelegt hätte, um ihnen ihre Freuden zu verderben.

Sie hörte, da sie groß war, immer predigen, daß Gottes Wort eine große Wohltat sei, hat es aber niemals glauben können.

Bringe ihnen die Religion auf eine verhaßte Art bei, so werden sie bald gegen dieselbe Abneigung bekommen!

1. Caspar wurde von seinem Vater angehalten, täglich ein großes Stück aus dem Psalme und Katechismus auswendig zu lernen. Stockte er, oder hatte es gar nicht gelernt, so setzte es tüchtige Schläge.

„Wirf dein Anliegen auf den Herrn, der wird dich versorgen, und wird den Gerechten nicht ewig in Unruhe lassen.“ Flegel! Kannst du das nicht merken?

So sagte er einst zu ihm, als er diesen schönen Vers nicht gelernt hatte, und zauste ihn dazu bei den Haaren.

Caspar mußte notwendig dem Buche gram werden, um dessentwillen er so viele Schläge bekommen hatte. Kaum war er aus der Schule, so warf er es weg, und bekam niemals Lust, es wieder anzusehen.

2. Ein gewisser Vater meinte es wirklich mit der Religion gut und wünschte, daß sie bald bei seinen Kindern Wurzeln schlagen möchte. Allein er tat es auf eine so unbedachtsame Art, daß er, ohne seinen Willen, ihnen Abneigung gegen dieselbe beibrachte.

Schon vom vierten Jahre an mußten seine Kinder dem öffentlichen Gottesdienste beiwohnen, und bei demselben vom Anfange bis zu Ende aushalten. Ob sie gleich noch nicht lesen konnten, mußten sie doch Gesangbücher mitnehmen, und den Gesang der Gemeinde mit anhören, und ob sie gleich von einer Predigt noch gar nichts verstanden, wurden sie doch gezwungen, auf dieselbe zu merken.

Da nun Kinder eine freie Bewegung lieben und ungern an einem Orte stundenlang stillesitzen, so mußte ihnen notwendig der christliche Gottesdienst, wo sie gar keine Unterhaltung fanden, die ihrem kindischen Verstande angemessen gewesen wäre, zuwider werden.

Diese Abneigung wurde noch größer, weil sie auch im Winter, bei der strengsten Witterung, in der Kirche aushalten mußten.

Du lieber Gott! Schon wieder Sonntag! sagten sie, wenn sie durch die Glocken das Zeichen zum Gottesdienste geben hörten, und suchten oft mit Tränen die Kleider zusammen, die sie anziehen sollten.

Dieser Widerwille wurzelte bei ihnen so tief, daß sie ihn, auch bei zunehmenden Jahren, nicht ablegten. Sie ergriffen begierig jede Gelegenheit, die Kirche zu versäumen, und wenn sie dieselbe auch besuchten, so fruchtete doch Predigt und Gesang wenig bei ihnen, weil sie beides mit Unwillen hörten.

Auch kannst du diese Absicht erreichen, wenn du ihnen diejenigen verhaßt und verächtlich machst, die sie die Religion lehren

1. Nachbar Thomas hatte nebst vielen anderen Fehlern auch diesen an sich, daß er immer von anderen Leuten Übles redete. Vorzüglich ließ er anzügliche Reden fahren, wenn das Gespräch auf den Pfarrer oder Schulmeister kam.

Hatte der Pfarrer eine Predigt gehalten, die von der Gemeinde mit Beifall aufgenommen wurde, so sagte er: Das sind keine Künste, wenn ich auch, wie der Pfarrer, zwölf Malter Decimation[1] einzunehmen hätte, und könnte zuhause hinter dem Kachelofen sitzen, so wollte ich es ebensogut machen. Sah er etwa einen Amtsbruder in das Pfarrhaus gehen, da hieß es: ja, ja, das Pfaffengeniste, das tut nichts als schmausen und faulenzen, und unsereins muß den ganzen Tag arbeiten.

Bestrafte der Geistliche einen Fehler, den Nachbar Thomas an sich hatte, so glaubte er, der Pfarrer habe auf ihn gestichelt, und dann ging es bei Tische über den guten Mann unbarmherzig her. Wenn doch der Pfaffe, sagte er gewöhnlich, sich nur um sich bekümmerte, und lernte, wie viele Psalmen es gäbe. (Der Geistliche hatte sich nämlich einmal versprochen, und, statt des siebzigsten, den hundertundsiebzigsten Psalm genannt.) Was will so ein Kerl reden! Und nun wurde alles, sein Gang, seine Perücke, seine Haushaltung und Ackerbau lächerlich gemacht.

Dem Schulmeister ging es eben nicht besser. Da Junge! Da ist das Holzgeld für den Schulmeister. Trag es dem Hungerleider

1) Decimation = Decem, der Zehnte als Abgabe an den Geistlichen.

hin, ehe er dich mahnt. Geh hin und sage dem Schulmeister, er soll diesen Abend zum Schlachtessen kommen, daß er auch einmal weiß, wie einem ist, wenn man sich sattessen kann.

So schlecht sprach der Mann von Kirchen- und Schuldienern.

Nun hatte der junge Thomas auf der ganzen Welt niemanden, von dem er die Religion hätte lernen können, als den Pfarrer und den Schulmeister, die ihm der Vater so verächtlich gemacht hatte; kein Wunder, wenn er die guten Lehren, die sie vortrugen, ihre Ermahnungen und Verweise verachtete.

Hm, dachte er bei sich selbst, wenn er im Pfarr- oder Schulhause eine gute Lehre bekam, was will der Pfaffe, was will der Hungerleider mich lehren können!

2. Nicht besser machte es Meister Simson. Dieser schickte sein Söhnchen in eine Schule, an welcher drei Lehrer arbeiteten, die alle drei ihre Fehler hatten; denn sie waren Menschen. Der eine war etwas jähzornig und hatte daher oft mit seinen Nachbarn allerhand Streitigkeiten; der andere liebte den Putz, und da sein Einkommen sehr gering war, so ging es fast ganz für Kleidung auf; wenn nun Fleisch, Bier, oder andere notwendige Dinge zu kaufen waren, so fehlte es oft an Gelde, er mußte hier und da borgen und wurde von seinen Gläubigern bisweilen ziemlich unhöflich gemahnt; der dritte war lustig und erlaubte sich in Gesellschaften, wo es ihm gefiel, gern ein Gläschen Wein mehr zu trinken, als ihm zuträglich war, und plauderte dann oft Dinge, die freilich einem Manne, der seiner Schüler Vorbild sein soll, nicht gar wohl anstehen.

Wenn nun einer von diesen Leuten einmal ein Böckchen geschossen hatte, so merkte es Meister Simson sehr genau und redete davon oft in Gegenwart des jungen Simsönchen.

„Ja, das sind Schulkollegen, daß Gott erbarm! Der eine zankt sich alle Tage, der andere ist ein Bankrotteur, der dritte ein Vollzapfen. Wenn die Schuldiener sich so aufführen, was wollen denn die Kinder tun!“

Dergleichen Reden waren bei ihm sehr gewöhnlich.

Niemals sprach er aber schlechter von ihnen, als wenn sie Simson einen Verweis oder eine Züchtigung gegeben hatten.

„Was will der Narr", sagte er alsdann gewöhnlich, „haben? Er kann ja sich nur um sich bekümmern. Er kann ja nur erst vor seiner Tür kehren."

Simsönchen, der eben sonst nicht den besten Kopf hatte, merkte doch dieses sehr gut. Wenn ihm hernach einer von diesen Männern den Katechismus erklärte und zeigte, was ein Christenmensch tun und lassen müsse, so lachte er in seinem Herzen und dachte, der Narr kann sich ja nur um sich bekümmern, er kann ja nur erst vor seiner Tür kehren.

Da das Simsönchen aus der Schule kam, so wurde es ein sehr wilder Knabe, der weder auf die Vorstellung des Vaters noch des Pfarrers etwas gab. Er fing so viele Händel an, daß er nach und nach sein ganzes Vermögen auf das Rathaus zahlen und am Ende die größte Not leiden mußte; wie noch jedermann weiß, der ihn gekannt hat.

Wer hat nun wohl das arme Simsönchen ins Unglück gestürzt?

* * *

Mittel, die Kinder eigensinnig zu machen

Tue alles, was sie von dir verlangen!

Herr Curt hatte mit seiner lieben Frau bereits zehn Jahre eine unfruchtbare Ehe geführt. Endlich kam, zu seiner und der Frau Curtin großen Freude, der kleine Heinrich Curt zur Welt. Seine Eltern glaubten nun verbunden zu sein, alles, was in ihrem Vermögen wäre, anzuwenden, um dies liebe einzige Kind recht sorgfältig zu pflegen. Sie verzärtelten es also nicht nur, wie gewöhnlich, sondern sie nahmen sich auch beiderseits vor, ihm in allem zu willen zu sein, damit das gute Kind nicht etwa geärgert würde.

Wenn es nach etwas reichte, so mußte es beigetragen werden. Man brachte ihm Hund und Katze, man gab ihm alles zu kosten, man reichte ihm sogar Messer und Gabel, nachdem man sie in die Scheide gesteckt hatte, sobald es das Händchen danach ausstreckte. War ihm etwas zuwider, so mußte es augenblicklich entfernt werden, und drei Mägde wurden fortgejagt, weil man glaubte, daß das Kind sie nicht leiden könne.

Der kleine Heinrich fing nun an zu laufen – aber nicht dahin, wo die Mutter oder die Magd ihn hinführen wollten, sondern wohin es ihm selbst gefiel. Hu! Hu! Hu! schrie er immer, zog die Hand seiner Führerin nach einem bestimmten Orte zu, und diese mußte ihm folgen. So wandelte er in einer Stunde von der Stube durch das Haus, Hof und Garten, und von da wieder alle Treppen hinauf bis auf den obersten Boden. Einmal stand der Keller auf, gleich wollte Heinrich hinein, und da es ihm die Magd verwehrte, so fing er ein schreckliches Gebrülle an. Stille! Stille! sagte die Magd, im Keller ist's dunkel. Komm, wir wollen zu den Hühnchen gehen. Sieh einmal Heinrich! Die artigen Hühnerchen! Put! Put! Kommt ihr Hühnerchen, zu Heinrichen! Das half aber nichts, Heinrich bog sich rückwärts, schrie, stampfte – da kam die besorgte Mutter herbeigesprungen. Was gibt's? hieß es. Was wird doch das dumme Mensch einmal gemacht haben!

Gar nichts! Frau Curtin! Der kleine Heinrich will in den Keller, und da kann ich doch wirklich – sehen Sie nur, wie er sich gebärdet. Ich kann ihn wahrhaftig nicht mehr halten.

Gebt her das Kind! Brennt ein Licht an! Stille! Stille, Heinrich! In den Keller willst du? Ja! Ja!

Und nun ging es den Keller hinunter. Die Magd mußte vorhergehen und leuchten. Auf der Mitte der Treppe fiel es Heinrich ein, umzukehren. Er schwenkte sich – Mutter und Magd schwenkten sich mit, und nun ging es wieder die Treppe hinauf in die Putzstube.

Heinrich lernte nun sprechen. Und jedes Wort wurde als ein Befehl angesehen, den das ganze Haus befolgen mußte.

Wenn ihm bei Tische etwas vorgelegt wurde, so hieß es gewöhnlich:

Das will ich nicht.

Und was denn, gutes Kind?

Ich will von dem Stückchen da haben.

Da, Heinrich, da hast du es.

Es schmeckt auch nicht.

Nicht? Wonach hast du denn Appetit?

Ich will Gebackenes.

Gebackenes? Das ist nicht da.

Ich will aber Gebackenes!

Gib dich zufrieden. Morgen, da will ich dir ein recht gut Küchelchen backen.

Ich will aber etwas Gebackenes!

Was werden wir nur mit dem Kinde anfangen? Kathrine, da habt ihr einen Groschen, holt doch dem Kinde etwas Gebackenes! –

Da, klein Äffchen! Ist etwas Gebackenes. Ist's denn so recht?

Ja. Mich dürstet.

Das arme Kind! Willst du Bier oder Wein?

Ich will Kaffee.

Und der ist noch nicht fertig. Geschwinde macht Feuer an zum Kaffee. Stille! Stille!

Kommt denn der Kaffee bald?

Bald, bald!

Ich will keinen Kaffee! Ich will Bier, Bier! Mutter, Bier!

Da! Da ist Bier.

Das ist mein Glas nicht! Ich will mein Glas haben!

Seht einmal, was das Kind so klug ist. Denk! Gleich weiß es, daß das sein Glas nicht ist. Da, Heinrich, da ist dein Glas.

So wie es bei Tische ging, so ging es immer. Kleidung, Schlafzimmer, Gesinde, Gesellschaft, alles mußte nach seinem Sinne gewählt werden.

Nun ist er erwachsen und hat durchgängig den Namen: der eigensinnige Curt. Dreimal hat er schon seine Wohnung verändert. Alle Jahre müssen die Zimmer anders tapeziert und die Öfen umgesetzt werden. Eine Frau hat er schon zu Tode gepeinigt, und die andere – nun, die wird auch nicht weit mehr laufen. Mägde hat er gewöhnlich jährlich vier bis sechs, und er selbst, wenn ich recht gesehen habe, hat kaum noch zwei Jahre zu leben. Die ganze Welt steht ihm nicht recht – und dies ist freilich zum totärgern.

* * *

Mittel, Kindern das Lügen zu lehren

Halte sie fein frühzeitig zum Lügen an!

Hierin hatte Meister Stephen eine ganz vorzügliche Geschicklichkeit! Er ließ fast keinen Tag vorübergehen, ohne den kleinen Stephen angehalten zu haben, wenigstens eine Lüge zu sagen.

Merkte er, daß jemand ihn besuchen würde, der ihm nicht gelegen war, so stellte er ihn in die Tür und sagte: Du! Wenn der oder der kommt und fragt, ob dein Vater zuhause wäre? so sprich: Vater ist nicht zuhause, Vater ist über Feld gegangen.

Kam etwa eine arme Frau oder ein Kind, die etwas Brot verlangten, so sagte Meister Stephen zu seinem Söhnchen: geh hin! Sprich, wir hätten heute selbst kein Brot, wir säuerten diesen Abend erst.

Das Söhnchen ging nicht gern in die Schule und versäumte sie daher oft, unter allerlei nichtigem Vorwande. Kam nun der andere Tag: so fürchtete es sich noch mehr, die Schule zu besuchen. Ich gehe nicht in die Schule, hieß es; ach! ich gehe nicht in die Schule, ich krieg Schläge, weil ich gestern nicht darin gewesen bin. Aber Meister Stephen wußte bald Rat zu schaffen. Närrchen! Sagte er, du kannst ja nur sprechen, du hättest gestern eine

Purganz eingenommen gehabt oder hättest für mich ein paar Wege gehen müssen. Die Schuldiener müssen es ja wohl glauben.

Die Frau Stephen war etwas genau und wendete einen Pfennig zehnmal um, ehe sie ihn ausgab. Wenn nun das Söhnchen sie bat: Mutter! gib mir einen Pfennig, ich will mir eine Semmel kaufen, oder wenn er sie um einen Dreier für Kirschen oder Erdbeeren ansprach, so bekam er gewöhnlich die Abfertigung: Peperlepep! Ob so ein Junge, wie du bist, von allen Narrentäppchen hat, oder nicht. Dem ungeachtet aß aber doch Stephen alle Tage Kirschen oder Erdbeeren, oder was sonst die Jahreszeit mit sich brachte. Sein Vater steckte ihm einen Dreier nach dem anderen zu, gab ihm aber allemal die väterliche wohlmeinende Erinnerung: da hast du einen Dreier! Geh hin, kaufe dir etwas! Laß es aber deine Mutter nicht sehen! Und wenn sie es sieht, so sprich: dein Pate hätte dir das Geld gegeben.

Der junge Stephen machte in kurzer Zeit im Lügen einen ungemeinen Fortschritt. Er war imstande, ganze Geschichten, von denen kein Wort wahr war, zu erzählen, ohne rot zu werden. Da lachte nun der Alte, daß ihm der Bauch schütterte, und sagte: das ist ein durchtriebener Vogel, der hat den Kopf auf dem rechten Fleck.

Aber freilich machte er, da er größer wurde, auch manches Stückchen, das seinem Vater nicht gefiel.

Des Sonntags früh ging er gewöhnlich in ein Branntweinhaus und sagte bei seiner Rückkehr, er wäre in der Kirche gewesen. Fragte ihn sein Vater, was er sich aus der Predigt gemerkt hätte, so wußte er ihm so vieles zu erzählen, daß es dem Vater gar nicht einfiel, in ihn ein Mißtrauen zu setzen.

Die Woche hindurch lief er halbe Tage lang von der Arbeit, mit dem Vorwande, er sollte zum Paten, zur Base oder Großmutter kommen, und ging in die liederlichsten Häuser, wo er einen Gulden nach dem anderen ließ.

Der Vater vermißte nach und nach Geld, Wäsche und Handwerkszeug. Es ging ihm im Kopfe herum. Ich muß, sagte er einmal bei Tische, einen Spitzbuben im Hause haben, das kann nicht anders sein. Den muß ich herauskriegen, es koste, was es wolle. Der junge Stephen ward weder blaß noch rot. Er kriegte den Vater auf die Seite, und zischte ihm in das Ohr: wollt ihr wissen, wer euer Dieb ist? Das ist der Geselle. Der läßt in allen Wirtshäusern so viel aufgehen, daß die ganze Stadt davon spricht. Nicht wahr, es ist euch ein Röschensgulden weggekommen? Wirklich? Nun seht, den hat er am vergangenen Sonntag im Gasthofe auf das Spiel gesetzt.

Natürlich mußte dies Meister Stephen ärgern. Er lief auf den Gesellen los, schalt ihn einen Dieb, einen Spitzbuben –

Den höre ich, sagte der Geselle. Der Spitzbube soll euch teuer zu stehen kommen.

Er lief auf das Rathaus, verklagte seinen Meister, und brachte es dahin, daß ihm dieser Abbitte und Ehrenerklärung tun, und noch überdies etliche Gulden Strafe erlegen mußte.

Wie es nun zu gehen pflegt. Der Krug geht so lange zu Wasser, bis er zerbricht. Meister Stephen kam nach und nach hinter alle Schelmereien seines Sohnes. Er schmälte, er prügelte, er drohte mit dem Zuchthause, das half aber alles nichts. Meister Stephen wurde nach und nach zum armen Manne. Obgleich er zuvor etlichen Meistern Arbeit gegeben hatte, so kam es mit ihm endlich so weit, daß er selbst als Geselle arbeiten mußte. Da soll er nun oft gegen seine Mitarbeiter geklagt haben: Ich armer Mann! In all das Unglück hat mich mein Junge, der Galgenstrick, gestürzt. Kein wahres Wort geht aus seinem Maule. Er lügt, wie ein Vogel in der Luft fliegt. Wenn ich nur wissen könnte, wo er das verdammte Lügen gelernt hätte!

Belache und belohne die Lügen!

Krieg ich auch Wein? fragte Lottchen bei Tische ihre Mutter.

Nein, Lottchen, der Wein ist Kindern nichts nütze.

Aber ich bin ja krank, und habe einen schwachen Magen.

Du sagtest ja einmal, daß der Wein für einen schwachen Magen gesund wäre.

Da lachte die ganze Tischgesellschaft über das drollige Mädchen. Die Mutter griff sogleich nach der Bouteille, schenkte ihr ein und sagte: Da hast du nur ein Gläschen, du kleine Lose! Ist nun der Magen wieder gesund?

Ja, Mutter! Recht gesund. Es tut mir nichts mehr wehe.

Dieser Einfall wurde abermals mit Lachen aufgenommen.

Lottchen merkt es sich, und suchte mehrmals durch solche Einfälle das Lob ihrer Mutter zu verdienen. Und da, wie bekannt, die Hunde am Riemchen Leder fressen lernen, so gewöhnte sich auch Lottchen durch dergleichen Späßchen das Lügen so an, daß sie in der Folge beständig unter dem Namen Lügenlotte in der Stadt bekannt war.

Glaube alles,
was deine Kinder sagen!

Die Frau Simpelin erkundigte sich allemal, wenn sie von Besuchen zurückkam, wie sich ihre Kinder in der Abwesenheit aufgeführt hätten. Und zwar bei den Kindern selbst, weil sie glaubte, daß diese ihr von ihrem Betragen die zuverlässigste Nachricht geben könnten.

Nu Kinder! Seid ihr auch recht artig gewesen?

Recht artig, liebe Mutter!

Ihr habt doch nicht getobt?

Nein wirklich nicht.

Ihr seid doch nicht auf der Gasse umhergelaufen?

Wir sind nicht aus der Stube gekommen. Ich habe gestrickt, und meine Schwester hat in der Bilderbibel geblättert.

Nun das ist fein. Da bringe ich euch auch ein Stückchen Kuchen mit, weil ihr so artige Kinder gewesen seid.

Gingen die Kinder spazieren, so fragte sie die Mutter allemal, wo sie gewesen wären. Und da nannten sie ihr immer einen Ort, mit dem sie wohl zufrieden war. Und das glaubte sie alles, ohne weitere Nachfrage anzustellen, ob die Kinder auch die Wahrheit geredet hätten.

Anfänglich nun redeten sie immer die Wahrheit. In der Folge versahen sie aber doch da und dort etwas, das sie für gut hielten, der Mutter zu verbergen. Sie liefen z. B. einmal, in der Mutter Abwesenheit, mit wilden Kindern auf der Gasse umher, wurden darüber bänglich, und konnten sich anfänglich nicht entschließen, die Mutter zu belügen. Endlich sagte aber die ältere Schwester: Wir dürfen es doch nicht sagen, daß wir herumgelaufen sind, sonst kriegen wir keinen Kuchen. Dies bewog nun die anderen Kinder, daß sie mit der älteren Schwester eins wurden, der Mutter, wie sie sagten, eine Nase vorzuschwatzen.

Da nun die Mutter fragte: Seid ihr fein zuhause geblieben? So erschraken sie; keines traute zu antworten, bis die ältere Schwester losbrach und sagte: Ja, liebe Mutter! Wir sind nicht vor die Tür gekommen. Da stimmten denn die kleineren Kinder auch mit ein.

Die Mutter lobte sie wegen ihrer Eingezogenheit. Die Kinder dachten aber, geht es so, daß die Mutter alles glaubt, so können wir ja mehrmals solche Späßchen machen.

Nun begingen sie die größten Ausschweifungen, wenn die Mutter nicht zuhause war, und versicherten allemal bei ihrer Rückkehr, daß sie recht fleißig und artig gewesen wären. Sie besuchten auf ihren Spaziergängen die Spielplätze, wo es am wildesten herging, und nannten hernach allezeit einen Ort, wo sie gewesen wären, von dem sie wußten, daß er der Mutter angenehm sei.

Sie wurden von Jahr zu Jahr in ihren Lügen dreister und frecher, und es kam am Ende so weit, daß die Frau Simpelin ihrer Kinder – Spott wurde.

Strafe deine Kinder, wenn sie die Wahrheit sagen!

Fritz wollte einmal eine Fliege fangen, und da er mit der Hand danach fuhr, schlug er an des Vaters Glaskrug, daß dieser auf die Erde fiel und in viele Stücke zerbrach. Der arme Junge hätte vor Angst vergehen mögen. Unterdessen, dachte er, ist doch wohl das Beste, daß du sogleich zum Vater gehest und ihm selbst gestehest, was du angerichtet hast. Wehmütig suchte er ihn und traf ihn endlich im Garten an. Ach Vater! Vater! sagte er, sei ja nicht böse, ich wollte eine Fliege fangen und stieß an deinen Glaskrug.

Was? An den Glaskrug? Und hast ihn zerbrochen?

Ja, ich habe ihn zerbrochen, lieber Vater! aber ich habe es wirklich nicht gerne getan.

I du gottloser Junge! Wart, ich will dir den Glaskrug anstreichen, daß du an mich denken sollst.

Ach Vater! Was willst du machen? lieber, lieber Vater! Ich glaube, du willst eine Weide abschneiden und mich schlagen? Ach ich – ich bitte, ich bitte – in meinem Leben –

Du gottheilloser Junge –

Ach Vater, du schlägst –

Du wirst doch –

Mich tot – du schlägst mich tot –

In deinem Leben nicht klug werden.

Ach mein Arm! Mein Arm! Ach hör auf Vater! Ich will es in meinem Leben nicht wieder –

Da merk's! Ich will dich lehren, den Glaskrug zerbrechen.

Ach daß Gott – mein Arm! Mein Arm!

Ein andermal blätterte Fritze in einem Bilderbuch. Ehe er es sich versah, glitschte das Buch ab, er wollte es auffangen, ergriff ein Blatt, und – ratz – da riß das Blatt mitten auseinander. Wem war bänger als Fritzen; er machte das Buch zu und stellte es stillschweigend wieder an den Ort, wo er es weggenommen hatte.

Nach ein paar Tagen wollte der Vater etwas in dem Buche suchen, und fand das zerrissene Blatt. Da fragte er sogleich Fritzen, ob er nicht wisse, wer das Blatt zerrissen habe? Fritze gestand es, beschrieb aber auch zugleich, wie es damit zugegangen wäre, und bat, daß ihn der Vater doch ja deswegen nicht schlagen möchte.

Das half aber alles nichts. Fritze bekam seine Hiebe so gut, wie dazumal, da er den Glaskrug zerbrochen hatte.

Da er nun sah, daß sein Vater durchaus die Wahrheit nicht hören wollte, so fing er nach und nach an, sie sich abzugewöhnen.

Wenn er hernach wieder etwas anrichtete, so gestand er es niemals. Bald leugnete er es gar, bald schob er die Schuld auf jemanden anderes.

Er zerbrach, weil er sehr flüchtig war, bald Gläser, bald Tassen, aber er wußte sich allemal so herauszuwickeln, daß die Schuld nicht auf ihn kam. Bald sollte der Wind die Fenster aufgerissen und die Gläser heruntergeworfen, bald die Katze auf den Tisch gesprungen sein und die Tassen zerbrochen haben.

Einmal hatte er einen Teller voll Bratenbrühe auf sein Kleid gegossen. Anstatt, daß er es dem Vater hätte gestehen sollen, so hing er ganz stillschweigend das Kleid an seinen Ort. Da er es den folgenden Tag anziehen sollte, kam er mit großem Geheule zu dem Vater gelaufen. Vater! Vater! schrie er, sieh' einmal mein Kleid an! Da hat jemand Fett darauf gegossen, da ist ein großer Fleck geworden – das schöne Kleid!

Du hast es, sagte der Vater, doch wohl nicht selbst getan?

Ich! antwortete er, ich werde ja mein Kleid nicht verderben. Nein wirklich, das habe ich nicht getan.

Da kam nun Fritze allemal gut durch. Log er, so gingen alle seine leichtsinnigen Streiche ungeahndet hin. Redete er die Wahrheit, so bekam er Schläge. War es ihm zu verdenken, wenn er sich auf das Lügen verlegte?

Gib ihnen in deinen Gesprächen Veranlassung zum Lügen!

1. Traugottchen kam ganz munter aus seinem Bette, nur war er etwas röter als sonst, vermutlich, weil er zu tief unter dem Deckbette gesteckt hatte.

Mein Herzchen, fragte die erschrockene Mutter, was fehlt dir? Du glühst ja im ganzen Gesichte.

Mir fehlt nichts.

Zeig einmal deinen Puls! Ei wirklich, wie der schlägt! Du bist doch nicht krank? Der Kopf tut dir doch nicht weh?

Ein bißchen.

Da haben wir es. Wo tut es dir weh?

Ich weiß es selber nicht.

Nicht war, hier vor der Stirne?

Ja, da tut es gar arg weh.

Und im Leibe, da wird es dich schneiden?

Ja.

Du lieber Gott! hat man doch nichts als Sorge und Kummer von seinen Kindern. Mann! Mann! Das Unglück! Unser Traugottchen ist krank. Es klaget über Kopf- und Leibesschmerzen. Wir können ihn wirklich nicht lassen in die Schule gehen.

So betrug sich Traugottchens Mutter sehr oft. Sie fragte etliche Mal des Tages, ob er Hitze? ob er Frost habe? ob ihm nicht etwa sein Leib wehtäte? Sie tat um ihn äußerst bekümmert, wenn er diese Frage bejahte. Ein so krankes Kind konnte ja unmöglich in die Schule gehen. Einem so kränklichen Kinde durfte nichts versagt werden – es mußte ihm alles zu Gebote stehen, damit es sich nicht etwa ärgere. An Leckerbißchen durfte es auch nicht fehlen, damit doch der kleine Patient etwas zu laben hätte.

Gut! dachte Traugottchen, geht es so, da willst du künftig dir schon helfen. Sooft er keine Lust zur Schule oder Appetit nach Leckerbißchen hatte, so kam er zur Mutter und klagte: Ach

Mutter! Mein Kopf! Mein Kopf! Mein Bauch! Es tut mir alles weh – bind mir ein Schnupftuch um meinen Kopf.

2. Wenn Julchen bei Carolinen, ihrer kleinen Freundin, gewesen war, so forschte ihre Mutter allemal sehr neugierig an ihr, was in Carolinens Hause vorgegangen wäre? Julchen, die sich um nichts als ihr Spiel gekümmert hatte, wußte auf die wenigsten Fragen zu antworten, und gleichwohl sollte sie doch antworten. Es wurde ihr mit Fragen so lange zugesetzt, bis sie eine Antwort gab. Notwendig mußte sie dieselbe erdichten.

Bist du in der Ober- oder Unterstube gewesen?

In der Oberstube.

Da hast du ja wohl Carolinchens Mama gesehen?

Ja, sie war da.

Wie war sie denn angezogen?

I! ich habe nicht Achtung gegeben.

Nu! Du wirst doch wohl gesehen haben. Hatte sie denn Kattun oder Leinenzeug an?

Ich denke Kattun.

Was das für ein albernes Mädchen ist – ich denke Kattun! Weißt du es denn nicht gewiß?

Ja, nun besinne ich mich, es war Kattun.

Hatte der Kattun dunklen Boden?

Ja, recht dunklen Boden.

War er großblumig oder kleinblumig?

Kleinblumig.

Hast du nicht gerochen, was sie in der Küche zubereiteten?

Es roch mir wie Hasenbraten.

Da werden sie wohl Zuspruch bekommen. Hat dir Carolinchen nicht gesagt, wer diesen Abend zu ihnen kommen wird?

Nein. Ich habe sie nicht gefragt.

Du bist doch eine rechte Gans. Denk! Wenn ich sollte Braten riechen, und sollte nicht fragen, was man für Besuch erwartete! Sagte denn Carolinchen nichts von ihrem Herrn Paten?

Ja, es ist mir so.

Der wird wohl diesen Abend hinkommen.

Ja, nun fällt es mir ein, der kommt diesen Abend hin.

Von alle diesem war nun gar nichts wahr. Julchen schien nicht die geringste Anlage zur Lügenhaftigkeit zu haben, aber die witzige Mutter wußte sie doch durch dergleichen Fragen so herumzuholen, daß sie lügen mußte.

Sie brachte es auch hierin, zur großen Freude der Mama, sehr weit. In der Folge ließ sie sich gar nicht lange mehr fragen, sondern erzählte, sooft sie in einem fremden Hause gewesen war, wie sie den Mann und die Frau angetroffen, wie es in der Putzstube und in der Küche ausgesehen habe, was gekocht und gebraten worden, was für Personen daselbst ein- und ausgegangen wären. Von ihren Erzählungen war oft nicht ein Wort wahr. Der Mama aber war es so recht. –

* * *

Mittel, Kinder fein frühzeitig zur Verleumdung zu gewöhnen

Muntere deine Kinder auf, anderen recht viel Böses nachzureden!

Meister Jörge war im höchsten Grade neugierig. Er hätte gar zu gern wissen mögen, was täglich in allen Häusern seiner Nachbarn vorging. Da er nun nicht wußte, wie er es erfahren sollte, so fiel er endlich darauf, seinen Sohn zum Spion zu gebrauchen.

Caspar, so hieß Meister Jörgens Sohn, bekam allemal, sooft Meister Jörge hörte, daß einer seiner Nachbarn verreist war, den Auftrag, vor dem Hause desselben auf- und abzugehen, und zu beobachten, wer in des Mannes Abwesenheit aus- und eingehe. Hörte er, daß in einem Hause die Magd stark auf- und ablief, oder daß die Lichter helle brannten, oder die Vorhänge zugezogen waren, oder stark geredet wurde, so wurde Caspar abgeschickt, um zu erfahren, was da passiere. War es am Tage, so mußte er gewöhnlich etwas aus dem Hause borgen, oder sich nach etwas erkundigen; war es aber Abend, so mußte er unter dem Fenster horchen, oder, wenn es möglich war, wohl gar hineinlauschen.

Anfänglich erzählte Caspar alles treulich wieder, was er gesehen und gehört hatte.

Da er aber in der Folge merkte, daß sein Vater überaus neugierig war, daß er zehnmal fragte: wie? Wer? Wirklich? daß sein ganzes Gesicht sich aufheiterte, wenn er von den Leuten recht viel Übles redete, so ließ er es sich sehr angelegen sein, sich in seinen Erzählungen nach des lieben Vaters Geschmack zu richten.

Sagte er, daß eine Frau in ihres Mannes Abwesenheit Besuch von einer anderen Frau gehabt habe, so erfolgte nichts, als ein trockenes – so so. Erzählte er aber, daß eine Mannesperson zu ihr gegangen wäre, daß sie mit ihm gelacht und gescherzt habe, da spitzte er die Ohren, und wollte immer mehr wissen.

Nichts hörte er lieber, als wenn sich ein paar Eheleute entzweit hatten, oder sonst eine Unordnung bei ihnen vorgefallen war.

Kinder haben insgemein eine Begierde, anderen gefällig zu werden. Caspar hatte sie auch, und da er sah, daß er sich durch nichts bei seinem Vater beliebter machen konnte als dadurch, daß er anderen Übles nachredete, so brachte er es in dieser Kunst in kurzem sehr weit. Sein Vater bekam aus allen Häusern durch ihn die schlimmsten Nachrichten, kein Nachbar und keine Nachbarin behielten, vor diesem Buben, ihren ehrlichen Namen.

Das Verleumden ist ihm nach und nach so geläufig geworden, daß er es noch jetzt nicht lassen kann. Von niemandem spricht er Gutes, von allen will er etwas Böses gesehen oder gehört haben. Es vergeht so leicht keine Woche, da er nicht ein paar Nachbarn, Freunde oder Eheleute, durch seine Verleumdungen zusammenhetzt. Bisweilen wird nun freilich seine Tücke entdeckt. Er hat schon einige Male Strafe erlegen müssen, hat auch ein paarmal von seinen Kameraden Schläge bekommen. Aber jung gewohnt, alt getan. Er ist und bleibt noch immer in seinem zwanzigsten Jahre der Verleumder, der er in seinem zehnten war.

Von niemandem spricht er mehr Böses, als von seinem eigenen Vater. Der ist, nach seiner Aussage, ein Erzknauser, ein Erbsenzähler, ein dummer einfältiger Mann.

Meister Jörg soll unter der Hand etwas davon erfahren, und ihm deswegen den Kopf tüchtig gewaschen haben. Ist das der Lohn, soll er unter anderem gesagt haben, für die Erziehung, die ich dir gegeben habe? mich alten Mann so in Schimpf und Schande zu bringen? Du Ranke! Wart – wart – in deinem Leben kann es dir nicht wohl gehen, du Lästermaul! Hast du nicht im Sirach gelesen: ein Dieb ist ein schändlich Ding, aber ein Verleumder ist noch viel schändlicher?[1]

* * *

Mittel, Kinder verdrießlich und mit ihrem Zustande mißvergnügt zu machen

Zeige ihnen alle Dinge von der schlimmsten Seite!

Wenn Amalia speiste, so machte sie insgeheim ein Mäulchen, als wenn sie Pillen kaute, und fand an dem besten Essen etwas zu tadeln. Bei jedem Gerichte Rindfleisch erinnerte sie, daß es unausstehlich wäre, daß keine polnischen Ochsen mehr ins Land gebracht würden; das Gemüse hatte, ihrer Meinung nach, den Geschmack gar nicht, wie das, das sie bei ihrer seligen Mutter Zeiten gegessen hätte. Da war es, wie sie sagte, ganz andere Zeit;

1) Sirach, 5, 17

– da war das Kraut so mürbe, daß es auf der Zunge zerging, aber jetzt fand sie weder Geschmack noch Geruch daran. Das Fischwerk schmeckte ihr doch immer faulig, und die Brühen, die machte ihr die Köchin niemals recht. Sie legte vor Verdruß oft Messer und Gabel hin, und trat an das Fenster.

Wenn sie sich anzog, um Besuch zu geben oder anzunehmen, so war ihr, kurz gesagt, alles nicht recht. In dem seidenen Zeuge, in dem Bande, das sie anlegte, war nicht für einen Pfennig Geschmack, und ihre Kleider schienen ihr so dumm zugeschnitten zu sein, als wenn sie für die plumpste Bauersfrau wären gemacht worden.

Sie kam allemal mißvergnügt aus der Gesellschaft, und beklagte sich über Mangel an Lebensart, den sie bei dieser und jener Person wollte bemerkt haben, und wünschte tausendmal, daß sie mit solchen Leuten gar keinen Umgang haben dürfte.

Bis jetzt hat ihr der liebe Gott selbst noch gar nichts recht gemacht. Regnet es ein paar Tage, so heißt es, o über das unausstehliche Wetter! Melancholisch möchte man werden. Ist es heiß, so möchte sie von Sinnen kommen, und ist es kalt, so seufzet sie: Der böse Winter! Er wird doch einmal ein Ende nehmen! Wenn wir nur erst Ostern erlebt hätten!

Kurz, auch da, wo alles vergnügt ist, findet Amalie Ursache sich zu beklagen.

Und nirgends beklagt sie sich lieber, als in Gegenwart ihrer Kinder.

Daher hat sie auch lauter Kinder, die ihrem Bilde ähnlich sind. Wenn sie des Morgens aufstehen, so weinen sie. Dem fehlt ein Stumpfband, dem anderen eine Schnalle, dem dritten ist das Wasser zu kalt, in dem es sich waschen soll. Auf diese Art ist in diesem Hause immer eine solche Wehklage, daß oft die Vorübergehenden geglaubt haben, es wäre jemand im Hause krank geworden, oder gar gestorben.

Wird die Schokolade aufgetragen: so geht das Pimpeln von neuem an. Wer es nicht weiß, sollte meinen, sie müßten alle

Rhabarber einnehmen. Dem einen ist sie nicht süß genug, dem anderen ist sie zu heiß, das dritte beklagt sich, daß ihm die Tasse zu voll wäre geschenkt worden.

So geht es bei Tische, so geht es den ganzen Tag über. Das Winseln hört nicht eher auf, bis sie eingeschlafen sind.

Vor etlichen Wochen konnte es Amalie nicht mehr ausstehen. Sie trat mit der Rute unter sie und sagte: ihr gottlosen Kinder! wird denn das Heulen niemals alle? Ihr habt euer warmes Bett, eure Kleidung, eure Schokolade, euren guten Tisch – und doch winselt ihr, als wenn es euch an allem fehlte? Wenn es doch arme Kinder so gut, wie ihr, hätten! Gregorius! Gleich sei vergnügt, oder ich will mit der Rute über dich kommen. Und du, Hermann! Du, Caroline! Merkt es euch auch, oder es setzt gewiß derbe Schläge.

Und doch wurden die Kinder nie vergnügt; wie das wohl zugehen muß?

Stelle ihnen Dinge recht süß vor, die sie nicht haben können!

Meister Stephan verdiente durch seinen Fleiß so viel, daß in seinem Hause nie Mangel war. Täglich stand eine große Schüssel voll Gemüse zu Mittag auf dem Tische, des Abends war allemal Butter und Käse da. Seine Kinder waren gesund, und da die Mutter sehr arbeitsam war, so hatten sie jederzeit reine Wäsche und ganze Kleider. Auch bescherte der liebe Gott immer so viel, daß sie sich bisweilen eine Veränderung machen, und auf den benachbarten Dörfern einen Teller voll Schinken und einen Krug Bier genießen konnten.

Was das, wird man denken, für vergnügte Leute müssen gewesen sein!

Nichts weniger als dieses, Meister Stephan wußte seine Kinder immer so zu unterhalten, daß sie glaubten, sie wären die unglücklichsten Leute auf dem Erdboden. Er bemühte sich immer, ihre Aufmerksamkeit von dem abzuziehen, was sie genossen, und ihnen alles als süß vorzumalen, was sie entbehren mußten.

Wenn sie sich an einem Teller voll Sauerkraut labten, so sagte er gewöhnlich, heute wird es in jenem Hause hoch hergehen. Da wird es Wildbret, Fisch, Wein geben. Ach! so etwas kommt freilich an unsereinen nicht, da muß man das Maul wischen. Sogleich wollte den Kindern das saure Kraut nicht mehr schmecken. Ging ein schön gekleidetes Kind vorbei, so rief er seine Kinder, zeigte es, und sagte: seht ihr, wie das Kind geputzt ist? Wie ein Engel. Ihr armen Kinder – wenn ich eure Lümpchen dagegenhalte. – Wenn mich doch nur einmal der liebe Gott in bessere Umstände versetzte, so wüßte ich wohl, was ich tun wollte. Und die Kinder sahen nun auf einmal ein, daß sie sich ihrer Kleider schämen müßten.

Ging er spazieren, und es wollte eine Kutsche vorbei, so hieß es: ja! ja! die können fahren. Wir armen Leute müssen gehen.

Wollte seine Kinder auf dem Dorfe bisweilen ein Vergnügen anwandeln, wenn sie guten Schinken und gutes Bier genossen, so zeigte er nach der Gesellschaft, die neben ihm speiste, und sagte: Wer es doch auch so gut hätte! Wer doch auch ein Gläschen Wein trinken könnte! Und die Kinder verzogen das Maul, so oft sie das Glas ansetzten.

Ohne Zweifel hatte Meister Stephan die Absicht, durch dergleichen Gespräche den Kindern die Welt recht zuwider zu machen, und diese Absicht erreichte er. Sie sind alle wohl versorgt, und doch alle äußerst mißvergnügt. Sie freuen sich nie über das Gute, das sie genießen, aber immer betrüben sie sich über das, was sie nicht haben können.

* * *

Mittel, Kinder zum Trotze zu gewöhnen

Achte nicht auf ihr Bitten! Sei aber willfährig,
ihren Willen zu tun,
sobald sie etwas mit Heftigkeit fordern!

Wer Isabellen beschuldigt hätte, daß sie ihre Zeit mit Müßiggange zubrächte, der hätte ihr das größte Unrecht getan. Vom frühen Morgen an bis in die späte Nacht war sie ja unaufhörlich beschäftigt. Hatte sie die Geschäfte, die zur Haushaltung gehörten, geendigt, so spann oder strickte sie, um damit ein paar Groschen zu verdienen, und nach und nach ein Kapitälchen zusammenzubringen, das sie nach ihrem Tode ihren Kindern hinterlassen könnte.

Bei dieser Lebensart blieb ihr nun freilich keine Zeit übrig, auf ihre Kinder so zu sehen, wie sie hätte tun sollen. Wenn die Arbeit anging, so setzte sie den kleinen Jakob, der noch nicht laufen konnte, neben sich. Wenn das Jaköbchen ein Viertelstündchen gesessen hatte, so kriegte er das Sitzen satt, streckte die Händchen nach der Mutter aus, liebkoste und rief zärtlich: Memmen! Memmen!

Wenn sonst das Lämmchen blöket, so antwortet allemal die Mutter, läßt das Gras stehen, das ihr so gut schmeckt, und läuft besorgt nach dem blökenden Kinde.

Isabella war aber auch kein Schaf. Sie blieb daher bei den Liebkosungen des Säuglings ganz unempfindlich. Wenn dann Jaköbchen mit Bitten nichts ausrichten konnte, so fing er an zu winseln. Aber auch dieses half nichts. Die Mutter ließ sich in ihrer Arbeit nicht irremachen. Dann riß ihm die Geduld, er fing ein solches Geschrei an, daß der Mutter alle Glieder zitterten. Sie mußte endlich nachgeben, warf die Arbeit hin, nahm ihn auf den

Schoß, reichte ihm die Brust und sagte: Du kleiner Cujon[1] du! Kann man doch bei dir gar nichts mehr tun.

Dieses Betragen der Mutter war nun eben so viel, als wenn sie gesagt hätte: Sieh, Jaköbchen! Mit Bitten richtest du bei mir gar nichts aus. Wenn du aber recht heftig und unbändig bist, so kannst du von mir alles verlangen.

Ob nun Jaköbchen gleich noch nicht völlig ein Jahr alt war, so verstand er doch diese Erinnerung sehr wohl. Er verlernte das Bitten ganz, und schrie nur, wenn er etwas verlangte. Konnte er es damit nicht allemal erzwingen, so legte er sich auf die Erde, wälzte sich, stampfte mit den Füßen und zerkratzte sich das Gesicht. Und dann ging es ganz gewiß. Die erschrockene Mutter schlug in die Hände, sagte: Das Unglück! Das Kind könnte sich ja einen Bruch schreien, es könne das böse Wesen kriegen. Stille Jaköbchen! Stille! Da hast du, was du haben willst! Gucke! Das ist Kaffeechen, da sind Zuckerplätzchen! Sieh! Nicht wahr, so ist es recht?

Auf diese Art wurde Jaköbchen großgezogen und wurde Jakob. Und Jakob machte es doch ebenso, wie Jaköbchen. Wenn er etwas von seinen Eltern verlangte, so fing er an zu brummen, ging im Hause auf und ab, warf die Sachen mit Ungestüm hin und her, schmiß die Türen zu, daß sie hätten zerspringen mögen, kam nicht zu Tische, und setzte sich mit einem Stück trockenen Brotes in die Ecke, bis endlich die Eltern nachgeben und durch Gewährung seines Verlangens ihn zufriedenstellen mußten.

Darüber klagte nun der Vater sehr oft, und erzählte seinem Nachbarn, daß er beständig mit dem Jakob sein Unglück hätte. Er wäre ein Erzstarrkopf, und wolle alles mit der Parforcehaftigkeit[2] erzwingen.

Sein Nachbar gab ihm den Rat, er solle ihm durchaus nicht nachgeben. Es gäbe ja noch Prügel genug, damit man so einen ungezogenen Buben bändigen könnte, und wenn er über ihn nicht

1) Schurke

2) par force – mit Gewalt, gewaltsam

Herr werden könnte, so sollte er nur an die Wand pochen, so wolle er ihm schon zu Hilfe kommen.

Der Vater befolgte den Rat. Da Jakob einmal durchaus verlangte, daß ihm ein neuer Rock sollte geschafft werden, und weil man ihm nicht gleich zu Willen war, nach seiner gewöhnlichen Mode, wieder zu brummen und zu lärmen anfing, so pochte der Vater dem Nachbarn. Und beide prügelten den Burschen gemeinschaftlich durch.

Aber das war nun zu spät. Jakob wurde ganz wütend. Er zog sich an, nahm seinen Stock und Hut, pelferte: 's ist schon gut, Vater! Ihr sollt schon sehen, was ihr gemacht habt! Brauch ich doch von euerem Brote nicht zu essen. Und mit diesen Worten ging er fort und schlug die Tür heftig zu.

Der Vater wollte nachspringen und wieder gute Worte geben, aber der Nachbar hielt ihn zurück und sagte: Laßt ihn nur gehen! Wenn er Hunger in den Magen kriegt, so wird er schon wieder kommen.

Jakob kam aber nicht wieder: der war unter die Soldaten gegangen.

Dachte ich es doch wohl, sagte der Vater zum Nachbarn, daß es so kommen würde. So geht es, wenn man seine Kinder zu scharf hält. Ich weiß es euch mit dem Kuckuck Dank, daß ihr mir diesen Rat gegeben habt. Wenn ich doch Jakob nur wieder hätte, ich wollte ja gerne tun, was ich ihm an den Augen ansah. Er sollte ja den Rock haben, und wenn ich das Geld dazu bei den Zinswucherern borgen sollte.

* * *

Mittel, die Kinder für die Welt unbrauchbar, und ihr Leben freudenlos zu machen

Zwinge sie zu einem Beruf, zu dem sie weder Lust noch Geschicklichkeit haben!

In Sandleben wohnte vor Zeiten ein Bauer, den noch viele alte Leute gekannt haben, der Nachbar Rehbock hieß. Dieser Rehbock war der Meinung, ein jeder Mensch habe seine Freiheit, man müsse daher jedem Kinde auch seinen Willen lassen, und nur immer darauf sehen, daß es nichts Böses täte und keine albernen Streiche mache.

Nun hatte er zwei Söhne, davon hieß einer Friede, der andere Balzer. Mit diesen ging er einmal sonntags spazieren, setzte sich unter eine Linde und sagte: Hört, Kinder, ihr wachset heran, und es ist Zeit, daß ich wissen muß, was aus euch werden soll.

Sagt mir einmal, wozu habt ihr Lust? Was wollt ihr werden?

Ich werde ein Pfarrer, sagte Friede; und ich bleibe bei dem Ackerbau, sagte Balzer.

Gut, antwortete der Vater, du Balzer, kannst ohne Widerrede deinen Willen haben, sei nur auch fein fleißig und nimm dich der Arbeit und der Haushaltung an. Es gehört gar viel dazu, wenn man bei dem Ackerbau sein ehrliches Auskommen finden will. Dir, Friede, will ich auch nicht hinderlich sein. Hast du aber auch den Kopf dazu? Ich habe gehört, wer ein Pfarrer werden will, der müsse sieben Sprachen verstehen! Getraust du dir wohl die zu lernen?

Und wenn es ihrer 24 wären, sagte Friede, so wollte ich mich nicht davor fürchten.

Der Vater traute aber dem Landfrieden nicht, sondern ging mit Frieden zum Herrn Pfarrer und bat, er möchte ihm doch ein bißchen auf den Zahn fühlen, und versuchen, ob sein Friede wohl wirklich den Kopf dazu hätte, ein Pfarrer zu werden.

Der Herr Pfarrer ließ Friede eine ganze Woche lang zu sich kommen, sprach mit ihm, ließ ihn in Büchern lesen, hernach kam er zum Vater und sagte: Nachbar Rehbock! Euer Sohn hat einen trefflichen Kopf und ungemeine Lust, recht viel zu lernen. Laßt ihn in Gottes Namen studieren.

So blieb Balzer beim Ackerbau, und erwarb sich so viel, daß er das Gut in Sandleben pachten konnte, wo er sich sehr gut stand, und durch seinen Fleiß und seine gute Haushaltung ein ziemliches Vermögen erwarb. Friede hingegen bezog erst die Schule, hernach die Universität, und wurde immer wegen seines unermüdeten Fleißes gelobt. Da er von der Universität zurückkam, starb bald darauf der Herr Pfarrer in Sandleben, und der Herr Magister Friedrich Rehbock wurde an seiner Statt erwählt. Er verwaltete sein Amt gut, predigte und erklärte die Bibel so, daß ihn alle Nachbarn in Sandleben gern hörten, und viele durch seine Predigten klüger, besser und glücklicher wurden.

Das war es eigentlich nicht, was ich sage wollte.

Der Pächter Balzer Rehbock und der Magister Friedrich Rehbock nahmen beide Weiber, und weil sie und ihre Weiber gesund waren, so wurden sie beide in den ersten Jahren ihres Ehestandes mit einem gesunden Kinde erfreuet. Beide waren Söhne, beide wuchsen zur Freude der Eltern heran.

Da beide das zehnte Jahr erreicht hatten, so bemühte sich jeder Vater, sein Kind zu dem Berufe anzuführen, bei dem er sich selbst so wohl befunden hatte. Der Pächter Balzer hielt seinen Sohn Gottlieb an, den Garten zu jäten und zu begießen, und der Herr Magister fing an, mit seinem Sohne Polikarpus das lateinische Lesebuch von Gedikens durchzugehen. Beide hatten aber an ihren Kindern gar wenig Freude.

Wenn Gottlieb jäten sollte, so blätterte er in einem Buche, und dem Polykarpus wollte das Latein nicht in den Kopf. Er war immer bei den Pferden, und wenn der Knecht auf den Acker zog, mußte er ihn zumeist auf dem Pferde reiten lassen.

Darüber betrübten sich beide Väter sehr, und da einmal der alte Rehbock seinen Geburtstag feierte, und alle seine Kinder und Enkel dazu hatte einladen lassen, klagten sie ihm ihre Not.

Wenn's weiter keine Not ist, sagte der Alte, so kann der Sache leicht abgeholfen werden. Ich dächte, du, Friede, ließest deinen Sohn bei dem Ackerbau, und du, Balzer, ließest deinen Gottlieb studieren.

Damit waren aber beide nicht zufrieden und glaubten, daß ihr Vater als ein einfältiger Bauer darüber nicht urteilen könne.

Jeder zwang seinen Sohn, sich dem Geschäfte seines Vaters zu widmen. Gottlieb bekam Schläge, wenn er in Büchern gelesen und nicht ordentlich gejätet, – und Polykarpus bekam Maulschellen, wenn er sich auf Gedikens Lesebuch nicht präpariert hatte.

Beide Väter hatten das Vergnügen, durch diese Behandlungsart ihre Absicht erreicht zu sehen. Gottlieb baute den Acker, und Polykarpus studierte. Jener wurde ein Pächter, dieser aber ein Pfarrer. Darüber freuten sich beide Väter gar sehr.

Kurz darauf wurde aber beider Freude in Traurigkeit verwandelt. Wenn die Bestellzeit anging, die Heu- und Getreideernte besorgt werden sollte, so las Gottlieb in Büchern, überließ die Besorgung der Wirtschaft den Knechten und Mägden, die, weil sie ohne Aufsicht waren, ihre Geschäfte sehr nachlässig und liederlich trieben, ihren Herrn übervorteilten, und ihn in wenigen Jahren dahin brachten, daß ihn die Schuldner von Haus und Hof jagten. Herr Magister Polykarpus hingegen stand allemal Todesangst aus, sooft er eine Predigt halten mußte. Bei dem Gebete zitterte er am ganzen Leibe, und, wenn er den Text verlesen hatte, troff er von Angstschweiße. Dabei hatte er den kränkenden Verdruß, daß ihn seine Gemeinde nicht gern hörte, sich des Sonntags in die benachbarten Dörfer verlief und seine Kirche leerstehen ließ. Einmal kamen Gottlieb und Polykarpus zusammen, wurden bei einem Glase Bier offenherzig, klagten einander ihre Not, und jeder sagte: ich habe mein Leben so satt, daß ich lieber heute als morgen sterben möchte.

Mittel, Kindern die Unzucht zu lehren

(In diesem Kapitel wird etwas verblümt gesprochen.)

Siehe immer darauf, daß immer zwei und zwei in einem Bette schlafen!

Die Abderiten[1] waren durch verschiedene milde Stiftungen in den Stand gesetzt, eine Schule, nicht nur für ihre Landeskinder, sondern auch für Fremde anzulegen. Der ganze Lehr- und Erziehungsplan, der dabei zugrunde gelegt wurde, war so, daß er mit ihrer ganzen übrigen Staatsverfassung genau übereinstimmte. Unter anderem hatten sie auch die Einrichtung gemacht, daß sie immer zwei und zwei Kinder in einem Bette schlafen ließen.

Wenn dann nun die Kinder zusammen in das Bette kamen, so kitzelten und neckten sie sich, und griffen einander bald da, bald dorthin.

Nach und nach wurden ihre Griffe unzüchtig, sie gewöhnten sich daran, und dadurch kam es in kurzem so weit, daß die Unzucht bei ihnen allgemein wurde.

Die Folgen davon wurden sichtbar. Wenn die Kinder in die Arme ihrer Eltern zurückkehrten, so waren ihre Wangen bleich, ihre Augen mit blauen Ringeln eingefaßt, vieler Stirnen waren mit Runzeln bezeichnet. Da freuten sich denn die Abderiten, wenn sie ihre verwelkten Kinder an ihre Brust drücken konnten, sahen ihre Mattigkeit als eine Folge ihres Fleißes an, und priesen die gute Einrichtung ihrer Schule gegen jedermann.

Wurden die Kinder Männer, so waren die meisten hypochondrisch, ihre Weiber waren mit ihnen unzufrieden, und viele starben an der Auszehrung.

1) Die Abderiten standen im Ruf angeborener Dummheit; die Bezeichnung Abderiten galt bei den Alten in ähnlicher Weise als Spottname wie bei uns die Schildbürger. (Pauly, R-E. I,I, 22f; Wieland: Die Abderiten, 1773)

Da nun die Abderiten Hypochondrie und körperliche Kraftlosigkeit als ein untrügliches Zeichen von fleißigem Studieren ansahen, so kam ihre Schule, die solche Männer lieferte, in immer größeren Ruf, und wenn einer an der Auszehrung starb, so wurde ihm gemeiniglich eine Standrede gehalten, und darin vom Tode fürs Vaterland, von dem Verdienste des Mannes gesprochen, der seine Kräfte und Lebenssäfte zusetzt, um anderen zu nützen.

Sorge dafür, daß deine Kinder unter recht warmen Federbetten schlafen, und nicht zu früh aufstehen

Hat je ein Vater gelebt, der seine Kinder zärtlich liebte, so war es gewiß der Herr Hofrat Murner. Nicht nur den Tag hindurch suchte er sie vor jeder rauhen Luft recht väterlich zu verwahren, sondern auch in der Nacht breitete die väterliche Liebe ihren Fittich über sie. Zwei Unterbetten, ein Pfühl, zwei Kopfkissen, und eine mit Federn dicht ausgestopfte Decke mußten dazu dienen, allen Unfall von ihnen abzuwenden. Auch machte er die zärtlichste Verordnung, daß die lieben Kleinen vor acht Uhr das Bett nicht verlassen durften; teils, um sie gegen die schädliche Morgenluft zu schützen, teils, um die Transpiration zu befördern.

Beide Absichten wurden, zum großen Vergnügen des Herrn Hofrats, glücklich erreicht.

Es erfolgte aber noch etwas anderes, das der Hofrat nicht einmal vorausgesehen hatte. Den Kindern wurde in den warmen Betten die Zeit lang. Da sie nun, wie alle Menschen, einen Trieb zur Tätigkeit hatten, und ihn nicht befriedigen konnten, so – beschäftigte sich jeder mit sich selbst.

Nach wenigen Jahren sahen sie alle, Knaben und Mädchen, aus wie zusammengeschrumpfte Zitronen. Den Herrn Hofrat mußte dies um so mehr befremden, da er für sie alles getan hatte, was er seinen Einsichten nach tun konnte.[1]

Sieh bei der Wahl ihres Hofmeisters mehr auf Sprachkenntnisse als auf Tugend und Sitten!

Als der Junker von Stegreif das zehnte Jahr zurückgelegt hatte, ging der gnädigen Mama mütterliche Sorge vorzüglich dahin, ihm einen Erzieher zu verschaffen, der das Französische recht fertig spräche, und eine gute Prononciation hätte. Bei der Erziehung, pflegte sie oft zu sagen, sei das Hauptwerk, daß die Kinder in der französischen Sprache hinlängliche Fertigkeit erhielten.

---

1) Jede noch so gute Erziehung, die hier die Zügel schleifen läßt oder die Augen vor diesem Problem verschließt, verdient diesen Namen nicht. Eine „Erziehung der Erzieher", wie sie mit den hier gebotenen Schriften Salzmanns angestrebt wird, hätte dann allenfalls noch den Effekt, das Kind vor den gröbsten Torheiten und Ungeschicklichkeiten seiner Eltern zu bewahren und ihm so manch schwere Stunde zu erleichtern oder zu ersparen. Eine Erziehung zur Vorbereitung auf das Leben, im Sinne einer besten Grundlage, die man einem Kind überhaupt nur zu geben vermag, wäre dagegen eine solche Erziehung, die hier behutsam wacht und rechtzeitig den Weg weist.

Es ist eine Tatsache, daß die heutigen Ansichten über diesen Punkt – sofern man sich darüber überhaupt noch Gedanken macht und das Theme nicht lieber unter den Teppich kehrt – den Ansichten Salzmanns oft diametral entgegenstehen. Das Ausleben der jugendlichen Sexualität, ob mit oder eben ohne Partner, wird heute in weiten Kreisen als natürliche Entwicklung der eigenen Persönlichkeit angesehen – wenn man als Erzieher diesen Dingen überhaupt noch Aufmerksamkeit widmet.

Der Vorteil einer solch „liberalen" Erziehung in bezug auf die häufig bei Jugendlichen praktizierte Selbstbefriedigung gegenüber den Verhältnissen um 1800 ist der, daß in aller Regel heute die Gewissensbisse meist fehlen – die biologischen Wirkungen einer solch unnatürlichen Praxis der Verschwendung von hochwertiger Lebenssubstanz machen sich aber wegen der eher ungehemmteren Ausübung desto gravierender und nachhaltiger bemerkbar. Salzmann sagt nicht umsonst über Kinder, die diesem Laster verfallen sind, sie „sehen nach einigen Jahren aus wie zusammengeschrumpelte Zitronen". In „Über die heimlichen Sünden der Jugend" führt er weiter aus: „Die Säfte, die diese Sünde raubt, müssen wohl die geistigsten sein, weil sie die

Ihr Amtmann war einmal so verwegen, daß er ihr dagegen Einwendungen machte und sagte: Die Erlernung der französischen Sprache sei bei der Erziehung deutscher Kinder gerade das Unwichtigste; Übung des Verstandes, Veredelung der Gesinnung, Verstärkung der körperlichen Kräfte, sei das Hauptwerk. Dafür schalt sie ihn aber auch einen Pedanten und versicherte, daß er ein Mann sei, der nicht zu leben wisse.

---

wichtigste Bestimmung haben, und weil auch die natürliche Ausgießung derselben immer einige Düsternheit, Verdrossenheit und Schlaffheit zurückläßt. Um diesen Abgang zu ersetzen, muß also die Natur ihre ganze Tätigkeit anspannen, und muß Gehirn, Magen, Nerven und der ganze Mensch dabei leiden. Denn wenn die Natur ein bestimmtes Maß von Nahrung nur so bearbeiten kann und genötigt wird, das Beste davon einem Teil zuzuführen, müssen dabei nicht schlechterdings die übrigen leiden? (...) Ich wenigstens habe bei den meisten von dieser Seuche Angesteckten einen hohen Grad von Verstandesschwäche entdeckt."

Jeder Boxer weiß, daß er vor einem Kampf einige Tage besser keinen Verkehr haben sollte. Die medizinische Korrespondentin von CNN, Elizabeth Cohen, sagte in einer Fernsehsendung: „Muhamed Ali said he didn't have sex for six weeks before a match. The no-sex rule has even made it into movies like ‚Bull Durham'" (deutsche Fassung: „Annies Männer").

Schlägt man dagegen in einer modernen Enzyklopädie nach, wie z. B. „Wikipedia", Stichwort „Masturbation", so kann man dort lesen: „Wissenschaftlich geklärt und allgemein bekannt ist, daß Masturbation nicht mit gesundheitlichen Schäden verbunden ist." Und zwei wissenschaftliche Aufsätze werden zur Stützung dieser Aussage gleich mitgeliefert. – Wie ist dieser offensichtliche Widerspruch zu erklären? Der scheinbare Widerspruch löst sich auf, wenn man die beobachteten Zeiträume betrachtet: Die heutigen Studien, auch sog. „Langzeitstudien", beobachten die Auswirkung sexueller Betätigung über Tage, Wochen und ggf. auch Monate hinweg. Dabei ist es nur natürlich, daß beim Fortpflanzungsakt oder dessen Simulierung die körperlichen Aktivitäten momentan angeregt werden. Das sagt aber noch lange nichts darüber aus, ob das auch für einen Menschen jeden Alters – und jedweder Konstitution! – unbedingt gesund sein muß. Salzmanns Aussagen zur zerstörerischen Wirkung der Selbstbefriedigung Heranwachsender betreffen vor allem Zeiträume, die sowohl von ihrer Dauer als auch von ihrer Auswirkung auf die Entwicklung der Gesamtpersönlichkeit von einer Studie so gar nicht erfaßt werden können!

Sie schrieb deswegen nach Leipzig an einen berühmten Mann und bat ihn, ihr einen guten Hofmeister zu verschaffen. Dieser empfahl ihr nach und nach drei Männer, die sich durch ihre Kenntnisse, Sitten und Herzensgüte sehr zu ihrem Vorteile auszeichneten. Sie konnte aber keinen davon annehmen, weil allen das Beste fehlte – die echte Prononciation in der französischen Sprache. Endlich war sie so glücklich, einen jungen Mann zu erhalten, der sich drei Jahre lang in Frankreich aufgehalten hatte,

Salzmann hat, wie kein zweiter, jahrzehntelang tagtäglich intensivsten Kontakt mit Jugendlichen gehabt; er, der von den Zöglingen der Schnepfenthaler Erziehungsanstalt „Vater" genannt wurde, war von morgens bis abends für sie da. Von den Gelehrten alten Schlages, die durchweg scharfe Beobachter waren, hat übrigens auch Freud schon erkannt, daß exzessive Selbstbefriedigung zur Neurasthenie (allgemeinen Schwächung) führt.

Dieses Phänomen ist natürlich auch Hufeland nicht entgangen. Er berichtet in seiner berühmten „Makrobiotik, oder die Kunst, das menschliche Leben zu verlängern": „Es ist unglaublich, wie weit Vorurteile in diesem Punkte gehen können, besonders wenn sie unseren Neigungen schmeicheln. Ich habe wirklich einen jungen Mann gekannt, der in allem Ernste glaubte, es existiere kein schädlicheres Gift für den menschlichen Körper, als die Zeugungssäfte, und die Folge war, daß er nichts Angelegentlicheres zu tun hatte, als sich immer so schnell als möglich davon zu entledigen. Durch diese Bemühungen brachte er es dann dahin, daß er im 20. Jahr ein Greis war und im 25. alt und lebenssatt starb."

Auch wenn es bei diesem Thema nicht um Zahlen und Prozente, sondern immer um den Einzelnen geht, sollen doch für Eltern und Lehrer die einschlägigen Verhältnisse für die heutige Zeit genannt werden, wie sie sich nach einer Erhebung des Institutes Allensbach vom Juni 1989 ergeben (IFD-Archiv-Nr. 2294/Schr. GEW). Von den 14- bis 20jährigen gaben dabei 21 % an, sich „regelmäßig oder häufiger" selbst zu befriedigen, in der Gruppe der 21-39jährigen waren es noch rund 15 %. Hierbei ist zu berücksichtigen, daß in der Gruppe der 14- bis 20jährigen in dieser Erhebung diejenigen Minderjährigen (14- bis 17jährig) außen vor bleiben mußten, die keine sexuellen Kontakte hatten, der Anteil in dieser Gruppe, also inklusive der „Singles" unter den Minderjährigen, dürften daher leider noch weit höher sein.

Ist schon dieses Thema heikel, die Aufklärung darüber ist es erst recht! Salzmann rät hier eher zur Zurückhaltung, in „Von den heimlichen Sünden..."

und das Französische so rein und fertig sprach, als wenn es seine Muttersprache wäre. Darüber empfand sie große Freude.

Ihr Bruder warnte sie zwar vor diesem Manne und sagte, er sei ohne alle Kenntnisse und Sitten. Was gehen mich Kenntnisse und Sitten an, erwiderte sie, ich will, daß mein Sohn gut Französisch lernen soll, und dazu ist dieser Hofmeister gerade der Mann, den ich suche. Sie hatte sich nicht geirrt. Binnen zwei Jahren sprach der Junker von Stegreif das Französische so fertig, als wenn er in Orleans wäre erzogen worden. Ja sein Hofmeister lehrte ihn noch mehr, lehrte ihn auch die Wollust, ehe er noch mannbar war. Schade nur, daß dieses hoffnungsvolle Kind im zwanzigsten Jahre hypochondrisch wurde, und im vierundzwanzigsten an der Auszehrung starb.

Leiste unter ihren Augen die eheliche Pflicht

Meister Liebe nahm ein Weibchen, das er sehr lieb hatte, und zeugte mir ihr ein Söhnlein, das er nicht minder liebte. Aus väterlicher Liebe ließ er in sein Schlafzimmer sein Bett stellen, auch dann noch, da es zwölf Jahre alt war.

Wenn er dann mit seinem Friederikchen in das Schlafzimmer

---

rät er: „Kindern geradezu vor den heimlichen Sünden der Jugend zu warnen, ohne gewiß zu wissen, daß sie davon angesteckt sind, halte ich immer für gefährlich. Man lehrt sie eine Sünde mehr kennen, und erregt in ihnen die Begierde, sie zu begehen. Besser wäre es, sie beständig in Unwissenheit derselben zu lassen, wenn es nur irgend möglich wäre, daß man alle die Leute von ihnen entfernen könnte, die so geneigt sind, ihnen davon einen für sie nachteiligen Unterricht zu erteilen."

Alle Hochkulturen des Morgen- und des Abendlandes stimmen darin überein, daß die Zurückhaltung im Gebrauch der Zeugungskräfte für die geistige und körperliche Entwicklung des Jünglings und des Mannes von großem Vorteil ist. Das kann ein heranwachsender Jugendlicher unmöglich aus eigener Erfahrung wissen – seine Eltern, seine Lehrer, sie sollten eine gute Gelegenheit nutzen, diese Lebensweisheit rechtzeitig behutsam an ihre Kinder oder ihre Schüler weiterzugeben!

kam, so fing er, wie Eheleute zu tun pflegen, zu scherzen an; das Scherzen wurde immer lebhafter, und wurde am Ende ein Ernst.

Wenn es nun ernst werden sollte, pflegte Friederikchen gewöhnlich zu sagen: mein Herzchen! Heinrich! Heinrich! Wenn nur der Heinrich nicht wacht! Meister Liebe ging dann zu seinem Bette, sah, daß er die Augen zu hatte, und überließ sich nun frei seinen Empfindungen. Heinrich aber hatte nicht geschlafen, horchte erst den Liebkosungen des Vaters zu, dann richtete er sich leise empor, und sah auch zu, ohne daß die Eltern es bemerkten.

Da nun Heinrich der Meinung war, daß er sich nach seinem Vater bilden müsse, suchte er bei Lottchen in Ausübung zu bringen, was ihn der liebe Vater gelehrt hatte. Im dreizehnten Jahre war er schon Mann, im achtzehnten Vater, im vierundzwanzigsten Greis, im dreißigsten war seine Rolle zu Ende.*

Mittel, Kinder naschhaftig zu machen

Versage ihrer Lüsternheit nichts!

Friederikchen mußte von allem, was auf den Tisch kam, zuerst haben. Das war in ihrem Hause nun einmal so hergebracht. Wenn die Mutter einen Teller voll Kuchen in die Stube trug, so

* Wer wünscht, einen ausführlicheren Unterricht über dergleichen Punkte zu haben, kann ihn in meinem Buche: Über die heimlichen Sünden der Jugend finden, das in der Kaiserschen Buchhandlung in Erfurt und allen Buchhandlungen für 16 Gr. zu haben ist, und das diejenigen, die mir nahe wohnen, auch bei mir [Salzmann] bekommen können.[1]

1) Dieses mittlerweile sehr seltene Buch, das Salzmann sehr am Herzen lag und eine Fülle wertvollster Winke zur Erziehung bringt, erscheint 2008 erneut als Band III der pädagogischen Schriften.

schrie sie ihr nach: Mutter, ich will auch Kuchen! Gib mir Kuchen. Und die zärtliche Mutter sagte: ja Friederikchen, gleich sollst du Kuchen haben! Wart nur eine Minute, ich will erst ein Messer holen! Aber Friederikchen hielt nicht viel vom Warten. Sie forderte mit Ungestüm: ich will jetzt Kuchen haben. Da riß ihr denn die Mutter einstweilen ein Stück mit den Händen ab.

Kam die Mahlzeit auf den Tisch, so rückte sie gleich den Stuhl herbei, schob den Teller an die Schüssel, und die Mutter legte ihr vor, ohne das Tischgebet abzuwarten. Der Mann wollte ihr zwar bisweilen versichern, daß dies höchst unschicklich sei, Kindern müsse zuletzt vorgelegt werden, damit sie ihre Begierde mäßigen lernten; sie wies ihn aber allemal mit der Antwort zurück: es ist ja nur ein Kind, wenn es erst zu Verstande kommt, so wird es sich von selbst geben.

Bekamen die Eltern Besuch, so verstand es sich von selbst, daß ihr die erste Tasse eingeschenkt wurde, und die Gäste so lange warten mußten, bis Friederikchens Forderungen waren befriedigt worden. Dann hing sie sich an die Mutter, und fragte einmal über das andere: Bringst du bald Konfekt? Sobald dieses hereingebracht wurde, mußte Friederikchen ihr Stück haben. Dies war nun bald verzehrt. Dann zupfte sie an der Mutter Schürze, wies nach dem Teller, sagte auch wohl, wenn es die Mutter nicht verstehen wollte: Ich will Konfekt! Konfekt will ich haben! Und die gütige Mutter reichte ihr ein Stückchen nach dem anderen hinter den Stuhl.

Nach und nach hörte Friederikchen auf ein Kind zu sein und wurde eine Mamsell. Es gab sich aber mit der Lüsternheit doch nicht so von selbst, wie die Mutter geglaubt hatte. Sooft sie etwas Leckerhaftes sah, so lief ihr der Mund voll Wasser, und sie sann auf Ränke, dessen habhaft zu werden. Die Mutter mußte alles vor ihr verschließen, denn wenn sie den Rücken wendete, so war Mamsell Friederikchen drüber her und benaschte es. Die Mutter hatte z. B. einmal einen Aschkuchen gebacken, um damit eine Gesellschaft zu bewirten. Mamsell Friederikchen konnte die

Zeit nicht abwarten, bis er aufgeschnitten wurde, sie schlich sich in die Speisekammer, riß das Braune herunter, und schloß eine Katze hinein, die alsdann den Zorn der aufgebrachten Mutter erfahren mußte.

Dergleichen Stückchen machte nun Mamsell Friederikchen viele, die nach und nach alle der Mutter bekannt wurden. Sie grübelte darüber nach, woher doch die unbändige Naschhaftigkeit des Mädchens kommen mochte, und da fiel es ihr ein, daß sie einmal, da sie mit ihr schwanger gegangen war, in einer Gesellschaft einen Teller mit Kirschen benascht hatte. Nun glaubte sie auf den rechten Grund gekommen zu sein, sagte ihn Friederikchen, und diese, die sich doch ihres Fehlers vor sich selbst bisweilen geschämt hatte, behielt ihn ruhig bei, da sie hörte, daß er ihr aufgeerbt sei und also nicht könne geändert werden.

Gib ihnen Geld unter die Hände, ohne dich zu erkundigen, wie sie es angewendet haben

Herr Anton hatte gehört, daß es in vornehmen Häusern Mode sei, Kindern Taschengeld zu geben. Da er nun auch gerne zu den Vornehmen gerechnet sein wollte, so gab er seinen Kindern ebenfalls den Sonntag ihr Taschengeld, und wenn der Sonntag wieder herbeikam, so zahlte er die bewilligte Summe wieder aus, ohne sich nur mit einem Worte danach zu erkundigen, wie sie das vorige angewendet hätten.

Diese wendeten sie nun zu lauter Leckerbißchen an. Rosinen, Mandeln, Morsellen[1] und andere dergleichen Ware, führten sie beständig bei sich.

In den ersten Wochen war ihr Taschengeld hinlänglich, diesen Aufwand zu bestreiten. Da aber ihre Lüsternheit immer mehr gereizt wurde, und sie in der Folge immer teureres

1) Eine mit wohlschmeckenden Stoffen versehene Zuckermasse

Naschwerk kennenlernten, so war es insgemein schon des Montags verzehrt.

Nun sollten die guten Kinder die ganze Woche durch leben, ohne etwas aus der Tasche knaupern zu können. Dies ging doch unmöglich an. Sie mußten also auf Mittel sinnen, diesem Mangel abzuhelfen. Anfänglich borgten sie, und bezahlten von dem Gelde, das für die künftige Woche bestimmt war. Dies konnte aber nicht lange Bestand haben. Es kam bald so weit, daß sie ihr Taschengeld schon auf ein Vierteljahr voraus verzehrt hatten.

Was war also zu tun? Sie legten sich auf das Stehlen, und wußten ihre Rolle dabei recht gut zu spielen. Da ihr Vater eine starke Einnahme hatte und selbst nicht wußte, wieviel er Geld in der Kasse habe, so konnten sie ihm unter der Hand einen Gulden nach dem anderen entwenden, ohne daß er es gemerkt hätte.

Der liederliche Student, der alle seine Sachen versetzt hatte, und vor etlichen Wochen Schulden wegen in das Gefängnis gesetzt wurde, der ist der junge Anton. Und die Frau, die deswegen so berüchtigt ist, daß sie Wäsche und Kleider versetzt, um sich heimlich allerlei gutes Backwerk machen zu können, die ist das Julchen, von dem ich jetzt geredet habe.

Der gute Anton grämt sich deswegen fast zu Tode, und will nun durchaus wissen, wer seine Kinder verführt habe. An ihm, sagte er, läge die Schuld nicht, er habe sie zu allem Guten erzogen.

Male ihnen die Leckerbissen recht süß vor!

Meister Hiob hatte eine starke Verwandtschaft, in der es immer etwas zu schmausen gab. Bald wurde er zu einer Hochzeit, bald zu einer Kindstaufe, bald zu einem anderen Gastmahle eingeladen, wovon gewöhnlich den anderen Tag etwas Konfekt und Gebackenes für die Kinder nachgeschickt wurde. Dies teilte Meister Hiob unter sie mit so einer wichtigen Miene aus, als wenn er ihnen Sachen von unschätzbarem Werte zu geben hätte. Wenn er dem kleinen Ferdinand ein Stück Torte geben wollte, so hielt er es erst eine halbe Viertelstunde in die Höhe, und sagte: Gucke, Ferdinandchen, was ich dir mitgebracht habe! Das ist etwas Delikates! Das wird schmecken! Tausend, wirst du das Mäulchen nicht lecken, wenn du so etwas Süßes bekommst! Du willst es wohl annehmen?

Da wurde denn Ferdinands Begierde recht heiß. Er streckte die Hände aus und sagte: Ach ja! Ja, Lieber Vater! Gib es mir nur! Wenn das Ferdinandchen so eine Zeitlang geschmachtet hatte, so bekam es endlich die Torte. Und nun kam es an die übrigen Kinder, mit denen er es ebenso machte.

Niemals machte er es aber so, wenn er ihnen Erbsen oder Wasserbrei vorsetzte.

Kam etwas Leckerhaftes auf seinen Tisch, so gebärdete er sich auch wunderbar. Ach! pflegte er zu sagen, das ist ja etwas Vortreffliches, heute wollen wir uns auch etwas rechtes zugute tun.

Auf diese Art wurden die Kinder gelehrt, daß es kein größeres Glück für den Menschen gebe, als wenn er etwas Leckerhaftes genießen könne, und daß Backwerk und gekünstelte Speise einem einfachen Gemüse weit vorzuziehen wären.

Da nun jeder Mensch ein Verlangen nach Glückseligkeit hat, so mußte notwendig bei Meister Hiobs Kindern eine heiße Sehnsucht nach Leckerbissen entstehen, die sie verleitete, jede Gelegenheit zu ihrer Befriedigung aufzusuchen. Auf diese Art wurden sie naschhaftig.

* * *

Mittel, Kinder gefräßig zu machen

Sieh darauf, daß ihnen ihr Magen recht vollgepfropft werde

Madame Kunigunde glaubte zu vornehm zu sein, als daß sie sich mit ihren Kindern abgeben dürfte. Dazu meinte sie, wäre das gemeine Volk da. Sie übergab also gleich nach ihrer Entbindung ihren kleinen Adolph einem alten Mütterchen namens Sibylle und sagte: Hier habt ihr den Adolph! Ich binde ihn euch auf die Seele. Wartet ihn, pflegt ihn, wie wenn es euer Kind wäre! Ich werde es doch wohl wieder auszugleichen wissen.

Und Frau Sibylle, ein gutes ehrliches Weib, wartete wirklich den kleinen Adolph, wie wenn er ihr eigenes Kind wäre.

Sie hatte von ihrer Großmutter gehört, kleine Kinder könnten noch nicht sagen, was ihnen fehle, man könne also auch nicht wissen, wenn sie satt wären, und müsse ihnen deswegen so lange einstreichen, bis sie kotzten. Deswegen fütterte Frau Sibylle den kleinen Adolph allemal so lange, bis er kotzte, und um recht sicher zu gehen, strich sie ihm das Gekotzte auch wieder ein paarmal ein, bis sie ganz gewiß wußte, daß nichts mehr hinunter wollte.

Auf diese Art bekam Adolph allemal dreimal mehr, als sein kleiner Magen verlangte, wodurch dieser dazumal schon ziemlich weit wurde.

Als er zu sprechen anfing, so war alle Morgen das erste Wort: Semmel! und Frau Sibylle eilte, sie ihm zu verschaffen. Sobald sie verzehrt war, ging er nach dem Zimmer des Papa, der nun seinen Kaffee verzehrte, gab ihm ein Mäulchen, und bekam dafür – ein paar Tassen Kaffee und ein paar Pfennige zu einem Weckchen.

Unter der Zeit war die Mama aufgestanden, zu dieser schlich

sich Adolph, küßte ihr die Hände, und – notwendig mußte er mit der Mama Schokolade trinken und etliche Stück Zwieback verzehren.

Wenn dieses hinunter war, so machte er bei seinen Anverwandten einige Morgenbesuche, wo ihm allenthalben etwas vorgesetzt wurde, das er ebenfalls genoß.

Unterdessen kam der Mittag herbei, da er denn wieder eine gute Portion zu sich nahm. Der Nachmittag wurde wie der Vormittag zugebracht, und beim Schlafengehen pflegte er insgemein noch etwas Obst oder ein paar Brezeln zu verzehren.

Auf diese Art gingen die ersten Lebensjahre des kleinen Adolph mit Essen und Verdauen hin, wodurch er in diesem Geschäfte eine bewundernswürdige Fertigkeit erlangt hat.

* * *

Mittel, die Kinder zum Guten verdrossen zu machen

Bemerke nicht das Bestreben deiner Kinder, gut zu sein, so werden sie es bald überdrüssig!

Heute, dachte Carolinchen, will ich anfangen, recht gut zu sein, daß der liebe Vater, der so viele Mühe mit mir hat, seine Freude an mir sehen soll. Kaum war sie also aus dem Bette aufgestanden, so setzte sie sich hinter ihren Nährahmen, arbeitete so fleißig, als man es von ihren Jahren erwarten konnte. Wie wird, sprach sie bei sich selbst, der Vater lachen, wenn er in die Stube tritt und deinen Fleiß sieht!

Der Vater trat in die Stube und lachte nicht. Er nahm den Kalender in die Hand und sah nach, ob der Mond bald voll wäre. Er trat noch einmal hinein, und Carolinchen schielte so liebreich nach ihm, daß man hätte meinen sollen, er müßte sie bemerken. Aber er bemerkte sie nicht. Er ging vielmehr auf seinen Mops los und machte ihm einige Liebkosungen.

Nach Tische ging er in Gesellschaft.

Carolinchen ging gleich in seine Stube, kehrte sie aus, setzte die Stühle in Ordnung, wischte die Tische ab, und räumte alles weg, was ihrer Meinung nach nicht am rechten Orte war. Darauf setzte sie sich hin und schrieb ihm einen allerliebsten Brief, in dem sie ihm teuer versicherte, daß sie von nun an eine recht folgsame und gute Tochter sein wollte.

Nun kam der Vater und ging in seine Stube. Carolinchen schlich sich nach, um eine Zeugin seines Wohlgefallens an ihrem guten Vertrauen zu sein.

Aber der Vater bemerkte nichts von all der Ordnung, die in seiner Abwesenheit war gemacht worden.

Wo ist, frage er heftig, meine Schreibetafel?

Carolinchen, die sich nicht gleich besinnen konnte, wo sie sie hingelegt hatte, lief erschrocken umher, suchte und sagte, ich habe – ich habe –

Ist's nicht wahr, du hast die weggelegt?

Ja! Ich wollte – ich wollte –

Wenn sich doch ein so einfältiges Ding, wie du bist, nicht in meine Sachen mischte!

Dies schlug das arme Kind so nieder, daß es wirklich im Begriff war, seinen Brief zu zerreißen.

Endlich wagte sie es doch, ihn zu übergeben.

Geh, sagte der Vater, mit deinem Wische. Ich habe jetzt keine Zeit, mich damit abzugeben.

Dies unanständige Betragen hatte die Wirkung, daß es Carolinchen nicht wieder in die Gedanken kam, sich ihm gefällig zu machen.

* * *

Mittel, die Kinder dumm zu machen

Gib ihnen derbe Maulschellen,
wenn sie etwas versehen

In einem gewissen Hause war die gewöhnliche Strafe, die für jedes Versehen der Kinder bestimmt war, ein paar tüchtige Maulschellen. Wenn Caspar oder Jörge etwas nicht nach der Eltern Willen machten, so war die gewöhnliche Drohung: Wart, ich will dir ein paar in das Gefräße geben, daß dir Hören und Sehen vergehen soll.

Und bei dieser Drohung blieb es nicht, sie wurde täglich wenigstens einigemal so nachdrücklich in Erfüllung gesetzt, daß die Kinder oft etliche Minuten wie betäubt dastanden, besonders wenn der Vater über sie kam. Denn da dieser nervige Arme und kraftvolle Hände hatte, so schlug er damit die Kinder so stark auf die Köpfe, daß sie oft vor ihm herumtaumelten.

Durch diese heftige Erschütterung wurde nach und nach das ganze Gehirn in Unordnung gebracht. Caspar und Jörge wurden die größten Dummköpfe. Die Augen starrten gerade weg, und die Mäuler standen ihnen fast immer offen. Von mutwilligen Leuten wurden sie beständig mißhandelt, die sich um die Wette bemühten, ihnen die ungereimtesten Erzählungen glaubhaft zu machen, und sich alsdann daran belustigten, wenn diese auf das zuversichtlichste nacherzählten, daß der Türke Konstantinopel weggenommen, oder Meister Friedrich einen Kobold im Springeisen gefangen habe.

Wer nun seinen Gefallen an Dummköpfen hat, der beliebe seine Kinder auf diese Art zu erziehen, er wird davon gute Wirkung spüren. Probatum est.

Ergib dich der Trunkenheit! so wirst du dumme Kinder erzeugen

Meister Jobsens Kinder waren eben nicht klüger. Im achten Jahre lernten sie erst sprechen, im zwölften lesen, nachdenken aber niemals.

Die Mutter klagte es einmal einem Arzte, und dieser gab ihr zur Antwort: Wie kann es denn anders kommen? Euer Mann geht ja niemals nüchtern zu Bette.[1]

Mache deine Kinder vor der Zeit klug, so werden sie bald dumm

Der Herr Professor Orosius erkannte sein Weib, und zeugte mit ihr ein liebenswürdiges Mädchen. Schon in den ersten Wochen seines Lebens gab Minchen sehr deutliche Merkmale eines munteren aufgeweckten Kopfes von sich, worüber sich die

---

1) Leider nur allzuwahr. H. Lundborg kam bei seinen Familienforschungen innerhalb eines 2232köpfigen Bauerngeschlechtes zu folgenden Verhältnissen: Von 240 untersuchten Familien waren 30 Familien frei von Belastungen, in 37 Familien herrschte Abhängigkeit mindestens eines Elternteils vom Alkohol (ohne erkennbare anderweitige Belastungen der Eltern).

Die 30 Familien hatten insges. 148, die 37 Familien 213 Kinder. Von den 148 Kindern starben 27 vor dem 5. Lebensjahr (18,2 %), von den 213 Kindern starben 56 vor dem 5. Lebensjahr (26 %). Die Zahl kranker Nachkommen (Epilepsie, Schwachsinn, etc.) betrug bei den 30 erbl. unbelasteten Familien 24, bei den 37 Familien waren es 96! Die 30 normalen Familien hatten 85 Kinder, die das Alter von 15 Jahren überschritten, die 37 Familien, bei denen mehr oder weniger starker Alkoholismus eines Elternteils vorlag, hatten trotz wesentlich höherer Zahl der Geburten nur 69 Kinder, die älter als 15 Jahre wurden.

H. Lundborg: „Medizinisch-biologische Familienforschungen innerhalb eines 2232köpfigen Bauerngeschlechtes in Schweden", Verlag von G. Fischer, Jena 1913, S. 485 u. 490. Siehe auch Vogel und Neubert: „Grundzüge der Alkoholfrage", Verlag Deutsches Hygiene-Museum, Dresden 1926.

Die Erziehung des Kindes beginnt beim Erzieher – lange vor der Geburt!

beiderseitigen Eltern gar höchst freuten. Ihr Herz hing so an dem guten Kinde, daß sie sich den größten Teil des Tages mit ihm beschäftigten, und ihm im Scherzen und Spielen mancherlei Begriffe beibrachten. Wenn dann das zweijährige Minchen einen Einfall hatte, der für ihre Jahre zu früh schien, so wurden dadurch die Eltern bis zum Entzücken belustigt.

Um nun diese Lust noch mehr zu vergrößern und zu vervielfältigen, ersannen sie alle möglichen Mittel, Minchen zum Lernen anzuspornen. Sooft sie etwas begriffen hatte, so suchten sie Gelegenheit, daß sie es in einer öffentlichen Gesellschaft wieder anbringen konnte. Da konnte man nun des Lobens und des Bewunderns nicht satt werden, und streichelte und küßte das allerliebste Kind, gab ihm Konfekt und wohl auch bisweilen ein Gläschen Wein. Wenn dann die Gesellschaft fort war, hielt ihr die Mama noch eine mütterliche Ermahnung und sagte: Siehst du, Minchen, wie hübsch es ist, wenn man etwas lernt? Da wird man von allen Leuten gelobt, und es fällt hier und da ein Gläschen Wein ab, oder ein Stückchen Konfekt.

Dadurch wurde Minchen gereizt, über ihr Vermögen ihre Kräfte anzuspannen. Wenn andere Kinder scherzten und spielten, so saß sie und lernte so viel, daß alle Menschen sich darüber verwunderten.

Ehe sie noch das vierte Jahr zurücklegte, konnte sie fertig lesen. Nun erhielt sie Unterricht im Französischen und der Geographie, im sechsten Jahre wurde Geschichte getrieben, und wurden Dichter gelesen.

Diese väterliche und mütterliche Treue war so sichtbarlich gesegnet, daß Minchen im zwölften Jahre so klug war, daß selbst Fremde des Herrn Professor Orosius Haus besuchten, um das Wunderkind zu sehen. Es sprach von dem alten Rom und Griechenland, wie wenn es selbst da gewesen wäre, urteilte von Gedichten und Schauspielen wie ein Kunstrichter, und da der Siebenjährige Krieg anfing, sagte es ganz zuversichtlich voraus, was er für einen Ausgang nehmen würde.

Was das für eine Frau würde geworden sein, wenn die Klugheit immer so fortgewachsen wäre! Leider ging es aber im dreizehnten Jahre damit rückwärts. Minchen beklagte sich, daß sie von dem, was sie läse, gar nichts behalten könne, ihre Urteile wurden nach und nach alltäglich, und am Ende äußerten sich Merkmale von großer Einfalt.

Einmal bekam sie von ihrem Mühmchen Fiekchen Besuch, das vor dem sechsten Jahre nicht Lesen gelernt hatte, und im zehnten erst zum Lernen war angespornt worden, und der Herr Professor bemerkte zu seiner großen Betrübnis, daß Fiekchen ein munteres, witziges, verständiges Mädchen, und sein Minchen von dem allen das Gegenteil war.

Da setzte er sich traurig auf das Kanapee, legte den Kopf in die Hand und seufzte. In diesem Zustande traf ihn sein Bruder, der Pächter Hermann Orosius, an. Nu? fragte er, was fehlt dir denn? Ich glaube, du fängst gar Grillen?

Ach, antwortete der Professor, ich habe ein gar großes Leiden. Meine Tochter! Meine Tochter!

Pächter: Und was ist denn mit der Tochter? Ist sie etwa krank?

Professor: Ich weiß selbst nicht, ob ich es Krankheit nennen soll. Genug, sie wird alle Tage einfältiger. Sie ist jetzt so schwach am Verstande, daß sie die gemeinsten Dinge nicht begreifen kann.

Pächter: Minchen?

Professor: Minchen. Und du weißt selbst, was ich mir mit dem Mädchen für Mühe gegeben habe, was sie vor einem Jahre alles wußte!

Pächter: Nimm es mir nicht übel, Bruder! Es kommt mir mit den Kindern fast vor, wie mit den Pferden. Wenn man diese zu früh einspannt, so sind's Knirpse und bleiben Knirpse. Und wenn man die Kinder zu früh zum Lernen antreibt, so wird auch nichts aus ihnen. Das habe ich schon längst gedacht, habe dir aber nichts davon sagen wollen, denn du bist Professor und ich bin nur Pächter.

* * *

Mittel, die Kinder ungeschickt zu machen

Siehe darauf, daß sie gut bedienet werden!

Herr Hieronymus und seine liebe Gattin waren gegen ihre Kinder so zärtlich gesinnt, daß sie fast nichts taten, als ihnen aufwarten, und ihre Aufwartung besorgen.

Der ganze Vormittag ging damit hin, daß sie ihre Kinder anzogen, kämmten, ihnen Zöpfe flochten, und Kaffee einschenkten. Bei Tische konnten die guten Leute nicht einen Bissen in Ruhe genießen, denn da rief ein Kind: ich will Brot, das andere, ich habe kein Messer! das dritte, mich dürstet! Und sooft eines rief, sprang entweder Herr Hieronymus oder seine Frau auf, um ihr Verlangen zu befriedigen.

Gingen sie spazieren, so waren sie äußerst vorsichtig, daß ja die Kinder nicht etwa über einen Graben, oder eine breite Fahrrinne springen, oder einen Berg hinauf klettern, oder heruntertrollen möchten. Sie sprangen bei dergleichen Vorfällen ängstlich bei, riefen den Kindern zu, daß sie stillestehen sollten, hoben sie über den Graben, und führten sie den Berg hinauf und wieder herunter.

Diese Dienstfertigkeit wurde aber doch am Ende den guten Leuten sehr lästig. Die Kinder wurden so tölpisch, daß sie nicht imstande waren, sich allein anzuziehen, ihre Kleidung auszubessern, oder die gemeinsten Geschäfte zu verrichten. Fast für jedes Kind mußte Frau Hieronymus eine Magd halten, wodurch ihr Aufwand jährlich um ein Merkliches vergrößert wurde. Und doch waren die vielen Mägde nicht hinlänglich genug aufzuwarten. Frau Hieronymus mußte den ganzen Tag für ihre vier Töchter und zwei Söhne waschen, flicken und kochen, und Herr Hieronymus wurde immer herbeigerufen, um mit beizutragen, und bei dem Anziehen behilflich zu sein. Bei Tische saßen die Kinder, und die

Eltern standen hinter den Stühlen, und warteten auf. Keine Zerstreuung konnten sie recht genießen. Machten sie einmal, in ihrer Kinder Gesellschaft, einen Spaziergang, so ließ ihnen das Kommando derselben nicht soviel Zeit, daß sie frei atmen konnten. Da erscholl Befehl: Mutter, bind mir meine Schürze zu! Dort: Vater, meine Schnalle ist aufgegangen! Hilf mir über das Gräbchen! Führe mich, führe mich, daß ich nicht falle! Eh! Eh! Ich bin gefallen, hilf mir auf.

Einmal bekam Frau Hieronymus einen Besuch von ihrer Schwester. Da diese nun fragte, wie sie sich befände, so brach sie in Tränen aus und sagte: Ach liebe Schwester! ich werde meines Lebens nicht froh! Die Arbeit reißt bei mir nicht ab, keinen guten Tag kann ich mir machen. Den ganzen Tag geht es Trepp auf, Trepp ab. Komme ich des Abends ins Bette, so ist es, als wenn mir die Glieder zerschlagen wären. Du glaubst nicht, wie schlimm es mir geht.

Ich weiß auch gar nicht, antwortete die Schwester, was du haben willst. Du hast ja Bediente genug.

Ja, ich habe drei Mägde, das ist wahr, nimm aber einmal hin, sechs Kinder, die wollen ja schon Aufwartung haben.

Deine Kinder Aufwartung? Sie können ja laufen. Ich glaubte, jedes könne die Stelle einer Magd oder eines Bedienten vertreten.

Du sprichst wie ein Kind. Überlege nur, wie viele Arbeit nötig ist, für so ein Haus voll Leute zu kochen! Wieviel sechs Kinder zerreißen!

Nu! hast du denn nicht drei große Mädchen? Ich dächte, wenn diese ihre Finger brauchten, so könnten sie soviel arbeiten, daß du keine Hand aufzuschlagen brauchtest.

Die? Da möchte ich doch sehen, wie sie sich anstellen würden, wenn sie ein Loch zustechen, oder eine Suppe kochen sollten usw.

* * *

Mittel, Kinder die Unordnung zu lehren

Steure beizeiten ihre Liebe zur Ordnung!

Philippinchen war, in den ersten Jahren ihres Lebens, ein Muster guter Ordnung. Sie wollte ihre Wäsche und Kleidung gerne immer reinlich haben, welches auch gar wohl möglich war, so lange die alte Katharine, die, wie bekannt, beständig auf Reinlichkeit hielt, bei ihren Elten diente. Philippinchen hielt darauf, daß von allen ihren Sachen ein jedes seinen bestimmten Platz hatte, wo sie es, sooft sie es gebraucht hatte, hinlegen und hinstellen konnte. Ein Loch im Strumpfe, oder in einem anderen Kleidungsstücke, konnte sie durchaus nicht leiden.

Damit war nun die liebe Mutter gar nicht zufrieden. Wenn das Ding so hätte fortgehen sollen, so hätte sie immer tätig sein, Philippinchen guten Rat geben und sie bei ihrer Ordnung schützen müssen. Da müßte sie aber, wie sie zu sagen pflegte, viel zu tun haben, wenn sie um alle diese Kleinigkeiten sich bekümmern wollte.

Huldrich, Philippinchens Bruder, war ein sehr mutwilliger Junge. In seiner Schwester Abwesenheit durchsuchte er ihre Bücher und Spielwerk und warf es umher. Wenn nun Philippinchen zurückkam, und die Unordnung sah, so lief sie mit nassen Augen zur Mutter, zeigte ihr den Schrank, und bat um Abstellung dieses Unfugs.

Aber die Mutter erteilte ihr insgemein ganz kaltsinnig die Antwort: Albernes Mädchen, mußt du denn um solcher Lumpereien willen so einen Spektakel anfangen? Stelle die Sachen wieder hin, wo sie gestanden haben; so ist es gut!

Wenn Philippinchen ein Loch im Strumpfe oder in einem anderen Kleidungsstücke hatte, so lief sie ängstlich zur Muter, und sagte: Gucke, Mutter, das Loch da! Gib mir eine Nähnadel! Ich will es zustechen.

Aber die Mutter wies sie zurück, und sagte: Hum, ich habe jetzt keine Nadel. Ich habe keine Zeit dazu, daß ich dir immer aufwarten kann.

Philippinchen ging bisweilen in Gesellschaft. Wenn sie nun zurückkam, so bat sie die Mutter um den Schlüssel zur Kommode, daß sie ihre Sachen aufheben könne. Aber die Mutter sagte oft, dazu ist ja morgen noch Zeit genug. Du kannst ja diesen Abend deine Sachen da auf die Bank oder auf das Bette werfen.

Und das gehorsame Philippinchen befolgte die Winke, die ihr die Mutter gab, auf das Pünktlichste; sie bekümmerte sich nicht mehr um ihren Schrank, die Bücher und Spielsachen warf sie bald auf den Herd, bald auf den Abtritt, bald in den Garten. Durch viel Selbstüberwindung brachte sie es so weit, daß sie mit durchlöcherten Strümpfen, schmutziger Wäsche und zerrissenen Kleidern ausgehen konnte, ohne rot zu werden. Und wo sie sich auszog, da ließ sie die Kleidung liegen.

Sie ist jetzt Frau, und ihr Haus ist ein Muster guter Unordnung. Die Windeln knüpft sie den Kindern anstatt der Servietten vor, in der Putzstube liegt die schwarze Wäsche, und der Nachtstuhl steht in der Speisekammer. Ihre Kinder klebten, wie man zu sagen pflegt, wenn man sie an die Wand würfe.

So viel können Eltern durch anhaltenden Unterricht bei den Kindern ausrichten!

* * *

Mittel, Kinder eitel zu machen

I.

Lehre sie frühzeitig den großen Wert des Putzes kennen!

Da Emilie in den Ehestand trat, mußte sie zu ihrem großen Verdruß die Puppe, die seither ihre liebste Gesellschaft gewesen war, zurücklassen.

Nach drei Vierteljahren kam Ernestinchen auf die Welt, und Emilie fand in Ernestinchen den Verlust ihrer Puppe vollkommen ersetzt. Sie machte in dem Wochenbette große Entwürfe wegen der künftigen Einrichtung ihres Putzes, und führte sie meistenteils glücklich aus. Schon im dritten Jahre machte sie es möglich, daß Ernestinchen Poschen[1] tragen und frisiert werden konnte.

Ernestinchen hatte verschiedene gute Eigenschaften an sich. Sie teilte oft mit armen Kindern ihr Morgenbrot, und erquickte sie aus ihrer Sparbüchse.

Sie war lernbegierig. Sie wollte von allen Dingen wissen, wo sie herkämen, und wozu sie gut wären. Oft brachte sie selbst das A-B-C-Buch, und bat die Mutter, sie die Buchstaben kennen zu lehren. Dies alles wurde nicht bemerkt.

Wenn hingegen die Frisur gut geraten war, wenn sie ein neues Kleid, Haube oder Band anhatte, so konnte man des Bewunderns und Lobens nicht satt werden. Die Mutter umarmte sie inbrünstig, küßte sie, nannte sie ihren Engel, ihr Liebchen, führte sie vor den Spiegel, und bat sie mit mütterlicher Zärtlichkeit, daß sie sich ja vorsehen sollte, daß sie nicht etwa die Frisur zerstieße, oder die Kleider beschmutze.

Durch diese treue Erziehung wurde Ernestinchen vollkommen überzeugt, daß der Mensch dazu geschaffen sei, um sich zu putzen, daß seine höchste Glückseligkeit im Putze bestehe, und sein größter Vorzug vor den Tieren dieser sei, daß er sich könne frisieren lassen.

Sie wurde vollkommen eitel.

Sie beurteilt jetzt den Wert des Menschen nach seiner Frisur. Ein Mann mit ungepudertem Kopfe ist ihr ein Dummkopf, und einem Menschen, dessen Locken nicht nach der neuesten Mode gekrümmt sind, spricht sie geradezu allen Geschmack ab. Auf ihre goldene Uhr ist sie so stolz, wie andere Leute auf ihr gutes Gewissen, von ihrer Pariser Haube spricht sie mit so vielem Feuer, wie

---

1) Diminutiv von die Posche (frz. la poche) = die Tasche; in allgemeiner Bedeutung, Taschen, Schleifen, Bänder u. dergl.

ein anderes Frauenzimmer von der Rechtschaffenheit, und die größte Niederträchtigkeit verzeiht sie sich leichter, als eine Nachlässigkeit im Anzuge. Wie eine Suppe gekocht wird, wie viele Stükke Garn zu einem Schocke Tuch nötig sind, das weiß sie nicht. Aber wie die wohlriechende Pomade verfertigt werde, wie viele Ellen Spitzen zu Frisierung eines aufgezogenen Kleide erfordert werden, das hat sie vollkommen inne. In trüben Stunden, wo andere Menschen ein gutes Buch lesen, nimmt sie ihre Zuflucht zum Kleiderschranke und zum Schmuckkästchen, durchzählt ihre Kleider, Bänder und Ringe – dies ist ihres Herzens Trost und ihr Teil.

II.
Produziere sie, sobald als möglich, in großen Gesellschaften!

Lottchen, des Kaufmann Herberts älteste Tochter, wurde in ihrem dreizehnten Jahre dem Herrn Prediger Julius zur Ausbildung ihres Charakters übergeben. Dieser Mann ließ es sich nun sehr angelegen sein, Lottchen mit dem Geiste des Christentums bekannt zu machen. Ich hörte einmal zu, als er ihr den Spruch erklärte: Trachtet am ersten nach dem Reiche Gottes und nach seiner Gerechtigkeit, so wird euch das andere alles zufallen. Damit, sagte er, will unser lieber Heiland sagen, wir sollten vor allen Dingen danach streben, recht gute Menschen zu werden, Gerechtigkeit und Tugend uns eigen zu machen, dann würde auch unser äußerlicher Zustand sich immer mehr verbessern. Liebes Lottchen! Wie wahr ist das! Was hilft's, wenn alles um mich herum einen Wert hat, und ich selbst bin nichts wert? Denke dir ein Frauenzimmer, das um und um mit Bändern und Schmuck behangen, aber selbst unwissend, lieblos, zänkisch ist, und von seinen Lüsten beherrscht wird, ist die wohl etwas wert? Sag, wenn es auch eine Fürstin wäre, wirst du es nicht in deinem Herzen verachten? Ist dir die natürliche Röte deines Gesichts nicht lieber als die Röte der Schminke? Hat also das, was aus uns selbst hervorgebracht wird, nicht mehr Wert als alles, womit wir von außen her uns schmücken? Sind wir selbst erst recht gut, haben Verstand, Tätigkeit, edlen Sinn und Herrschaft über unsere Lüste, dann fällt uns alles andere zu, Gesundheit macht uns schön, die Menschen schenken uns ihre Liebe und Achtung, und unsere Einnahme vergrößert sich.

So sprach Herr Julius, und zeigte Lottchen, was sie besonders als Mädchen tun müsse, um nach dem Reiche Gottes und seiner Gerechtigkeit zu trachten.

Diese Unterredungen machten auf Lottchen tiefen Eindruck. Sie bekümmerte sich um keinen Flitterstaat, sondern ihre ganze Sorge ging dahin, ein recht gutes, verständiges, fleißiges Mädchen zu werden.

Das war nun alles von dem lieben Herrn Julius recht gut gemeint, und, wenn Lottchen nur für sich, ihren künftigen Mann und ihre Kinder, hätte erzogen werden sollen, so wäre an dieser Art, sie zu behandeln, gar nichts auszusetzen gewesen. Aber für die Welt taugte diese Erziehung schlechterdings nicht.

Madame Herbert sah dies bald ein, und fing deswegen an, Lottchen in öffentlichen Gesellschaften zu produzieren, damit sie, wie die Mutter sich ausdrückte, mehr Welt bekäme. Lottchen erschien mit bescheidener Miene und ganz ungekünsteltem Anzuge, und die Frauenzimmer steckten die Köpfe zusammen, spöttelten, und die jungen Herren, die allen anderen frisierten und geputzten Mädchen die Hände küßten, und ihnen viel Angenehmes und Schmeichelhaftes sagten, sahen das gute Lottchen kaum über die Achsel an, oder, wie man zu sagen pflegt, sie sahen sie nicht für voll an.

Notwendig mußte dies Lottchen sehr kränken, und sie wurde dadurch veranlaßt, mit der Sorge für das Innerliche auch die Sorge für das Äußerliche zu verbinden. Sie bat daher ihre Mutter, ihr doch zu erlauben, daß sie sich auch dürfe frisieren lassen, und Poschen, schöne Spitzen, Bänder und andere solche Sächelchen tragen, dergleichen sie an anderen Mädchen bemerkt hätte.

Die zärtliche Mutter freute sich über die gute Wirkung, die ihr Erziehungsmittel schon auf das erstemal getan hatte, und sorgte sogleich, daß alles, was ihre Tochter verlangt hatte, herbeigeschafft wurde. Die nächste Woche erschien Mamsell Lottchen schon in einer anderen Gestalt. Durch Unterlagen von Werg und Pferdehaaren, über die man ihr Haar gelegt hatte, war ihr Kopf um eine Spanne höher geworden; ein seidenes Kleid wallte um ihre Hüften, die durch einen Zusatz von Poschen vergrößert worden waren; eine Menge Dinge flitterten und flatterten um sie, die die Putzmacherinnen in Paris, zur Erhöhung der Würde des Menschen, erfunden haben, und die ich nicht zu nennen weiß, weil ich gestehen muß, daß ich nie gewöhnt worden bin, ihren Wert, der uns in Gesellschaften von sogenanntem geläutertem Geschmack allein empfiehlt, zu schätzen.

Jetzt trat sie vor den Spiegel – wie ward sie entzückt! Inniger hatte sie die Würde des Menschen nie gefühlt als jetzt.

Mit Gefühl ihrer Würde trat sie in eine öffentliche Gesellschaft, und wurde bemerkt. Das Frauenzimmer pries sie wegen der getroffenen Veränderung, musterte den ganzen Anzug durch, und fand ihn, einige Kleinigkeiten ausgenommen, sehr gut. Die Mannspersonen richteten ihre Augen auf sie, küßten ihre Hände, lobten ihren Geschmack in der Wahl ihres Anzugs, ja sie war sogar so glücklich, daß der Herr Doktorand Willreich, der sie nach Hause begleitete, beim Abschiede sie seine Göttin nannte.

Das war denn nun freilich eine ganz andere Sprache, als diejenige, die Herr Julius führte, der sie zu weiter nichts, als zu einer guten Gattin und Mutter zu bilden suchte.

Sie besuchte zwar seinen Unterricht noch eine zeitlang, aber viel Teil konnte sie daran nicht mehr nehmen, weil ihr Geist sich jetzt mit wichtigeren Angelegenheiten beschäftigte.

Einst schilderte ihr Herr Julius recht lebhaft die Freude eines Menschen, der in sein bisheriges Leben zurücksehen könne, ohne sich wegen seiner Handlungen Vorwürfe machen zu müssen, vielmehr viel Gutes erblickte, das durch ihn zustande gekommen sei.

Am Ende dieser Schilderung fragte er: wünschest du dir dies Glück nicht auch, liebes Lottchen?

Wie? Was sagen Sie? fragte Lottchen ganz betreten.

Das gute Kind hatte auf den ganzen Vortrag nicht gemerkt. Sie fühlte, daß sie zu etwas mehr als zu häuslichen Freuden, die auch der Taglöhner genießt, daß sie für die Welt bestimmt sei, und der Welt zu gefallen, war jetzt ihr heißester Wunsch. Deswegen hatte sie während des Vortrags den wichtigen Plan entworfen, einen Kopfputz zu bekommen, den sie im letzten Stücke des Journals des Luxus und der Moden abgebildet gesehen hatte.

Sobald sie von dem Unterricht des Herrn Julius befreit war, betrat sie die große Laufbahn, für die sie glaubte geschaffen zu sein. Mit wahrer Selbstverleugnung vernachlässigte sie ihre eigene Ausbildung, und lebte bloß für die Welt. Jedem, besonders jungen Mannspersonen, zu gefallen, war ihr herzlicher, menschenfreundlicher Wunsch, den sie nicht nur mit vielem Aufwande, sondern sogar mit Aufopferung ihrer Gemütsruhe zu befriedigen suchte.

Herr Kammerrat Schmetterling war so glücklich, zum Besitz dieses Kleinods, um welches sich ein Viertelhundert junge Herren beworben hatte, zu gelangen.

Er führte mit ihr sieben Tage lang eine Ehe, die als Muster von vergnügter Ehe verdient angepriesen zu werden. Lebenslang hätte er glücklich sein können, wenn seine Grillen ihm dieses erlaubt hätten.

Er verlangte aber, daß seine Gattin sich nach seinem Geschmacke richten, und ihre Wirksamkeit auf die Verbesserung des Hauswesens einschränken sollte.

Welche pedantische unbillige Forderung, dachte Lottchen, ist dieses! Mein Mann, mein Haus, sollte der enge Kreis sein, auf den ich mich einschränke? Wie pöbelhaft wäre dieses! Die Welt ist es, nach deren Urteil ich mich richten will. Diesem kosmopolitischen Grundsatz blieb sie bis zu ihrem letzten Atemzug treu. Kleidung, Gesellschaft, Lebensart wählte sie, nicht nach dem Willen des Mannes, sondern nach dem Geschmack derer, die ihre Anbeter waren.

Ist's Heldenmut, seinen Grundsätzen alles aufzuopfern, so ist Lottchen mit Recht unter die Heldinnen erster Größe zu zählen; die Liebe des Mannes verschmähte sie, ihrer Kinder Gesundheit und Tugend schlug sie in die Schanze, ihre eigene Gesundheit und Gemütsruhe opferte sie auf, ihr ganzes Vermögen überließ sie den Gläubigern, und dies alles in der Absicht – der Welt zu gefallen. Zwar starb sie im Elende, sie war in den letzten Tagen ihres Erdenlebens sogar von allen Menschen verachtet, aber doch hatte sie das beruhigende Bewußtsein, daß sie es auf ihrer Seite an nichts habe fehlen lassen, um der Welt Beifall zu bekommen.

* * *

Mittel, Kindern Geschmack am Müßiggang beizubringen

Stelle ihnen oft die Beschwerlichkeit der Arbeit und die Süßigkeit des Müßigganges vor!

Unter allen Künsten ist die Kunst des Müßigganges die schwerste. Der Trieb zur Arbeit ist durch die ganze Natur des Menschen, durch sein Blut, seine Nerven, sein Herz und seinen Magen verbreitet. Er regt sich schon im neugeborenen Kinde, das mit Händen und Füßen sich sträubt, um der Bande loszuwerden, und nach seiner Willkür handeln zu können. Und wenn man auch die Bestimmung des Menschen bloß in der Verdauung suchte, und die Verdienste des Menschen nach der Zahl der Schüsseln und Bouteillen bestimmte, die er ausgeleert hat, so fordert doch die Natur die Arbeit, wenigstens als ein Mittel, dieser großen Bestimmung gemäß zu leben, weil die Verdauung doch durch Arbeit mächtig befördert wird. Aber eben daraus sieht man, wieviel Anstrengung erfordert werde, um den Müßiggang zu erlernen, und den heftigen Trieb der Natur zur Arbeit zu zähmen.

Erziehung und Exempel können auch hierin vieles tun, wie dieses aus Meister Pigers[1] Geschichte zu ersehen ist.

Wenn Meister Piger eine Arbeit vor sich hatte, die nur einige Anstrengung erforderte, so sprach er schon davon ein paar Wochen zuvor. Er dehnte sich, gähnte, seufzte und sagte: künftige Woche, ja künftige Woche, da wird es mir unerträglich gehen, da werde ich arbeiten müssen! Wenn doch nur erst die verwünschte Arbeit vorbei wäre! Wenn die Arbeit kam, so ächzte er, wie ein Mann, der nicht verdauen kann. Alle Viertelstunden fiel er auf die Bank und seufzte: Ach du lieber Gott! Die Arbeit! Die Arbeit! Man wird seines Lebens nicht mehr froh.

Auf Sonn- und Festtage hielt er sehr viel. Wenn der Sonnabend kam, so sagte er allemal, nun Gott Lob und Dank! Die Woche ist doch wieder hin, morgen ist es Sonntag, da will ich schlafen wie ein Ratz.[2] Vor neun Uhr soll mich niemand aus dem Bette bringen. Und er hielt Wort.

Als in seinem Lande der dritte Feiertag abgeschafft wurde, so war er der eifrigste, der es zu verhindern suchte.

Wenn er einen Kapitalisten gehen sah, so zeigte er ihn seinen Kindern und sagte: Wie es doch der Mann so gut hat! Keine Hand braucht er aufzuschlagen, er kann essen und trinken, was er will, und schlafen, solange er will.

Sein ältester Sohn Niklas faßte diese Lehren vorzüglich gut und gab sich Mühe, sie zu befolgen. Die ersten dreizehn Jahre seines Lebens waren ein beständiger Müßiggang, so daß sein Lehrer es nur durch viele Schläge soweit bringen konnte, daß er lesen und schreiben lernte.

Meister Piger hätte nun gerne gesehen, daß sein Sohn den Rest seines Lebens in Ruhe zugebracht hätte. Da er aber arm war,

---

1) Der Name „Piger" ist absichtlich gewählt. Piger = träg, verdrossen, langsam in der Arbeit, faul.

2) Ratz = Ratte, Ratze, insbesondere die große Haselmaus, das Murmeltier. Schlafen wie ein Ratz d. h. wie die den ganzen Winter hindurch schlafende große Haselmaus.

und also nicht die Möglichkeit einsah, dem Sohne diejenige Einnahme zu verschaffen, die zur Führung eines ganz untätigen Lebens schlechterdings nötig ist, so mußte er doch einmal die wichtige Frage an ihn tun: Niklas, was willst du werden? Und Niklas antwortete mit großer Entschlossenheit: Ein Student, Vater, ein Student! Denn er glaubte, ein Student habe nichts zu tun, als zu trinken und Tabak zu rauchen.

Und Meister Piger billigte die Entschließung des Sohnes, und ließ ihn einen Studenten werden. Da er in vielen vornehmen Häusern zu arbeiten hatte, so gelang es ihm, Freitische und Stipendien für den hoffnungsvollen Sohn auszumachen, und im achtzehnten Jahre seines Alters, welches ins Jahr 1750 fällt, hatte Niklas wirklich die Freude, daß er Student wurde. Und das ist er noch jetzt, da wir 1788 schreiben.

In dem ersten Drittel seiner akademischen Jahre lebte er von Stipendien; im anderen vom Spiele, Lustigmachen und Prellen junger unerfahrener Ankömmlinge; im dritten geht es ihm freilich kümmerlich. Die Lustigkeit nimmt nach und nach ab, die Pfiffe, die er bei dem Spiele braucht, werden entdeckt, die Perücke verliert ein Haar nach dem anderen, der Rock trägt sich ab, die Wäsche wird löcherig, das Ungeziefer nimmt überhand; aber sein Bruder ist zur See gegangen! Wer weiß, ob der nicht fünfzig oder hunderttausend Taler erwirbt, ob er nicht ihm zu Gefallen stirbt, und er über lang und kurz, durch einen Brief aus Holland, die Versicherung bekommt, daß er der Erbe seines sämtlichen Vermögens sei.

In dieser angenehmen Erwartung duldet er gelassen das Nagen des Hungers und des Ungeziefers.

* * *

Mittel, Kindern den Geiz beizubringen

Mache ihnen, sobald als möglich, hohe Vorstellungen von dem Werte des Geldes!

Ob Herr Harpax[1], wie einige behaupten wollen, wirklich geizig gewesen sei? Ich will nicht entscheiden. Soviel ist gewiß, er hatte das Geld sehr lieb. Die seligsten Stunden seines Lebens waren die, da er Geld zählte, und diejenigen Tage glaubte er am nützlichsten angewendet zu haben, da er das meiste erworben hatte. Glücklich und reich hielt er für gleichviel geltende Worte.

Diese Weisheit suchte er nun auch dem kleinen Gottfried einzuflößen. Wenn er in seiner Gegenwart vom Gelde sprach, so geschah es allemal mit dem größten Entzücken, und wenn die Rede auf den vorigen Krieg gelenkt wurde, da er mit dem Fruchthandel hundert Prozent erworben hatte, so funkelten die Augen, die Wangen glühten, und über sein ganzes Gesicht ergoß sich eine Heiterkeit, wie sie der Menschenfreund empfindet, wenn er auf seinen Reisen an einen Ort kommt, wo er vor etlichen Jahren eine edle Tat verrichtet hat. Hörte er von jemandem, daß er eine reiche Frau bekommen oder eine gute Erbschaft getan habe, so sagte er allemal: Nun das ist wahr! Das lasse ich gelten! Das heiße ich glücklich sein.

Das war nun eben soviel, als wenn er gesagte hätte: O mein Gottfried! Je mehr Geld du besitzest, desto glücklicher bist du. Was man von Rechtschaffenheit, Menschenliebe, den stillen Freuden der Tugend saget, sind lauter Possen; ich habe, das glaube mir, lange gelebt, aber nie süßere Freuden empfunden, als die der Klang des Geldes verschafft. Deine Hauptabsicht bei allen deinen Handlungen muß also dahin gehen, Geld zu erwerben. Alles andere mußt du als Nebenwerk betrachten.

1) Der Name „Harpax" ist absichtlich gewählt. Harpax = räuberisch, raubend, an sich reißend.

Er eiferte gegen alles, was Aufwand erforderte. Jede Spazierreise, jedes Gastmahl, das seine Mitbürger anstellten, erklärte er für eine Todsünde, die zu seiner Zeit gewiß noch würde gestraft werden. Er wollte, sagte er oft, es wohl noch erleben, daß dergleichen leichtfertige Leute ihr Brot vor den Türen suchen müßten; er habe schon mehrere dergleichen Zeisige gekannt, denen es am Ende ebenso gegangen wäre. Die Almosen verwarf er nicht ganz, doch setzte er, wenn er davon sprach, allemal wohlbedächtig hinzu, die Liebe finge bei einem selbst an, man dürfe nicht eher geben, bis man selbst etwas übrig habe, und sich ja vorsehen, daß man nur denen Gutes täte, die es verdienten. Da er aber niemals etwas übrig zu haben glaubte, auch an allen Armen, die in seiner Stadt wohnten, Fehler wußte, die sie des Genusses einer Guttat, nach seiner Meinung, unwürdig machten, so bekam Gottfried niemals eine wirklich wohltätige Handlung zu sehen.

Herr Harpax gab seinem Sohne schon im achten Jahre seines Alters Anleitung, diese guten Lehren in Ausübung zu bringen. Er gab ihm eine Sparbüchse und wöchentlich einige Groschen Taschengeld. Am Ende der Woche mußte er allemal Rechnung ablegen, und wenn er gar nichts ausgegeben hatte, so umarmte ihn der zärtliche Vater, lobte seine Sparsamkeit, und gab ihm auch wohl noch ein paar Kreuzer zur Belohnung. Oft baten ihn seine Schulkameraden, daß er mit ihnen einen Spaziergang tun, oder reizten ihn, daß er mit ihnen von dem Obste etwas kaufen sollte, das die Jahreszeit mit sich brachte. Aber sein Vater widerriet es ihm allemal. Wenn er nun folgsam war, so lobte er ihn den anderen Tag und sagte: Sieh, wenn du gestern mit deinen Kameraden dich vergnügt oder genascht hättest, so wäre heute die Freude hin. Da du aber mir gefolgt hast, da hast du dein Geld noch, daran du noch lange deine Freude haben kannst. Die Sparbüchse wurde oft durchgezählt, und sobald die Scheidemünze zunahm, so wechselte sie der Vater gegen schöne, neugeprägte Viergroschenstücke oder halbe Gulden aus, damit Gottfried ja niemals die Lust anwandeln möchte, etwas davon auszugeben. Sooft die

Sparbüchse durchgezählet wurde, so stellte ihm Herr Harpax vor, was das für ein Glück sein würde, wenn er erst fünfzig Taler gesammelt hätte, dann könnte er es als ein Kapital ausleihen und jährlich, zum wenigsten zwei und einen halben Taler Zinsen davon einstreichen.

Herr Harpax hatte das Vergnügen zu sehen, daß seine guten Lehren nicht umsonst waren gegeben worden. Gottfried sah gar bald ein, daß Geld das einzige wahre Gut sei, das ein vernünftiger Mensch erlangen könne. Sein ganzes Bestreben ging dahin, dasselbe zu bekommen. Er versagte sich alle die Erquickungen, die die Natur mit jedem Monate darbot, und verkaufte auch wohl die guten Bissen, die ihm bisweilen seine Großmutter schenkte, an seine Schulfreunde. In seinem zehnten Jahre trieb er schon einen ziemlich einträglichen Handel, indem er durch allerhand List anderen Kindern ihr Spielwerk abzulocken wußte, und es hernach wieder, bei Gelegenheit, zu Gelde zu machen suchte.

Hierdurch brachte er es nun wirklich so weit, daß er dem Vater im zwölften Jahre fünfzig Taler zum Ausleihen herzählen konnte, und ihm dadurch eine solche Freude machte, daß der gute Mann Tränen vergoß.

Gottfried übertraf mit der Zeit seinen Vater. Seine Achtung gegen das Geld wurde so groß, daß er ihr alles aufopferte, was anderen Menschenkindern Vergnügen macht.

In seinem vierundzwanzigsten Jahre sah er ein liebes schwarzäugiges Mädchen, bei dessen Anblick ihm warm ums Herz wurde, und ihm der Wunsch aufstieg, mit ihr näher verbunden zu sein. Da er aber erfuhr, daß ihr Vermögen nur zweihundert Taler betrug, so sah er gleich das Ungereimte seines Wunsches ein, bekämpfte den heftigen Trieb des Herzens, besiegte ihn glücklich, und schenkte seine Liebe einer reichen sechzigjährigen Witwe.

Seine Tafel war immer mit den wohlfeilsten Gerichten besetzt, und wenn er hörte, daß ein Käsehändler ein Faß voll Käse, oder ein Fleischhauer ein Faß voll Pökelfleisch, weil es anfing zu verderben, um einen niedrigen Preis losschlagen mußte, so kaufte er allemal davon einen Vorrat auf etliche Wochen ein. Der Gedanke, daß er bei jeder solchen Mahlzeit etliche Pfennige gewönne, überwand allen Ekel, der dabei leicht hätte entstehen können.

Überhaupt hatte er den Grundsatz, jeder gute Hauswirt müsse erst das Fleisch riechend werden lassen, ehe er es auf den Tisch brächte, weil er aus Erfahrung gelernt hätte, daß das Gesinde von Nahrungsmitteln, die schon der Verwesung nahe wären, kaum halb so viel genösse, als von guten schmackhaften Mahlzeiten.

Vor allen menschlichen Gesellschaften bezeigte er einen großen Abscheu – aber doch war er nicht ohne Gesellschaft. Die goldenen und silbernen Männerchen, die er in seinem Kasten verwahrte, verschafften ihm die angenehmste Unterhaltung, und nichts erquickte ihn mehr als der Gedanke, daß er täglich mit den größten Potentaten umgehen könne, ohne daß ihm dieser Umgang einen Pfennig koste.

Den Freuden, die aus der Religion entspringen, versagte er allen Zutritt zu seinem Herzen, weil er befürchtete, er könne dadurch in dem Genusse süßerer Freuden gestört werden. Die Zeit, die er in der Kirche zubringen mußte, wandte er dazu an, daß er neue Entwürfe machte, Geld zu gewinnen, und sein Beichtvater will angemerkt haben, daß er oft während der Absolution mit den Fingern zählte, und also vermutlich eine Rechnung verfertigte.

So ging Gottfried aus der Welt, als ein Herr von siebzigtausend Talern. Er hatte zwar von alledem, was andere Menschen labt, nichts geschmeckt, weder die Freuden der Natur, noch die Religion hatten in sein Herz dringen können – dafür war er aber auch ein Herr von siebzigtausend Talern.

* * *

Mittel, Kinder gegen gute Lehren unempfindlich zu machen

Predige ihnen ihre Pflichten unaufhörlich vor!

Wenn Frau Ursula sich in Gesellschaft ihrer Kinder befand, so tat sie nichts, als daß sie predigte. Viel, pflegte sie zu sagen, hilft viel, an guten Ermahnungen soll es meinen Kindern nicht fehlen. „Nun Cordelchen! Sei heute fein artig! Heule nicht, zanke nicht! wenn dir deine Schwester oder Bruder etwas zuleide tun, so kannst du es mir ja nur sagen. Wenn Fremde in das Haus kommen, so mußt du eine hübsche Verbeugung machen und die Hand küssen. Und das sage ich dir, daß du mir nicht immer auf der Gasse herumläufst! Gib Achtung! Gib Achtung! Ich werde einmal über dich kommen, daß es dir nicht gefallen soll. Du weiß ja, daß ich dir keine Freude verwehre, du kannst ja auf die Gasse gehen, wenn es dir gefällt, nur mußt du nicht immer auf der Gasse sein. Den Finger aus dem Maule! Fi! So machen es die Bauernmädchen. Und bei Tische – daß du ja fein sittsam bist. Sieh! Das artige Contüschchen[1], das ich dir angezogen habe, daß du es nur nicht schmutzig machst! Und pfropfe nicht zu viel in das Maul.

Du kannst langsam essen, es entgeht dir ja nichts. Komme mir ja nicht noch einmal wie gestern, und sprich: Fleisch! Suppe! Du kannst ja sagen: Lieber Papa! oder liebe Mama! Wenn Sie wollen so gütig sein, so geben Sie mir ein wenig Fleisch oder Suppe! So steht es fein, so machen es hübsche Kinder. Wenn dann Fremde kommen, und du bist so artig, so werden sie dich loben und sagen:

Das ist wahr, Cordelchen ist eine recht artige Mamsell. Wie stehst du denn da? Kannst du denn nicht den Kopf gerade halten! So wie ich. Aber den dummen Anstand lernst du von der

1) Eine Contusche ist ein kurzes Oberkleid für Frauen.

Magd. Daß du es weißt, du sollst nicht wieder auf ihre Stube gehen, nicht ein einziges Mal (hier schlug sie mit der Faust auf den Tisch), ich sage es dir! Du wirst doch noch eben so eine Käthe werden, wie das Mensch ist. Da mag sich die Mutter die Lunge aus dem Leibe reden, du bleibst immer, wie du bist. Nicht wahr, die schwarze Wäsche hast du noch nicht weggetragen? Da haben wir es, ich will noch Ordnung machen, eher will ich nicht ruhen!" (Wieder einen Schlag auf den Tisch).

Dies ist ein Stück aus einer Predigt, deren Frau Ursula täglich etliche an ihre Kinder zu halten pflegt.

Man hat angemerkt, daß der Mensch, wenn er die kräftige Arznei recht oft genießt, es nach und nach soweit bringen kann, daß sie gar keine Wirkung mehr tut.

So ging es dieser guten Frau mit ihren Predigten. Die Kinder wurden am Ende so daran gewöhnt, daß sie bei ihnen ebensowenig Eindruck machten, als die Unterredungen, die die Mama bisweilen mit ihrem Löwenhündchen anstellte.

* * *

Noch ein paar Universalmittel, den Kindern allerlei Untugenden beizubringen

I.

Mache ihnen die Untugenden recht oft vor, die du ihnen beibringen willst!

1. Herr Robert behielt einmal einige Fremde zu Tische, und erlaubte seinen Kindern, an der Gesellschaft teilzunehmen. Da betrugen sie sich nun so, daß die Gesellschaft mit ihnen äußerst unzufrieden war.

Sobald sie sich gesetzt hatten, fing Christoph an:

Das ist ja etwas recht Dummes und Albernes! Da ist einmal

mein Messer nicht da. Ist's nicht wahr, Caspar! Du hast es mir verlegt?

C. Halt den Rachen, du Tonkopf! Was schert mich denn dein Messer?

Ch. Freilich da! Du hast es doch genommen.

C. Mama! Christoph spricht, ich hätte sein Messer genommen.

M. Stille, stille, Kinder! Da, Christoph, hast du ein anderes Messer.

Ch. Das ist auch ein recht Ding. Mit dem Schindermesser mag ich auch nicht fressen.

C. Nu? was soll denn das sein? Da hat der dumme Junge, der Christoph, mein Brot unter den Tisch geworfen!

M. Er wird es ja nicht gerne getan haben. Christoph! Heb es wieder auf.

Ch. Da hat es der infame Racker, der Hund, schon in seinem Schinderrachen. – Die Gesellschaft sah einander an und gab einander durch Mienen ihren Unwillen ziemlich deutlich zu verstehen.

Herr Robert und Madame Robert, die sonst in der Aufführung ihrer Kinder nichts Ungebührliches bemerkt hatten, fühlten doch jetzt, daß ein solches Betragen nicht gar zu schicklich sei. Sie wurden rot, schlugen die Augen nieder, gaben den Kindern bald gute Worte, bald drohten sie mit dem Finger. Das half aber alles nichts, es kam immer eine Grobheit nach der anderen zum Vorscheine. Jeder ihrer Ausdrücke war so plump und roh, wie man ihn kaum vom niedrigsten Pöbel erwartet.

Herr Robert fing endlich mit einer weisen Miene an: Es ist äußerst betrüblich, daß man seine Kinder nicht kann vor böser Gesellschaft verwahren. Sie hören und sehen in unserem Hause nichts Böses, wenn sie aber unter die wilden Gassenjungen kommen, so lernen sie eine Ungezogenheit nach der anderen. Behüte Gott! Über die Ausdrücke! Solche Worte werden niemals in meinem Hause gehört.

Einer von den Fremden zuckte die Achseln, gab ihm Beifall, und sagte, dies sei freilich unangenehm.

Nach Tische aber setzte er sich in eine Ecke, nahm Christoph vor sich und fragte: aber höre doch, Christoph! Von wem hörst du denn die garstigen Worte?

Christoph steckte den Finger in das Maul und antwortete nichts.

Nu? Was schämst du dich denn? Von wem hast du denn das Wort gehört: infamer Racker?

Von meinem Papa.

Aber von wem hast du denn das Wort gehört: Schindermesser?

Von meiner Mama.

Hier kam Madame gänzlich aus ihrer Fassung. Du Schinderknecht, sagte sie, von wem hättest du es gelernt? Von mir? Wart, laß nur die Herren fort sein, ich will dir die Gosche[1] zerklopfen, der Flegel da – denk nur, er spricht, von seiner Mama habe er diese Ungezogenheiten gelernt! Hast du in deinem Leben so ein Wort von mir gehört?

2. Wenn in Chloens Hause etwas nicht nach Wunsche ging, so suchte sie dem betrübten Herzen durch Tränen Luft zu machen. Es mochte nun bei der Zubereitung des Essens etwas versehen worden sein, oder der Mann ihr eine Erinnerung gegeben, oder die Magd ihr widersprochen haben, so fiel sie auf das Kanapee, und weinte sich herzlich satt.

Einmal kam ihre Schwester zu ihr und fand sie in Tränen fast ganz zerflossen.

Schwester! fragte sie erschrocken, was gibt es denn? Das Unglück! Was hast du denn vor?

Ach laß mich nur gehen.

Dein Mann ist doch nicht etwa krank?

Nein.

Deine Kinder sind doch wohl noch gesund?

O ja.

Du hast dich doch mit dem Manne nicht zerstritten?

1) Gosche = gemeine Bezeichnung für Mund

Warum denn nicht gar!

Du hast dir etwa in deinen gegenwärtigen Umständen einen Verdruß getan? Nicht wahr, ich habe es getroffen?

Gehe doch nur!

Nun Schwester! Sag doch, was fehlt dir denn? Vielleicht kann ich dir helfen.

Du kannst mir doch nicht helfen.

Das kann man ja nicht wissen. Rede doch frei heraus, ich bin ja deine Schwester.

Es geht mir heute alles zum Verdruß. Da habe ich den Rock, an dem ich nun über ein Vierteljahr genäht habe, der sollte heute fertig werden. Ja, da liegt er noch, wie er vor zwei Stunden gewesen ist.

Wenn dies das Unglück alles ist, so hat es nun wohl nicht viel zu bedeuten. Und warum hast du ihn denn nicht fertiggebracht?

Wenn es unglücklich gehen soll, da muß sich alles schicken. Da ich am besten nähte, so fehlte es mir an roter Seide. Ich schicke die Magd fort, daß sie welche holen solle. Diese blieb erst ewig aus, und da sie wieder kommt, bringt sie – bringt sie – blaue Seide –

Dergleichen Auftritte konnte man nun in Chloens Hause täglich sehen.

Ihre Kinder traten alsdann um die betrübte Mutter, vermischten ihre Tränen mit den ihrigen, und gewöhnten sich dadurch an ein so weinerliches Wesen, daß sie den Widerwärtigkeiten dieses Lebens nichts anderes entgegenzustellen wußten, als – Tränen.

Chloens ältester Sohn ist jetzt Offizier, und noch immer sind die Eindrücke an ihm sichtbar, die das Exempel der Mutter auf ihn gemacht hat. Sooft ihm in Gesellschaften etwas Beleidigendes gesagt wird, so treten ihm die Tränen in die Augen. Er entfernt sich dann und sucht einen Winkel, wo er seinen Tränen freien Lauf lassen kann.

3. Orbil war sehr scherzhaft, aber zu nichts mehr als einer Art von Scherzen aufgelegt, und dieses waren – Zoten. Er hatte

eine Sammlung von wenigstens dreitausend unzüchtigen Anekdoten im Kopfe, mit denen er die Gesellschaften zu belustigen wußte, und ungeachtet, daß die meisten davon so beschaffen waren, daß man hätte glauben sollen, wer davon Gebrauch machen wollte, müsse notwendig ein Matrosenherz und eine Matrosenzunge haben, so besaß er doch Dreistigkeit genug, sie bei jeder Gelegenheit vorzubringen. Die Schmeicheleien, die er dem Frauenzimmer sagte, waren allemal schmutzig, und wenn er neben dem blassesten Frauenzimmer saß, so wußte er doch von allen Gerichten, die auf den Tisch kamen, ihr so etwas witziges zuzuflüstern, daß die Blässe sich in das höchste Rot verwandelte.

Und des Vaters Exempel wirkte auf die Kinder mächtiglich. Der Junge wußte schon in seinem sechzehnten Jahre von sich selbst ein Dutzend, wie er sie nannte, Liebeshändel zu erzählen, und die Töchter waren so reich an zweideutigen Scherzen, daß selbst ein Postillion rühmte, von ihnen auf einer Lustreise noch gelernt zu haben.

4. Meister Fahrauf hatte den Grundsatz, daß ein freundliches gefälliges Betragen etwas Weibisches sei, hingegen ein finsteres Gesicht und hämisches Wesen einem Manne gezieme. Und er hatte nicht nur diesen Grundsatz, sondern er handelte auch danach.

Wenn er des Morgens durch das Haus ging, so hörte man ein so fürchterliches Brummen, daß man einen Bär hätte vermuten sollen, wenn nicht das Auf- und Zuschmeißen der Türen hinlänglich bewiesen hätte, daß das Getöse von einem Menschen herrühren müsse.

Stieß eine seiner Töchter an ihn, oder trat ihn, aus Versehen, auf den Fuß, so gab er ihr mit der Faust einen so heftigen Stoß in die Seite, daß sie gegen die Wand taumelte, und sagte, dummes Mensch! Kannst du dich nicht vorsehen?

Die Erinnerungen, die er den Seinigen gab, waren lauter Fragen, die so bitter waren, daß sie außer seinen Hausgenossen, die schon daran gewöhnt waren, jedem anderen durch Mark und Bein gehen mußten.

Was sollen die Schuh da? Du willst gewiß damit putzen? Du kannst sie ja lieber ein andermal auf das Tabuletchen[1] setzen?

Wann wirst du denn fertig? Du willst gewiß einmal eine Edeldame werden, daß du so kommod bist?

Was ist denn das für ein Fraß? Ist das auch Manier, einem ehrlichen Meister so ein Gesudel aufzutragen?

Dies war der Ton, in welchem Meister Fahrauf seinen Hausgenossen Erinnerungen gab.

Die Befehle, die er erteilte, waren ebenso auffallend. Und wenn er sich mit ihnen besprach, so war es, als wenn man einen Schiffer mit seinen Matrosen reden hörte.

Dafür hatte er auch die Freude, daß alle seine Kinder sich nach ihm bildeten. Niemals forderte eins von dem anderen etwas in einem gelassenen Tone. Margrete riß Katharinen Messer, die Nähnadel, die Schere, oder was sie sonst haben wollte, mit Gewalt aus den Händen, und diese hielt es fest, stampfte und schrie. Ihre Spiele dauerten nicht länger als zwei Minuten, dann fuhren sie aufeinander los, wie die Katzen, schnaubten, machten verzogene Gesichter, drohten mit den Fäusten, und fielen einander in die Haare. Bei Tische stießen sie einander mit den Füßen und Ellbogen.

Ihre verzogenen Gesichter sind die strengsten Wächter ihrer Keuschheit, weil sie jede Mannsperson, die sich ihnen nähert, zurückscheuchen.

5. Frau Gertrude ließ sich nie anders sehen, als mit dem Kinde auf dem Arme. Mit dem Kinde auf dem Arme spazierte sie Stunden lang vor ihrer Tür auf und ab; mit dem Kinde auf dem Arme saß sie etliche Stunden auf dem Stuhle, und mit dem Kinde im Arme verschlummerte sie den vierten Teil des Tages auf dem Bette.

---

1) Tabulett o. Tabvulet = leichter, einem Tischchen ähnlicher Bretterkasten mit Schubfächern.

Mit dem Kinde auf dem Arme trat sie aus dem Schlafzimmer, ohne es sich einfallen zu lassen, für die Aufschüttelung der Betten und Wegschaffung der Auswürfe der Natur Sorge zu tragen. Mit dem Kinde auf dem Arme setzte sie sich zu Tische, stand von demselben in eben dieser Figur wieder auf, und ließ den Tisch gedeckt, bis es wieder Tischzeit war. Mit dem Kinde auf dem Arme ging sie in Küche und Hof, trat auf Löffel und Messer, stolperte über Gölten und Eimer, und niemals fiel es ihr ein, etwas wegzuräumen.

Und in ihrem ganzen Hause sah es aus wie in dem Hause einer Frau, die vom Morgen bis zum Abend das Kind auf dem Arme hat.

Ihr Mann war mit dieser Lebensart oft unzufrieden, glaubte Unordnung und Unreinlichkeit zu bemerken, drang auf Abstellung des Unwesens, bekam aber allezeit zur Antwort: Unverständiger Mann! Wie kann ich mich denn um den Haushalt bekümmern, da ich den ganzen Tag das Kind nicht loswerde?

Mathildis, die einzige Tochter, die sie großgebracht hat, ist jetzt verheiratet, und sieht schon in dem ersten Vierteljahr ihres Ehestandes aus, wie eine Frau, die den ganzen Tag das Kind nicht loswird. Bis jetzt hat die natürliche Farbe ihrer Haut nicht entdeckt werden können, weil ein ewiger Schmutz ihre Wangen und Hände bedeckt. Desto ausgemachter ist es, daß sie ein weißliches Haar habe, weil dieses, zu allen Zeiten, im Nacken und auf der Stirn zu sehen ist. Ihren Anzug weiß sie gut zu wählen, indem die Farbe der Wäsche und der Kleidung mit der Farbe des Gesichts vollkommen übereinstimmt. Die Strümpfe sind durchlöchert, und die Schuhe krummgetreten.

Wie es in der Stube aussieht, kann ich nicht sagen, weil, außer ihrem Ehemann, sich nicht leicht ein Sterblicher hineinzuwagen pflegt. Die Ausdünstung modernder Speisen, Kleidungen und Auswürfe der Natur schrecken jeden zurück, der an die Schwelle kommt.

6. Ganz anders betrug sich Frau Hetwig. Diese tat den ganzen Tag nichts anderes, als aufräumen, in Ordnung stellen, putzen und waschen. Die Reinlichkeit in ihrem Hause erstreckte sich bis auf das heimliche Gemach.

So sehr liebte sie die Reinlichkeit im Hause, in der Wäsche und Kleidung, daß sie sich dabei selbst vergaß. An das Abschneiden der Nägel dachte sie nicht eher, bis sie einen abstieß. Der Fußboden ihres Zimmers war lieblicher anzusehen als ihr Hals und Busen, und die Ausdünstungen ihres heimlichen Gemachs waren erträglicher als der Odem ihres Mundes.

Und Mamsell Hetwig ist das lebendige Bild der Mutter. Die Reinlichkeit ihres Hauses und Anzugs muß man bewundern, sie selbst aber – sie scheint sich als ein Nebenwerk zu betrachten.

II.
Überlasse deine Kinder sich selbst und dem Gesinde!

1. Herr Ulpian[1] glaubte, ein Mann von Stande müsse sich, so wie in allen Stücken, also auch in der Wahl seiner Geschäfte, vor dem Pöbel auszeichnen, und alle unedlen Verrichtungen dem gemeinen Haufen überlassen. Zu diesen unedlen Verrichtungen pflegte er auch die Erziehung der Kinder zu rechnen, die er gänzlich einem vierzigjährigen Informator und dem Gesinde überließ.

Er hielt daher die Kinder von sich in einer beständigen Entfernung, und erlaubte ihnen nicht einmal, an seinem Tische zu speisen. Alles was er tat, war dieses, daß er sich bisweilen bei dem Informator nach ihrer Aufführung erkundigte. Da dieser ihnen nun immer ein gutes Lob gab, so beruhigte er sich dabei vollkommen.

Das ganze Haus war mit des Herrn Ulpians Grundsätzen sehr wohl zufrieden. Der Informator ging seinem Vergnügen nach und kam oft nach Mitternacht nach Hause, ohne daß es Herr Ulpian

1) Domitius Ulpian, römischer Jurist, dessen Werke ein volles Drittel der Pandecten bilden. Salzmann gebraucht den Namen hier typisch zur Bezeichnung eines gelehrten, über gewöhnliche Dinge sich erhaben dünkenden Mannes.

bemerkte, und dem Gesinde und den Kindern war jeder Tag ein Freudenfest. Das Gesinde gab den Kindern Anschläge, ihrem Vater bald dieses, bald jenes zu entwenden, dafür bekamen sie aber auch die Erlaubnis, zu tun, was ihnen gut dünkte, und an allen Lustbarkeiten teilzunehmen, die die Mägde und Bedienten von Zeit zu Zeit anstellten.

Die Kinder befanden sich dabei sehr wohl, schmausten täglich, machten im Kartenspiele bewundernswürdige Fortschritte, und wurden mit Arbeit nie beschwert. Durch allerhand Spiele, besonders durch Pfänderspiele, faßten sie bald alle die sinnreichen Einfälle und witzigen Scherze, die in den Gesindestuben verborgen liegen.

Freilich gerieten sie in der Folge nicht so, wie es der Vater erwartet hatte; die Tochter ging mit dem Kutscher in die weite Welt, und die Söhne, die sich den Kriegsdiensten widmeten, haben schon zweimal ihre Demission bekommen, und liegen seit zwei Jahren bei dem Vater im Quartiere; unterdessen versichert ihm doch sein Gewissen, daß er bei seiner Kinderzucht nichts vernachlässigt habe. Er habe ihnen ja, pflegt er zu sagen, einen Informator, einen Bedienten, zwei Mägde gehalten; könne man wohl von einem ehrlichen Manne mehr verlangen?

2. Pankratius[1] ließ seine Kinder alle Tage den Morgen- und Abendsegen aus ihrer Großmutter Gebetbuche lesen, und sie wurden doch nicht fromm. Er ließ sie die Bibel nach dem biblischen Kalenderchen durchlesen, und sie wurden immer noch nicht besser. Sie mußten den Psalm, Sirach und Katechismus auswendig lernen, und auch das half nichts. Er hielt sie zur Schule und Kirche, und sie blieben immer unartig. Er war täglich in Gesellschaft, und doch wollten sie nicht besser werden. Wie das wohl mag zugegangen sein!

---

1) Pankratius, ein katholischer Heiliger, soll unter Diocletian (um 305) enthauptet worden sein und nachher durch seine Reliquien viele Wunder verrichtet haben. Auch hier ist der Name typisch aufzufassen.

Allgemeine Mittel, die Kinder um Gesundheit und Leben zu bringen

I.
Verzärtele sie!

1. Eine zärtliche Mutter stand in der Meinung, daß ihrem Kinde nichts zuträglicher sei als die Wärme. Viel, dachte sie, hilft viel. Deswegen ließ sie ihr Zimmer immer so unmäßig heizen, daß jeder, der aus frischer Luft in dasselbe trat, hätte ersticken mögen. Das Heizen nahm gewöhnlich seinen Anfang in der Mitte des Septembers und dauerte bis zu Anfang des Junis. In diesem Zimmer mußte das Kind schlafen, auch wohl noch mit einer Wärmflasche, und wurde in Kissen so fest eingewickelt, daß es gewöhnlich vom Schweiße troff, wenn es herausgenommen wurde. Dann sagte die Mutter gewöhnlich: Das Kind muß doch recht gut gedeihen, weil es so gut schwitzt. Aber zu ihrem größten Mißvergnügen bemerkte sie, daß es immer kraftloser wurde.

Seine Farbe wurde zitronengelb, die Arme hingen ohne Leben herab, der Kopf schlappte immer auf eine Seite; endlich, da die Magd es aus Versehen in die Zugluft getragen hatte, bekam es einen Steckfluß und – starb. Es war ein Pflänzchen, das in der Stube erzogen war, das verwelkt, sobald es in freie Luft kommt.

2. Davor, dachte ihre Schwester, will ich mich hüten. Meine Kinder sollen frühzeitig an die Kälte gewöhnt werden. Sie ließ daher ihr Söhnchen bei der strengsten Witterung austragen, und badete es bisweilen in eiskaltem Wasser. Im übrigen heizte sie ihr Zimmer ebenso stark wie ihre Schwester, und das Söhnchen hatte eben nicht leichtere Betten als ihrer Schwester Kinder. Bei dieser Lebensart troff Fritzchen am ganzen Leibe oft so sehr vom Schweiße, daß notwendig jede Erkältung ihm schädlich sein mußte.

Als ihn daher einmal seine Mutter, nachdem sie ihm das vom Schweiße nasse Hemde ausgezogen hatte, in einen Kübel voll kalten Wassers hielt, verdrehte er die Augen, machte eine Verbeugung und folgte seinem kleinen Vetter in die Ewigkeit nach.

II.
Entziehe ihnen die frische Luft!

1. Ehrwürdiger Herr! sagte einst eine Frau zu dem Geistlichen, der sie besuchte: Der liebe Gott hat mir ein recht schweres Kreuz aufgelegt! Da sehen Sie nur die drei Würmer! Sie haben weder Mut noch Blut! Wie die gebackenen Heiligen sehen sie aus! Dem sind die Augen zugeschwollen, das hat geschwollene Beine, und das dritte hat Schmerzen in den Ohren. Es schreit oft, daß man es über vier Häuser weg hört.

Ei, ei, meine Liebe! antwortete der Geistliche. Das ist kein Kreuz, das ist eine Plage, die ihr euch selbst macht. Was soll dieser Waschbottich in einer Kinderstube? Das muß ja die ganze Stube voll Feuchtigkeit machen. Sehet, wie naß die Wände sind! Wie die Fenster triefen! Könnt ihr nicht begreifen, daß ihr eure armen Kinder dadurch um ihre Gesundheit bringt? Ich bin noch keine Viertelstunde bei euch, und schon fühle ich Kopfschmerzen. Ich denke, ich müßte sterben, wenn ich acht Tage in dieser Waschstube wohnen sollte. Und was sollen diese Betten? Wirklich eure Kinder schlafen darin? Ach gute Frau! Versündigt euch doch ja nicht an dem lieben Gotte, und gebt ihm schuld, als wenn er eure Kinder elend mache. Ihr seid die Mörderin eurer Kinder; weil ihr ihnen die gesunde Luft, die Gott alle Tiere genießen läßt, nicht einzuatmen erlaubt, sondern sie mit eurer Waschgölte und mit dem Trocknen eurer Wäsche vergiftet. Wenn ihr waschen wollt, so tut es im Hofe oder in der Küche; die Wäsche hängt in den Hof oder auf den Boden; lasset eure Kinder in einer Kammer schlafen, und öffnet täglich die Fenster, daß die Luft sie einige Stunden durchstreichen kann. Was gilt's, ihr werdet gesunde

Kinder bekommen! Nun Gott behüte euch! Ich kann es unmöglich länger in dieser Waschstube aushalten!

2. Eben diesem Geistlichen begegnete einmal eine Frau, die im Begriffe war, zu dem Scharfrichter[1] zu gehen, um bei ihm wegen ihres kleinen Mädchens einen guten Rat zu holen, dem, wie sie sagte, böse Leute etwas angetan hätten, daß es nicht gedeihen könnte; sie habe es schon etliche Male in einen Kreuzweg gelegt, und mit Berufen, Widerruf und Aller-Mann-Harnisch geräuchert, es wollte aber alles nichts helfen.

Der Geistliche bezeugte hierüber seine Verwunderung, bat sie aber, den Gang zum Scharfrichter einstweilen auszusetzen. Ich will, sprach er, das Kind erst selbst sehen, und, wenn die Krankheit von bösen Leuten ist, so will ich sie euch gewiß nennen.

Die Frau kehrte mit ihm um. Als er in die Stube treten wollte, kam ihm ein so widriger, fauler, modriger Geruch entgegen, daß er hätte ersticken mögen. Er verbarg seinen Unwillen und ging gerade auf das Kind los, das freilich sehr blaß aussah, im übrigen aber keine Merkmale einer wirklichen Krankheit an sich hatte.

Durch welche Gasse seid ihr denn gegangen, fragte er, da ihr das letztemal das Kind austrugt?

Ach das weiß ich nicht mehr. Es ist wohl in einem Vierteljahre nicht vor die Tür gekommen.

Wann habt ihr denn das letztemal die Fenster geöffnet?

Wohl in einem Jahre nicht.

Nun habe ich genug. Wißt ihr wohl, wer die böse Frau ist, die eurem Kinde etwas angetan hat?

Nu! wer denn?

Das seid ihr selbst!

---

1) Den Scharfrichtern (wie auch den Schäfern, Schmieden, alten Weibern etc.) schrieb man früher den Besitz geheimer Wundermittel zu, die gegen Krankheiten bei Menschen und Tieren, sowie bei Verhexungen für sehr wirksam gehalten wurden.

I vor den Kuckuck, ich dächte, sie schämten sich! Wenn mir das ein anderer sagte, ich wüßte, was ich ihm tun wollte. Ich wohne nun so lange da, und kann mir kein Nachbar etwas Böses nachreden.

Wie gesagt, ihr selbst, und sonst niemand macht euer Kind ungesund. Habt ihr sonst weiter keine Stube?

Ja droben! Da haben wir aber unser bißchen Geprassele. Man kann hier nichts haben, weil alles beschlägt und schimmelt.

So – wer ist euch aber lieber, euer bißchen Geprassele oder das Kind?

Freilich das Kind.

Nun, so bringt das Kind in die obere Stube. Diese liegt zu tief, und geht in eine enge Gasse, in welche weder Sonne noch Mond scheint. Es ist eine beständige Feuchtigkeit da, die eurem Kinde so schädlich wie eurem Geprassele ist. Macht ferner täglich die Fenster auf, daß frische Luft hineinkommen kann; denn in dieser Stube ist der Brodem von all den Erbsen, Klößen und Buttermilchsuppen, die ihr seit einem Jahre gegessen habt; alle die Ausdünstungen, die von euch, von eurem Manne und von eurem Kinde seit einem Jahre gegangen sind. Diese sind alle nach und nach faul geworden. Wollet ihr eurem Kinde Mistpfütze zu trinken geben? Wirklich nicht? Nun, so dürft ihr ihm auch diese Luft, die noch ein bißchen schlimmer als die ärgste Mistpfütze riecht, nicht einatmen lassen. Stinkende Luft ist dem Menschen so schädlich, wie stinkendes Wasser.

Folgt mir, liebe Frau! Bringt euren kleinen Patienten in eine andere Stube; lasset täglich in derselben die Fenster öffnen, gewöhnet ihn nach und nach wieder an die frische Luft. Ich denke, es soll bald mit ihm besser werden. Hilft es aber in vier Wochen nicht, so kommt wieder zu mir; so will ich euch, ehe ihr noch zu dem Scharfrichter geht, erst an einen braven Arzt weisen, der euch schon guten Rat geben wird.

Wie mir aber gesagt wurde, soll es sich mit dem Kinde täglich gebessert haben, sobald die Mutter diesen guten Rat befolgt hatte.

III.
Gewöhne die Kinder an weiche, leckerhafte Speisen!

Wenn jemals ein Mann gewesen ist, der seine Kinder lieb hatte, so war es gewiß Herr Weichlich. Sie waren sein größter Reichtum, und wenn er bedachte, daß ihm über lang oder kurz eines sterben könnte, so war er untröstlich. Deswegen wählte er alle ihre Nahrungsmittel sehr sorgfältig, und weil er gehört hatte, daß manche Speisen und Getränke den Kindern schädlich wären, so hätte er ihnen lieber gar nichts zu essen und zu trinken gegeben, wenn er nicht befürchtet hätte, sie möchten vor Hunger sterben.

Milch, pflegte er zu sagen, darf man den Kindern beileibe nicht geben, die schleimt. Ein paar Schälchen Kaffee des Morgens, das ist das Gesündeste, das befördert die Öffnung und Ausdünstung. Obst – das führt zuviel Schärfe bei sich. Man hat Exempel, daß Kinder, die Obst gegessen haben, an der Ruhr gestorben sind. Marie! daß ihr euch nicht etwa untersteht und gebt den Kindern Obst zu essen! So etwas leide ich in meinem Hause nicht. Und mit den Butterschnitten ist's auch bedenklich. Die Butter ist doch ein ölichtes Wesen, die könnte leicht den Magen verderben. Trocken Brot macht dicke Leiber und erzeugt Würmer. Ein Mandelherzchen oder Mandelkringelchen ist wohl das beste Frühstück für Kinder. Die Mandeln sind eine nahrhafte Sache, und das Gewürze erwärmet den Magen. Zur Abwechslung können sie auch etwas Buttergebacknes essen. Dies ist unschädlich, die Butter ist doch darin gebraten. Beileibe dürfen die Kinder kein Gemüse genießen. Das blähet und verursacht Drücken im Magen. Ich lasse es gelten bei Bauernkindern, die haben den Magen dazu, aber mit Bürgerkindern ist es eine ganz andere Sache. Eine gut gewürzte Suppe, ein Stückchen Lamm- oder Kalbfleisch, ein Täubchen oder Hühnchen, oder sonst etwas Weiches, mit einer kräftigen Brühe, das schickt sich für Kinder am besten.

Wasser schwächt den Magen, aber Wein und Bier geben Kräfte. Nur, glaube ich, muß man die Vorsicht brauchen, daß man es am Ofen oder an der Sonne etwas laulich werden lasse; weil kaltes Gertränke Husten verursacht und den Magen erkältet. Deswegen ist es auch gut, wenn man den Kindern allemal nach Tisch ein paar Schälchen Tee machen läßt.

So pflegte Herr Weichlich zu sagen; so pflegte er auch wirklich seine Kinder aufzuziehen. Und doch hat er an ihnen wenig Freude erlebt. Es war bei ihnen kein Wachstum. Im zwölften Jahre waren sie kaum so groß wie andere, wenn sie acht Jahre alt sind. Ihre Farbe war bleich, ihre Glieder waren kraftlos. Sie sahen die Kinder des Nachbars vor ihrer Tür herumspringen, und nur selten wandelte sie die Lust an, sich in ihre Spiele zu mischen. Wagten sie es ja bisweilen, so hielten sie es kaum eine Viertelstunde aus, dann fielen sie so matt auf das Kanapee, als wenn sie eine weite Reise getan hätten.

Das eine starb an einem kalten Trunke, und das andere lebt noch, wenn anders das ein Leben heißt, wenn man zu aller Arbeit untüchtig ist, von den meisten Nahrungsmitteln, an denen andere Menschen sich erquicken, nichts genießen darf, bald von Kopfschmerzen, bald von Magenkrämpfen geplagt wird, und vor einer Scheibe Schinken und einer sauren Gurke wie vor Gift sich fürchten muß.

IV.

Gib deinem Kinde recht viele Arzneien!

Philipp war das einzige Kind, welches Herr Damon seiner lieben Frau hinterlassen hatte. Man kann also leicht erachten, daß sie es wie ihre eigene Seele liebte und sehnlich wünschte, das einzige Denkmal der zärtlichsten Ehe behalten zu können. Ihr Bruder, der wohl sah, daß ihre ganze Zufriedenheit von dem Leben dieses Kindes abhinge, gab ihr deswegen den Rat, daß sie es an ungekünstelte Nahrungsmittel gewöhnen, seine Glieder durch kaltes Wasser stärken, vorzüglich ihm eine reine gesunde Luft in seinem Wohn- und Schlafzimmer erhalten, es fein frühzeitig zur Tätigkeit gewöhnen, ihm täglich ein Spiel erlauben sollte, das mit Bewegung verknüpft wäre. Arzneien sollte sie ja nie brauchen, bis es die höchste Not erfordere. Dies, liebe Schwester! sagte er, sind die sichersten Mittel, Kindern einen festen und dauerhaften Körper zu verschaffen. Helfen diese nichts, so ist auch alle Künstelei umsonst.

Aber Frau Damon glaubte, diese Mittel wären viel zu einfältig, als daß sie helfen sollten. Sie kam sogar auf den schrecklichen Argwohn, als wenn ihr Bruder es nicht redlich mit ihr meine, und den Tod des Kindes wünsche, um einmal zu dem Besitze ihres Vermögens zu kommen.

Gewissenshalber ging sie also zu einem Arzte, um guten Rat bei ihm zu holen. Philipp war zwar munter wie ein junges Reh; sie glaubte aber doch, daß es besser sei, in der Zeit für seine Gesundheit und Leben zu sorgen.

In ihrer Nachbarschaft wohnte ein geschickter Arzt, den sie zuerst bat, ihr Kind zu besuchen. Er kam, befühlte Philipps Puls, lächelte und sagte: Ihr Kind ist gesund. Ich müßte Sie und Ihr Kind nicht lieb haben, wenn ich ihm nur einen Tropfen Arznei geben wollte.

Aber, erwiderte Frau Damon, das Kind hat ja den Schnupfen, hier zeigt sich ja auch ein Ausschlag.

Das lassen Sie gehen, liebe Frau! versetzte der Arzt. Das sind Auswürfe der Natur, die zur Gesundheit dienen. Es wäre grausam, wenn man durch Arzneien die Natur in ihren Wirkungen stören wollte.

Du magst mir, dachte Frau Damon, wohl der rechte sein.

Sie ging also zu einem anderen, und kam gerade zu einem von den Männern, die darauf ausgehen, sich eine unumschränkte Herrschaft über das Vermögen, Gesundheit und Leben ihrer Mitbürger anzumaßen, die, wie Tyrannen, ihnen den Genuß der unschädlichsten Dinge untersagen, ihnen Abneigung gegen einfache Gesundheitsmittel und Liebe zum Gekünstelten einzuflößen suchen, die die Gesunden krankmachen, damit sie bei ihnen Hilfe suchen mögen, die Krankheiten verlängern, die Schwächlichen wegen ihres Zustandes ängstlich machen, damit sie dieselben desto länger in Kontribution setzen können, kurz, die ihre Kunst nicht treiben, um ihren leidenden Nebenmenschen zu helfen, sondern von ihnen, nach ihrem Belieben, einen jährlichen Tribut erheben zu können.

Zu diesem Manne, Herrn Doktor Digestivus hieß er, ging Frau Damon, und er versprach, sie den folgenden Tag zu besuchen.

Und er besuchte sie wirklich. Er befühlte Philipps Puls, er besah seinen Urin, er erkundigte sich, wie der Appetit zum Essen, wie der Schlaf wäre? Und da er hörte, daß er sich in der letzten Nacht ein paarmal unruhig umhergeworfen habe, schüttelte er den Kopf und machte eine bedenkliche Miene.

Um des Himmels willen, schrie Frau Damon, was gibt's? Was gibt's? Herr Doktor! Gehen Sie mit der Sprache heraus.

Es ist halt eine bedenkliche Sache.

Und was denn?

Die ganze Natur des Kindes ist in Unordnung. Mit Gottes Hilfe denke ich es aber doch wieder herzustellen.

O tun Sie es doch ja, bester Mann! Und wenn es hundert Taler kosten sollte, so will ich es gerne bezahlen.

Die Kinder, die am gesündesten aussehen, sind insgemein in den gefährlichsten Umständen. Die roten Äpfel sind gemeiniglich wurmstichig. Tausendmal lieber ist mir ein schwächliches Kind. Seit wann haben Sie das Kind laxiert? [1]

Ich glaube in einem Jahre nicht. Mein seliger Mann sagte immer: Kinder dürfen nicht mit Arzneien geplagt werden, solange sie gesund wären.

Ja, Ihr seliger Mann mag wohl verstanden haben, wie man eine Rechnung machen muß, aber um die Arzneikunde hätte er

1) laxieren = abführen, dünnen Stuhlgang bewirken.

sich unbekümmert lassen sollen. Überlegen Sie nur, wie viel ein Kind das Jahr lang zu sich nimmt! Das wird mehrenteils zu Schleim. In den meisten Speisen befindet sich eine schädliche Säure. Wenn nun dies Zeug nicht abgeführt wird, so müssen ja daraus die schrecklichsten Zufälle entspringen. Eine zeitlang merket man nichts. Aber hernach bricht es auf einmal aus. Da kommen Krebsschäden, Steckflüsse, Schlagflüsse – hernach wenn das Messer an der Kehle steht, da kommen denn die Leute zu uns gelaufen, da sollen wir gleich helfen, aber insgemein ist es zu spät. Da haben wir ja das lebendige Exempel an dem Friedrichschen Kinde, das sie die vorige Woche begraben haben. – Die Leute wollten auch nichts brauchen, nun haben sie das Unglück. Mir darf kein Patient sterben, wenn man meinen Rat beizeiten sucht und befolgt.

Ach gerne, gerne will ich folgen. Sagen Sie nur, wie dem Kinde zu helfen ist.

Sehen Sie, liebe Frau, das Kind hat eine zusammengesetzte Krankheit, die wir Ärzte morbum mixtum nennen. Es will Zeit haben, wenn sie aus dem Grunde soll gehoben werden. Der Fluß aus der Nase zeugt ganz deutlich von einer Verschleimung, die wir erst zu beheben suchen müssen. Wir müssen erst etwas Abführendes brauchen, daß wir nur die Brust verwahren, sonst könnte uns ein Steckfluß den Kram verderben. Observieren Sie einmal die Exkretion des Kindes, wenn es meine Latwerge[1] eingenommen hat! Sie werden Wunder sehen. Sind wir hiermit zustande, dann – sehen Sie hier diesen Ausschlag? Ja! Der wird mir auch noch ein Stück Arbeit machen. Die ganze Blutmasse ist verdorben. Ein paar Monate können wir weiter nichts tun, als Palliativkuren anwenden. Wenn wir aber unseren Patienten erst bis zum Frühjahr haben, dann soll es frisch darauf los gehen. Da bekommen wir Kräutersäfte. Wollen Sie noch etwas sehen? Da schauen Sie nur den Urin! Was das für ein Spektakel ist! Sie sehen nichts! Ja wenn Sie wüßten, was der Ringel bedeutete,

1) Latwerge = dicker Heilsaft.

Sie würden in die Hände schlagen. Das bedeutet Würmer. Wenn Sie in den Leib des Kindes sehen sollten, Sie würden erschrekken. Da muß Wurm an Wurm sitzen. Und zwar nicht die gewöhnlichen acari, sondern lumbrici. Ja ich will nicht ehrlich sein, wenn ich mir nicht in acht Tagen ein paar hundert lumbricos abzutreiben traue. Doch dazu ist die Zeit jetzt noch nicht. Wir müssen erst über ein Übel Herr werden.

Nun wußte Frau Damon, was sie so gerne hatte wissen wollen. Sie übergab ihren lieben Philipp ganz und gar den Händen des Herrn Dr. Digestivus, der gleich den folgenden Tag die Kur anfing.

Es war eine grausame Kur, die sich ohne Tränen nicht wohl beschreiben läßt. Obst und Gemüse und was sonst Kindern gut schmeckt und Nahrung gibt, wurde dem armen Philipp gänzlich untersagt, und wenn er ein paar Kirschen essen wollte, so mußte er erst des Herrn Doktor Digestivus Einwilligung suchen. Desto mehr Latwerge, Schüttelgläser, Kräutertee und Pulver bekam er. Die Röte seines Gesichts, das Mark in seinen Gebeinen verschwand, der Appetit zum Essen verlor sich. Umsonst weinte die Mutter vor dem Barbaren. Das ist mir eben recht, sagte er, so muß es kommen. Wir müssen erst alles abführen, ehe wir roborieren[1] wollen.

So dauerte die Kur drei Jahre, bis der barmherzige Gott Philipps Tränen ansah, und ihn durch einen sanften Tod aus den Klauen seines barbarischen Peinigers befreite.

V.

Sorge dafür, daß kranke und schwächliche Personen ihnen ihre Säfte mitteilen!

Kohlhards Lieschen war ein mutwilliges Ding, das immer den Mannspersonen nachlief, ungeachtet ihr Beichtvater ihr dieses sehr oft ernstlich verwies. Unter anderem gab sie den Schmeicheleien

1) roborieren = kräftigen, stärken.

eines Offiziers Gehör, die auf Lieschen solchen Eindruck machten, daß sie ihm manches erlaubte, was sich für eine ehrbare Jungfer nicht wohl schickt. Dafür bekam sie auch von ihm ein – Kind, und noch mehr als dieses, eine Krankheit, die man venerisch[1] nennt.

Lieschen war deswegen verlegen, brauchte Nahrung für ihr Kind und Arznei, um die Krankheit los zu werden. Sie ging daher zu dem Offizier, der sie mit dem beiden beschenkt hatte, und bat ihn, sie zu unterstützen. Dieser zuckte aber die Achseln und versicherte, daß er all sein Geld nötig habe, um sich selbst kurieren zu lassen.

Da jammerte Lieschen und weinte, daß sich ein Stein der Erde hätte erbarmen mögen. Ich muß mir ein Leid antun, sagte sie in der Angst ihres Herzens, wenn Sie mich nicht retten.

Das kannst du halten, Lieschen, wie du willst, antwortete der Offizier, ich kann dir nicht helfen. Da geriet Lieschen in Verzweiflung, schlug die Tür heftig zu und ging unter lautem Geheule die Treppe hinab.

Ungeachtet nun der Offizier aus dergleichen Vorfällen nicht viel zu machen und es eine kleine Galanterie zu nennen pflegte, wenn er ein Mädchen um Gesundheit und Ehre gebrachte hatte, so fühlte er doch gegen seine Gewohnheit jetzt Mitleiden, und kam auf einen Einfall, der nach seiner Meinung vortrefflich war.

Geschwind lief er Lieschen nach, und rief sie zurück.

Eben jetzt, sagte er, habe ich einen sehr gesunden Einfall gehabt. Wie wäre es, Lieschen, wenn du dich als Amme vermietetest? Da könntest du ja bald soviel Geld verdienen, daß du dich davon könntest kurieren lassen.

Um Gotteswillen! Was soll denn aus dem armen Wurme, meinem Kinde, werden?

---

1) Zu den venerischen Krankheiten (Geschlechtskrankheiten) gehörten der Tripper, der Schanker und die Syphilis. Wenn man ohne näheren Zusatz von venerischer Krankheit spricht, versteht man gewöhnlich die Syphilis oder Lustseuche darunter, volkstümlich damals Franzosenkrankheit (Morbus gallicus) genannt; daher der spätere Ausdruck: „das französigte Lieschen".

Mit deinem Kinde da! Kannst du es denn nicht deiner Mutter lassen?

Meiner Mutter? Die ist ja selbst eine arme Frau, die alle Tage die Sonne mehr im Hause hat als das liebe Brot. Wenn ich dieser das Kind überlasse, so stirbt es ja in den ersten vier Wochen.

So laß es krepieren!

Mein Kind?

Zum Henker, was quackelst du da! Es ist jetzt die Rede davon, wie du Geld bekommen willst. Das ist so leicht nicht zu verdienen. Ein Kind kannst du ja alle Tage wieder bekommen.

Ob es nun gleich Lieschen bei diesen Reden des Offiziers eiskalt über die Haut lief, und sie seinen Rat gar nicht mit dem zusammenreimen konnte, was sie von ihrem Herrn Pfarrer gelernt hatte, so brach die Not diesmal Eisen, und sie ging mit dem Entschlusse von ihm, die erstbeste Ammenstelle anzunehmen.

Wenn etwas in der Welt sein soll, so muß es sich wunderlich fügen. Gerade um diese Zeit wurde die Frau von Funkenthal von einem Fräulein entbunden, dem sie, wegen Mangel an Milch, ihre Brust nicht reichen konnte, und sich deswegen genötigt sah, eine Amme zu suchen.

Kaum erfuhr es Lieschen, so bot sie der Frau von Funkenthal ihre Dienste an, die auch sogleich angenommen wurden.

Den folgenden Tag zog Lieschen ein, und die Frau von Funkenthal übergab dem französigten Lieschen das Fräulein mit wirklich mütterlicher Zärtlichkeit und den besten Ermahnungen, es recht sorgfältig zu verpflegen.

Sie ließ es dabei nicht bewenden, sondern war beständig um die Amme und das Kind, und machte für die Verpflegung des letzteren die besten Anstalten.

So ging alles recht gut, außer, daß sich an den Lippen und der Nase des Fräuleins ein Ausschlag zeigte.

So ekelhaft dieser war, so überwand die mütterliche Liebe doch den Ekel. Wenigstens dreimal des Tags nahm die zärtliche

Mutter das Fräulein aus Lieschens Armen, scherzte mit ihm, küßte es, und ließ es an ihren Lippen saugen.

Unter diesen Liebkosungen bekam nun die Frau von Funkenthal die durch die Niederkunft geschwächten Kräfte wieder, und ihr Körper war nun in der besten Ordnung, ausgenommen, daß die Drüsen am Halse etwas aufschwollen. Sie hielt es für eine Folge vom Wochenbette und achtete nicht weiter drauf.

Herr von Frankenthal war aber gar höchst erfreut, seine herzlich geliebte Luise wieder umarmen zu können, und umarmte sie wirklich mit der Zärtlichkeit, die man von einem Manne erwarten kann, der seine Gattin herzlich liebt.

Unter dem süßesten Vergnügen verstrichen einige Wochen. Noch größer und dauerhafter würde das Vergnügen gewesen sein, wenn nicht die Schwulst der Drüsen der Frau von Funkenthal zugenommen und sich ein etwas starker Ausschlag unter der Nase ihres Gemahls gezeigt hätte.

Beide nahmen daher einigemal Rhabarber ein. Da aber bei beiden das Übel weiter um sich griff, so einigten sie sich dahin, daß sie den Herrn Doktor Gutmann um Rat fragen wollten.

Dieser gab ihnen nun mancherlei Arzneien, um das Blut zu reinigen und zu versüßen, aber – es half alles nichts.

Der Doktor wurde bedenklich, und, da er einmal seinen Besuch machte, sagte er ganz trocken heraus: gnädiger Herr, gnädige Frau, halten Sie es mir zu Gnaden! Ich glaube, Sie haben eine venerische Krankheit!

Beide wurden erbittert und gaben dem Doktor einen derben Verweis wegen seiner Verwegenheit. Da dieser aber dabei blieb, und sagte, wenn sie ihm nicht glauben wollten, so möchten sie einen anderen Arzt um Rat fragen, so wurde er auf morgen wieder bestellt!

Da er eben fortgehen wollte, kam Lieschen hereingetreten und hatte das Fräulein auf dem Arm, dessen ausgeschlagener Mund und ausgeschlagene Nase sogleich des Arztes Aufmerksamkeit auf sich zogen.

Er tat deswegen ein paar verfängliche Fragen an Lieschen, bei denen sie sich sogleich verfärbte, und deutlich genug zu verstehen gab, daß sie sich nichts Gutes bewußt sei. Da er stärker in sie drang, gestand sie ihm alles. Sie wurde zwar sogleich ihrer Dienste entlassen. Allein ihr Andenken blieb noch lange in der Funkenthalschen Familie. Die Eltern mußten eine sehr schmerzhafte Kur ausstehen, und das Fräulein wurde zwar nach und nach wiederhergestellt; weil es aber in den Monaten, wo es hätte wachsen und sich entwickeln sollen, mit der Milch Gift eingesogen hatte, das durch eine langwierige Kur wieder abgeführt werden mußte, so blieb es lebenslang schwächlich und ungesund.

Durch diesen Vorfall hatte Frau von Funkenthal einen solchen Abscheu gegen alle Ammen bekommen, daß, da sie, bei der nächsten Niederkunft, ihr Kind wieder nicht selbst stillen konnte, eine Ziege kaufte und es mit der Milch derselben großzog.

Sie wurde zwar deswegen von ihrer Schwester getadelt, gab ihr aber zur Antwort: Darin ließe sie sich keine Vorschriften machen, bei der heutigen Lebensart ginge man allemal sicherer, wenn man sein Kind von einer Ziege, als wenn man es von einer Amme säugen ließe.

Madame Flander glaubte, wie sie sagte, für etwas Größeres, als zu einer Kinderwärterin bestimmt zu sein. Sie hätte daher ihrem kleinen Julius, sobald sie ihn zur Welt gebracht hatte, gern die Brust entzogen und eine Amme genommen, wenn es ihr eigensinniger Mann erlaubt hätte.

Sie tat also ihrer Meinung nach etwas Überflüssiges, daß sie dem Kleinen täglich ihre Brust reichte, und überließ übrigens die weitere Verpflegung desselben der alten Sabine, die einst auch ihre Wärterin gewesen war. Diese alte Sabine war nun ein herzensgutes Weib, aber ihres Alters wegen sehr baufällig, und war mit Gicht- und Rückenschmerzen sehr inkommodiert. Sie tat gleichwohl an dem kleinen Julius, was sie konnte. Täglich fütterte sie ihn viermal mit solcher Zärtlichkeit, daß sie die Speisen, die sie ihm reichen wollte, immer erst in den Mund nahm, einigemal hin- und herzog, und, mit ihrem Speichel vermischt, oft unter den größten Schmerzen einflößte.

Konnte sie wohl mehr tun?

Gleichwohl tat diese Zärtlichkeit gar nicht die Wirkung, die die alte Sabine erwartete. Der kleine Julius wollte nicht zunehmen, wurde bleich, bekam Reißen in Händen und Füßen. Die alte Sabine räucherte ihn, und kurierte auf Hexerei, Madame Flander schob die Schuld auf die Schärfe ihrer Milch, und entwöhnte ihn.

Half alles nichts. Der kleine Julius sah in seinem zweiten Lebensjahre aus wie ein altes Männchen.

Da weinte Madame Flander, machte ihrem Manne Vorwürfe und sagte: da siehst du, was bei dem Selbststillen der Kinder herauskommt. Diesmal habe ich selbst ein Kind gestillt, und in meinem Leben nicht wieder. Die alte Sabine weinte auch mit, und sagte: Ach du lieber Herzensjulius! Wie meine Augen habe ich dich lieb gehabt! Habe dir das Essen aus meinem Munde saugen lassen – weiß der liebe Gott, auch wenn ich mich vor Schmerzen nicht zu lassen wußte! Ich habe nichts versehen! Ach! Ach! Ach!

* * *

Ein schönes Mittel, seine Kinder zu Krüppeln zu machen.

Laß sie Schnürbrüste tragen!

Die Frau von Gentholm wurde von einem Fräulein entbunden, das, wie man zu sagen pflegt, ein Ausbund von Schönheit war. Ein rundes, volles Gesicht, lebhafte Augen, gesunde Farbe, eine breite Brust, ein Wuchs, so gerade wie eine Wachskerze, zeichneten es vor anderen Kindern sehr merklich aus. Herr von Gentholm, ein feuriger, rüstiger Edelmann, dem man es gleich bei dem ersten Anblick ansah, daß noch altes Ritterblut in seinen

Adern strömte, hatte seine herzliche Freude an dem Kinde, küßte es, nahm es auf den Arm, sang ihm vor, sprang mit ihm herum, und sagte oft: Ha! Cordelchen, du wirst noch einmal dem Gentholmischen Stamme Ehre machen.

Frau von Gentholm hatte aber an dem Kinde gar vieles auszusetzen. Erstlich gefiel ihr die lebhafte Farbe des Fräuleins gar nicht, und sie sagte oft, es sähe aus wie ein Bauernmädchen. Aber vorzüglich mißfiel ihr die Taille des Kindes, die, ihrer Meinung nach, zu plump war.

Sobald also ihr Mann zum Regimente abgereist war, bemühte sie sich da und dort nachzuhelfen, wo, ihrer Meinung nach, der liebe Gott etwas versehen hatte. Vor allen Dingen besorgte sie eine gute Schnürbrust, in welche das Fräulein täglich, unter ihren mütterlichen Augen, eingepreßt wurde.

Immer weinte Fräulein Luischen, wenn die Schnürbrust kam, immer klagte es über Schmerzen, wenn sie angelegt war, immer bat sie die Mutter, ihr dieselbe bald abzunehmen; wie konnte man aber verlangen, daß sich eine so verständige Mutter nach dem Eigensinn eines unverständigen Kindes richten sollte?

Frau von Gentholm richtete sich nicht danach, sondern wußte den Eigensinn des Fräuleins so zu brechen, daß es nach und nach alle Qualen geduldig aushielt, die ihm die Schnürbrust verursachte.

Jeden Morgen hielt es geduldig stille, wenn man sie ihm anlegte, duldete es, wenn die Eingeweide, die im Unterleibe liegen, gezwungen wurden, ihren Platz zu verlassen, um in der Brusthöhle Quartier zu suchen, wenn die Rippen zusammengepreßt und die Schultern in die Höhe getrieben wurden. Den Mangel an freiem Atemholen und Appetit duldete es auch, ergab sich endlich sogar darein, als ihr die Mutter, den, ihrer Meinung nach, entsetzlichen Befehl ankündigte, daß sie in der Schnürbrust schlafen sollte. Es ist, dachte sie, deine Mutter, du mußt ihr gehorchen!

Nach einigen Jahren hatte Frau von Gentholm das Vergnügen zu sehen, daß sie alles, was der liebe Gott an Fräulein

Luischen getan, gänzlich umgeändert hatte. Die frische Farbe von Fräulein Luischen verlor sich und verwandelte sich in Blässe, die eine Schulter und Hüfte wurde höher als die andere, und auf dem sonst kerzengeraden Rücken erzeugte sich eine Erhöhung. Diesen Kleinigkeiten suchte Frau von Gentholm durch Poschen, Unterlagen, Schminke und dergleichen abhzuhelfen, und freute sich sehr, die bäurische Röte und plumpe Taille vertrieben zu haben.

Nun kam Herr von Gentholm aus dem Feldzuge zurück, den er gemacht hatte. Sein Herz brannte vor Begierde, seine Luise zu umarmen. Sobald er also sein Schloß erblickte, sprengte er mit verhängtem Zügel darauf los, zum Tore hinein, wo ihm ein bleiches, verkrüppeltes Mädchen entgegenkam.

Mamsell, fragte er heftig, ist das Fräulein Luise zu Hause?

Ich bin es selbst, sagte das Fräulein.

Du Luise? – Du meine Tochter?

Sie mein Papa?

Das Fräulein streckte seine Arme aus, der Herr von Gentholm stieg vom Pferde ab, ließ sich umarmen, und beide weinten: das Fräulein Freudentränen, der Herr von Gentholm Tränen des Jammers.

Wo ist deine Mutter, fragte endlich der Herr von Gentholm entrüstet.

Sie wird nicht weit sein, antwortete das Fräulein, und führte ihn nach dem Zimmer der Mutter zu.

Diese, sobald sie ihn erblickte, eilte ihm mit offenen Armen entgegen und rief: Ach! mein Gemahl!

Dieser zog sich aber ganz frostig zurück und sagte: Was zum Henker! hast du denn mit meiner Luise vorgenommen? Das Kind, das so schön wie ein Engel war, da ich es verließ, ist ja ein Krüppel!

Frau von Gentholm brachte eine Menge Entschuldigungen vor, auf die ihr Gemahl gar nicht hörte, sondern ihr ganz frostig die Backen zum Küssen reichte und etwas zu essen forderte.

Des Abends sprach er wenig, legte sich, wegen Müdigkeit,

bald zur Ruhe, ließ den anderen Morgen, ehe die gnädige Frau noch erwachte, sein Pferd satteln, ritt, ohne Abschied zu nehmen, wieder zum Regiment, und soll noch wiederkommen.

Nach der Zeit wurde vieles über Fräulein Luisen und ihre Gebrechlichkeit gesprochen. Dann wurde das Fräulein gewöhnlich bitter und sagte: Das habe ich Ihnen zu danken, gnädige Mama, und Ihrer Schnürbrust.

Ameisenbüchlein,

oder

Anweisung

zu einer

vernünftigen Erziehung

der

Erzieher.

Von

C. G. Salzmann.

Schnepfenthal, 1806.

in der Buchhandlung der Erziehungsanstalt.

CHRISTIAN GOTTHILF SALZMANN

AMEISENBÜCHLEIN

oder Anweisung
zu einer vernünftigen Erziehung
der Erzieher

MMVII

REICHL VERLAG · DER LEUCHTER · ST. GOAR

An Herrmann!

So nenne ich dich, lieber junger Mann, der du in deiner Brust ein Streben fühlst, durch Tätigkeit für Menschenwohl dich in der Welt auszuzeichnen.

Gib mir die Hand! wenn du nicht vorzügliche Talente und entschiedene Neigung zu einem anderen Geschäft in dir fühlst – so widme dich der Erziehung!

Diese schafft dir Gelegenheit, für Menschenwohl recht tätig zu sein. Wer Moräste austrocknet, Heerstraßen anlegt, Tausenden Gelegenheit verschafft, sich ihre Bedürfnisse zu verschaffen, Gärten pflanzt, Krankenhäuser stiftet, wirkt auch für Menschenwohl, aber nicht so unmittelbar und durchgreifend wie der Erzieher. Jener verbessert den Zustand der Menschen, dieser veredelt den Menschen selbst. Und ist der Mensch erst veredelt, so geht aus ihm die Verbesserung von selbst hervor, und der Zögling, dessen Veredlung dir gelungen ist, hat Anlage, auf dem Platz, wohin ihn die Vorsehung stellt, den Zustand von tausenden seiner Brüder angenehmer und behaglicher zu machen.

In keiner Klasse von Menschen findest du soviel Empfänglichkeit für alles Gute, wie bei Kindern. Ihr Herz ist die wahre Jungfernerde, in welcher jedes Samenkorn schnell Wurzel schlägt und emporwächst; es ist ein Wachs, das sich willig in jede Form schmiegt, in die du es drückst. Das Herz der Erwachsenen gleicht einem Land, das schon mit Gewächsen besetzt ist, die darin tiefe Wurzeln schlugen, und die erst mit vieler, oft vergeblicher Mühe ausgerottet werden müssen, wenn der Same, den du in dasselbe werfen willst, gedeihen soll; einem Marmor, der mit großer Behutsamkeit bearbeitet sein will, und in dem man, nach langer mühseliger Arbeit, oft auf eine Ader stößt, die alle fernere Arbeit zwecklos macht. Wenn du die Erziehungskunst wirklich gründlich erlernst, und mit Gewissenhaftigkeit ausübst, so verschaffst du dir gewiß die Seligkeit, einst Männer, durch dich gebildete Männer, zu sehen, die mit Kraft und Nachdruck für alles Gute tätig sind.

Wende mir nicht ein, das Erziehungsgeschäft wäre so mühsam. Wo ist denn ein gemeinnütziges Geschäft, das nicht mühsam wäre? Und wenn es ein solches, wie z. B. das Zerlegen einer Pastete, gäbe, wolltest du dich wohl demselben widmen? Aber glaube mir, das Erziehungsgeschäft ist nicht so mühsam wie du denkst. Erzieher, die die Erziehung nicht verstanden, haben es in einen üblen Ruf gebracht. Merke nur auf die Winke, die dir in diesem Buch gegeben werden, und befolge sie, so wirst du bei der Erziehung zwar Mühe, aber fast immer solche finden, die durch einen baldigen glücklichen Erfolg belohnt wird, und deswegen kaum den Namen der Mühe verdient. Und diese kleine Mühe – durch wie mannigfaltige Freude wird sie versüßt werden! Sieh, was für ein harmloses, fröhliches Völklein die Leutchen sind, in deren Kreis der Erzieher wirkt. Wird, wenn du wirklicher Erzieher wirst, und dich zu ihnen herabstimmen lernst, ihre beständige Fröhlichkeit nicht einen wohltätigen Einfluß auf dich haben?

Die Erfahrung lehrt, daß Männer, die in der jugendlichen Atmosphäre leben und weben, gewöhnlich alt werden, unterdessen daß von denjenigen ihrer Jugendfreunde, die in dem Dunstkreis der Erwachsenen arbeiten, einer nach dem anderen dahinwelkt.

Man hat diese unleugbare Erscheinung oft den jugendlichen Ausdünstungen zugeschrieben, die solche Männer einatmen, und damit ihre zähwerdende Blutmasse verdünnen. Ob es wahr sei?

kann ich nicht entscheiden, da mir hierzu die nötigen ärztlichen Kenntnisse fehlen. Sicher trägt aber die beständige Munterkeit und Fröhlichkeit der Jugend das ihrige dazu bei, wenn man ihr nur nicht durch Eigensinn und üble Laune entgegenarbeitet. Will man sich in den Lehnstuhl setzen, um des Marasmus[1] Ankunft geruhig abzuwarten: so kommt ein munterer Knabe gehüpft, bittet, einen seiner jugendlichen Wünsche zu befriedigen, und reizt uns, den Lehnstuhl zu verlassen. Dort beginnen einige frohe Knaben ein munteres Spiel, das auch uns zum Frohsinn stimmt. Nun ruft uns die Glocke in das Lehrzimmer, wo man, soll anders der Unterricht einen guten Erfolg haben, der üblen Laune entsagen und zum Frohsinn sich stimmen muß. So verjüngt der Erzieher, der seiner Bestimmung gemäß lebt, sich täglich, und hält das Alter mit seinen mannigfaltigen Beschwerden von sich entfernt.

Die Erziehung, denkst du vielleicht, wird aber so schlecht belohnt.

Das glaubst du wirklich? Mir deucht, kein Geschäft ist belohnender als dieses. Sind denn Frohsinn, Gesundheit, ein heiteres Alter, die gewöhnlich dem w a h r e n Erzieher zuteil werden, eine Kleinigkeit?

Nächstdem kann er noch auf eine andere Belohnung rechnen, dies ist – die eigene Veredlung. Der Erzieher, der sein Geschäft nicht als Broterwerb treibet, dem die Veredlung seiner Pflegebefohlenen Hauptzweck ist, muß schlechterdings ein guter, edler Mensch werden. Wie? Er sollte stets die Pflicht mit Wärme empfehlen können, ohne über dieselbe täglich nachzudenken und ihren Wert zu fühlen? Ohne sich selbst als Muster der Pflichterfüllung darzustellen? Er sollte unter jungen Leuten leben können, deren scharfes Auge jeden Fehler bemerkt, deren Freimütigkeit jeden Fehler bemerkbar macht, ohne dieselben abzulegen? Das so wahre Sprichwort *docendo discimus*[2] ist, auch

1) Marasmus (griech.): Verwelken, Schwinden, schwach werden.
2) „Durch Lehren lernen wir.“ (Seneca, *Epistulae morales*, 7,8)

in moralischer Hinsicht, wahr. Wenn wir uns ernstlich bestreben, unsere Pflegebefohlenen zu veredeln, werden wir selbst veredelt.

Und nun, mein guter Herrmann! wenn du bei dem Erziehungsgeschäft gesund und froh wirst, wenn dabei dein innerer Mensch gedeiht, und immer mehr edlen Sinn bekommt, bist du nicht belohnt genug? Gesetzt, du müßtest deine Tage in niedriger Dürftigkeit verleben, bist du nicht belohnt genug? Oder wolltest du wohl dies alles dahingeben, um eine glänzende Rolle zu spielen? Wolltest du lieber an einer reichlich besetzten Tafel krank, als bei einer einfachen Mahlzeit mit gutem Appetit sitzen? Wolltest du lieber Jubel um dich, und in dir Gram, als in dir Frohsinn und um dich Stille haben? Wolltest du lieber einen Schwarm feiler Seelen befehlen, als dich selbst beherrschen? Nun, so triff den Tausch, aber – mein Herrmann bist du nicht – dir ist dies Buch nicht geweiht.

An dich wende ich mich, der du den Wert dieser großen Belohnung fühlen kannst. Erlangtest du auch keine als diese, so wirst du jede andere entbehren können.

Aber gewiß, wenn du dich bestrebst, kein mittelmäßiger, sondern ein ausgezeichneter Erzieher zu werden, wird dir auch andere Belohnung nicht fehlen. Die Zeiten sind vorbei, wo das Erziehungsgeschäft verächtlich war. Die Familien werden immer zahlreicher, denen ein g u t e r Erzieher das höchste Bedürfnis ist, die sich denselben um jeden Preis zu verschaffen suchen; die ihn nicht als ersten Bedienten, sondern als ersten Freund des Hauses betrachten. Fürstenfamilien sehen sich nach dem Mann um, dessen Leitung sie ihre Kinder mit vollem Zutrauen übergeben können. – Und du wolltest nicht Erzieher werden?

Vorbericht

Als ich mich bei Ausfertigung des Krebsbüchleins in das Kerbtierfach warf, war meine Meinung, eine Reihe von Schriften auszuarbeiten, die ihren Namen von Kerbtieren haben sollten. Allein die Geschäfte, in die ich von diesem Zeitpunkt an verwikkelt wurde, hielten mich immer davon ab, und nun läßt mir das herannahende Alter wenig Hoffnung übrig, meinen Vorsatz ausführen zu können. Das Skorpionbüchlein, oder Anweisung zu einer unvernünftigen Regierung der Völker, sowie das Spinnenbüchlein, oder Anweisung zu unvernünftiger Führung der Ehe, wird also nicht zur Wirklichkeit kommen. Das Ameisenbüchlein, oder die Anweisung zu einer vernünftigen Erziehung der Erzieher erscheint aber hier.

Wozu der sonderbare Titel? wird man fragen. Erstens dazu, daß dadurch Leser herbeigelockt werden. Der Inhalt dieses Buches scheint mir so wichtig, daß ich wünsche, es möchte von allen, die erziehen oder erziehen lassen, gelesen und beherzigt werden. Gleichwohl ist zu besorgen, daß es unter der Flut von Schriften, mit welchen Deutschland in jeder Messe überschwemmt wird, nicht möchte bemerkt werden, wenn es nicht eine Auszeichnung bekommt, die in die Augen fällt, und es unter den Tausenden, von welchen es umgeben ist, bemerkbar macht. Was ist hierzu aber wohl schicklicher als der Titel? Ein anderer würde dazu vielleicht einen griechischen oder französischen Namen oder den Namen einer Gottheit oder eines Weisen des Altertums gewählt haben; mir aber gefiel der Titel: Ameisenbüchlein.

Zweitens wählte ich gerade diesen Titel, weil das Krebsbüchlein so gut aufgenommen worden ist, daß es noch nach 24 Jahren gelesen und hier und da empfohlen wird, und ich daher hoffen durfte, daß die Ähnlichkeit des Namens diesem Buch einen ähnlichen Beifall im Publikum verschaffen würde.

Endlich liegt auch wirklich ein Grund zu der Wahl dieses Titels im Ameisenhaufen selbst. Die Eltern der Ameisen, nachdem sie ihr Geschlecht fortgepflanzt haben, schwingen sich in die Luft und sind, nach menschlicher Art und Weise, um ihre Brut unbekümmert, deren Pflege und Erziehung sie den Ameisen überlassen, die durch die Natur zu einem niederen Wirkungskreis bestimmt sind. Diese nun besorgen ihr Geschäft auch recht gut; sie bringen die junge Brut täglich an die Sonne, laufen herbei und suchen sie zu retten, bei jeder Gefahr, von welcher sie bedroht wird – und der Erfolg bürgt für die Güte der Erziehung, da jeder Ameisenhaufen der Wohnsitz der Gesundheit, Reinlichkeit, Tätigkeit und Folgsamkeit ist, die in vielen menschlichen Gesellschaften vermißt werden, zu welchen man aber die jungen Ameisen, gleich nach ihrem Entstehen, gewöhnt. So wie also Salomo den Faulen zum Ameisenhaufen verweist, könnte man auch, in anderer Hinsicht, den Erzieher auf denselben aufmerksam machen.

Soviel vom Titel! Was den Inhalt betrifft, so scheint er mir von großer Wichtigkeit zu sein. Wir haben einen Überfluß von Büchern, die Anweisung zur Erziehung der Kinder enthalten, aber an Anweisungen zur Erziehung der Erzieher scheint mir noch Mangel zu sein. Was helfen aber jene, wenn diese nicht da sind? Wozu nützen alle Theorien, wenn die Leute fehlen, die sie ausführen können? Die Revision des Schul- und Erziehungswesens[1] stellt gute Theorien auf. Wo sind sie aber ausgeführt worden? Statt daran zu denken, das Wahre und Gute, was

1) „Allgemeine Revision des gesamten Schul- und Erziehungswesens, von einer Gesellschaft prakt. Erzieher." Hrsg. von Joachim Campe, 16 Bde, Hamburg, Bohn 1785 - 1792 (Reprint 1979 im Topos Verlag, Ruggel). Dieses von Campe in Zusammenarbeit mit anderen Erziehern und Schulmännern wie Trapp, Stuve, Vilaume und Salzmann entstandene Werk, von dem Jean Paul sagte, „daß kein Volk dem etwas Ähnliches entgegenzustellen hat" und das als Hauptwerk der Pädagogik gegen Ende des 18. Jahrhunderts gilt, kann auch dem heutigen Erzieher wertvollste Hinweise geben.

wir von der Erziehung bereits wissen, in Ausübung zu bringen, fährt man fort, neue Theorien aufzustellen, denen, so gut wie jenen, die Ausführung fehlen wird. Wir gleichen theoretischen Baumeistern, die die Ideale zu den vollkommensten Gebäuden mit der Reißfeder entwerfen können, die aber immer nur Entwürfe bleiben, mit denen man etwa die Wände bekleiden kann, da ihren Verfertigern die Geschicklichkeit fehlt, das Entworfene zur Wirklichkeit zu bringen.

Ach, gebt uns gute Erzieher! Gebt uns Leute, die die Neigung, Geschicklichkeit und Fertigkeit haben, Kinder vernünftig zu behandeln, sich die Liebe und das Zutrauen derselben zu erwerben, die Kräfte zu wecken, ihre Neigungen zu lenken, und durch ihre Lehre und Beispiel die jungen Menschen zu dem zu machen, was sie ihren Anlagen und ihrer Bestimmung nach sein können und sein sollen, und die Erziehung wird gelingen, ohne daß wir neue Theorien nötig haben. So geht aus der Dorfschule manches verständigen, rechtschaffenen und treuen Schulmeisters, der nie etwas von reiner Pflicht hörte,[1] noch neue Theorien über den Unterricht im Lesen studierte, nach und nach eine Gemeinde hervor, die durch ihre Rechtschaffenheit, helle Einsichten, Ordnung, Tätigkeit und Lesefertigkeit sich im ganzen Umkreis zu ihrem Vorteil auszeichnet und alle hinter sich zurückläßt, die nach den neuesten Theorien von Männern erzogen wurden, die nicht zu erziehen verstanden.

Was ist z. B. vernünftiger als die Forderungen der Erzieher, die Kinder mehr durch Vorstellungen als durch Belohnungen und Strafen zu lenken? Allein zum Lenken der Kinder durch Vorstellungen gehört eine ganz eigene Geschicklichkeit. Derjenige, dem sie fehlt, kann den Kindern sehr viel Vernünftiges und Gutes sagen, das sich recht gut lesen läßt, und wird damit doch nichts

---

1) Salzmann denkt hierbei sicher an das Kantsche Moralprinzip: „Tue deine Pflicht um der Pflicht willen." Die Kantschen Schriften „Kritik der reinen Vernunft" (1781), „Kritik der praktischen Vernunft" (1788) und „Kritik der Urteilskraft" (1790) waren damals Angelpunkt der Wissenschaften.

ausrichten, unterdessen, daß ein anderer, der die Erziehung versteht, mit weit weniger Worten zu seinem Zweck kommt.

Es ist unter den Erziehern allgemein angenommen worden, daß zur Erziehung auch eine gewisse Abhärtung des Körpers gehöre. Wenn der Erzieher aber selbst weichlich ist, wie will er andere abhärten? usw.

Was die Art meines Vortrags betrifft, so wird man manches daran auszusetzen finden, das aber doch wegen meiner Eigenheit verdient, entschuldigt zu werden. Bisweilen werde ich etwas stark und entscheidend sprechen und fordern, daß dies und jenes so und nicht anders sein müsse. Dies ist eine Folge von der Lebhaftigkeit meiner Überzeugung. Ich bin kein Jüngling mehr, der sich mit Idealen beschäftigt, von denen er noch im Zweifel ist, ob sie außer seinem Gehirn gedeihen werden. Ich habe einige und zwanzig Jahre selbst erzogen, die Eigenheiten der Kinder in mancherlei Verhältnissen kennengelernt, manchen Versuch mit ihnen gemacht, der mir mißlang, und andere, von denen ich die gesegnetsten Wirkungen verspürte. Was ich also weiß, das weiß ich aus vieljähriger Erfahrung. Ist es mir daher zu verdenken, wenn ich davon mit ebender Zuversicht spreche, mit welcher ein alter Arzt einer gewissen Krankheit Heilart, deren Güte ihm eine vieljährige Erfahrung bestätigte, zu empfehlen pflegt?

Auch werde ich wenig oder gar nicht dessen Erwähnung tun, was andere Erzieher geleistet haben. Dies rührt keineswegs von der Geringschätzung anderer her, sondern ist bloß eine Folge meiner Eigenheit. Ich habe wenig gelesen, desto mehr gedacht, beobachtet und gehandelt. Will man dies als Unvollkommenheit ansehen, so mag man es; soviel aber ist doch gewiß: daß es einem Mann, der die Arbeiten anderer nicht hinlänglich kennt, nicht geziemt, darüber zu urteilen.

Besonders auffallend wird man es finden, daß ich der Pestalozzischen Lehrart, die die Augen von Europa auf sich gezogen hat, nicht oft Erwähnung tue.

Es geschieht dies aus eben diesem Grunde. Soviel ich, in

einem flüchtigen Blick, von der Lehrart dieses verdienten Mannes gefaßt habe, scheint es mir, als wenn wir in der Hauptsache miteinander übereinstimmten, und nur im Ausdruck voneinander verschieden wären. Manches aber, das mir bei ihm neu war, habe ich angenommen und benutze es mit Dank.

Dahin gehören seine Linearzeichnungen, die Übungen des Gedächtnisses, die Rechnungsmethode und das laute Aussprechenlassen mehrerer Schüler zugleich.

Möge dies kleine Buch den Zweck, zu welchem es aufgesetzt wurde, g a n z erreichen! Mögen viele deutsche Jünglinge dadurch für das wichtige, wohltätige Geschäft der Erziehung gewonnen; mögen sie dadurch auf den einzig wahren Weg, den die Natur uns vorzeichnet, geleitet; möge dadurch das Vorurteil zerstört werden, als wenn die Erziehung eine lästige Arbeit und das Gelingen derselben äußerst zweifelhaft sei, damit unsere Nation den Ruhm, den sie sich durch ihre Erziehungskunst im Ausland erwarb, noch ferner behaupte und begründe.

Schnepfenthal, im Oktober 1805

C. G. Salzmann

Symbolum

Denen, die sich entschließen, das Christentum anzunehmen, wird gewöhnlich bei Einweihung zu demselben eine Formel vorgelegt, zu deren Annahme sie sich bekennen müssen, die man Symbolum nennt. Damit ist nun freilich großer Mißbrauch getrieben worden, und manches Symbolum scheint mehr in der Absicht gegeben zu sein, um Haß gegen Andersdenkende, als Anhänglichkeit an die Partei, mit welcher man sich vereinigen will, einzuflößen. An sich ist diese Gewohnheit aber doch gut und nötig. Jede Gesellschaft muß doch einen gewissen Zweck haben, zu welchem sie sich vereinigt, und gewisse Grundsätze, durch deren Befolgung sie den vorgesetzten Zweck erreichen will; diese können in eine kurze Formel gefaßt und die Annahme derselben von denen verlangt werden, die mit der Gesellschaft sich verbinden wollen.

Ich lade jetzt deutsche Jünglinge ein, sich dem wichtigen Geschäft der Erziehung zu weihen. Man wird es also nicht sonderbar finden, wenn ich ihnen auch eine Formel zur Annehmung als Symbolum vorlege. Ein jeder, der Neigung hat, in die Gesellschaft der Erzieher zu treten, beherzige sie und prüfe sich selbst, ob er wohl von ganzem Herzen sie glauben und annehmen könne. Wer dies nicht kann, wer darin Widerspruch findet, der lasse mein Buch lieber ungelesen, weil er unfähig ist, das Erziehungsgeschäft mit Vergnügen, mit Eifer und Wirksamkeit zu betreiben.

Mein Symbolum ist kurz, und lautet folgendermaßen: V o n a l l e n F e h l e r n u n d U n t u g e n d e n s e i n e r Z ö g l i n g e m u ß d e r E r z i e h e r d e n G r u n d i n s i c h s e l b s t s u c h e n.

Dies ist eine harte Rede, werden viele denken; sie ist aber wirklich nicht so hart, als sie es bei dem ersten Anblick scheint. Man verstehe sie nur recht, so wird die scheinbare Härte sich bald verlieren.

Meine Meinung ist gar nicht, als wenn der Grund von allen Fehlern und Untugenden seiner Zöglinge in dem Erzieher wirklich läge, sondern ich will nur, daß er ihn in sich suchen soll.

Sobald er Kraft und Unparteilichkeit genug fühlt, dieses zu tun, so ist er auf dem Wege, ein guter Erzieher zu werden.

Es liegt freilich in der Natur des Menschen, den Grund von allen Unannehmlichkeiten, ja von seinen eigenen Fehltritten außer sich zu suchen; man findet Spuren davon schon in der Geschichte des Sündenfalls. Es ist also kein Wunder, wenn auch der Erzieher geneigt ist, die Schuld von der Unfolgsamkeit, Ungeschicklichkeit und dem Mangel an Fortschritten seiner Zöglinge lieber diesen, als sich selbst beizumessen. Allein diese Neigung gehört zu denen, die durch die Vernunft nicht nur geleitet, sondern, wie Neid und Schadenfreude, unterdrückt werden müssen.

Ich setze es als bekannt voraus, daß der Grund von den Fehlern der Zöglinge wirklich o f t in den Erziehern liegt. Wäre dies nicht, müßte man die Ursache derselben schlechterdings allemal den Kindern oder der Lage zuschreiben, in welcher sich die Erzieher befinden, so wäre es freilich eine ungerechte und törichte Forderung, dem Erzieher zuzumuten, sie in sich selbst zu suchen. Welcher vernünftige Erzieher wird dies aber wohl glauben?

Bist du nun überzeugt, daß der Grund von den Fehlern der Zöglinge wirklich o f t in den Erziehern liege, so wünsche ich, dir es glaubhaft zu machen, daß dies auch bei dir oft der Fall sei, der du es liesest.

Hast du nicht vielleicht bemerkt, daß die Zöglinge, die gegen dich unfolgsam sind, anderen willig gehorchen? Oder daß die nämlichen Zöglinge, die bei deinem Vortag flatterhaft sind und nichts lernen, wenn sie in die Lehrstunden anderer kommen, Aufmerksamkeit zeigen und gute Fortschritte machen?

Solltest du diese Bemerkung wirklich gemacht haben, so täusche dich nicht, sei aufrichtig gegen dich selbst und gesteh dir ein, daß du selbst an dem schuld sein kannst, was du an deinen Zöglingen tadelst. Sage nicht, ich bin mir doch bewußt, daß ich meine Pflichten redlich erfülle. Dies kann wohl sein, aber vielleicht verstehst du noch nicht recht, die Kinder zu behandeln.

Vielleicht hast du in deinem Betragen etwas Zurückstoßendes, das die Kinder mißtrauisch und abgeneigt macht. Vielleicht fehlt dir die Lehrgabe. Du bist zu schläfrig, oder dein Vortrag ist zu trocken und zu abstrakt. Hast du ferner nicht wahrgenommen, daß die nämlichen Zöglinge, die zu anderen Zeiten auf deinen Vortrag merken und deine Winke befolgen, zu anderen Zeiten flatterhaft und unfolgsam sind? Kann dich dies nicht auch belehren, daß der Grund von ihren Fehlern in dir zu suchen sei?

Ich begreife nicht, antwortest du, wie dies daraus folge. Bin ich nicht der nämliche, der ich gestern war? Wenn meine Zöglinge nun nicht die nämlichen mehr sind, muß der Grund von diesen Veränderungen nicht in ihnen liegen?

Es kann sein. Ehe du dies aber annimmst, so untersuche nur erst, ob du wirklich noch der nämliche seist, der du gestern warst. Gar oft wirst du finden, daß du ein ganz anderer Mann geworden bist. Vielleicht leidest du an Unverdaulichkeit, oder hast dir durch Erkältung den Schnupfen zugezogen, oder ein unangenehmer Vorfall hat deine Seele verstimmt, oder du hast etwas gelesen, das dich noch beschäftigt und hindert, deine ganze Aufmerksamkeit auf deine Geschäfte zu wenden usw. Ein einziger von diesen Zufällen kann dich zu einem ganz anderen Mann gemacht haben. Gestern tratest du mit heiterer Seele und feurigem Blick unter deine Kleinen; dein Vortrag war lebhaft, mit Scherz gewürzt, deine Erinnerungen waren sanft und liebevoll, die Lebhaftigkeit deiner Zöglinge machte dir Freude. Und heute? Ach, du bist der Mann nicht mehr, der du gestern warst. Deine Seele ist trüb, dein Blick finster und zurückstoßend, deine Erinnerungen sind herb, jeder jugendliche Mutwille reizt dich zum Zorn. Hast du dies nicht zuweilen an dir wahrgenommen? Nun, so sei aufrichtig und gestehe dir, daß der Grund, warum deine Zöglinge heute nicht so gut sind wie sie gestern waren, in dir liege.

Ich erwarte noch vielerlei Einwendungen gegen mein Symbolum, davon ich einige anführen und beantworten will. Derjenige, dem diese Beantwortungen genügen, wird sich leicht die übrigen Einwendungen selbst widerlegen können; wer sich aber dabei nicht beruhigen kann, bei dem werde ich auch nichts ausrichten, wenn ich alle möglichen Einwendungen anführen und widerlegen wollte. Er ist ein durch die Eigenliebe geblendeter Mensch, der schlechterdings nicht Unrecht haben will, der eher alle seine Zöglinge für Dummköpfe und Bösewichte erklärt, als daß er an seine Brust schlüge und sich eingestünde, daß er gefehlt habe; er ist – zur Erziehung unfähig.

Laßt uns also die Einwendungen hören.

Mein Zögling hat alle die Fehler, über die ich Klage führe, gehabt, ehe ich ihn bekam. Wie kann ich denn die Schuld davon mir beimessen?

Zugestanden, daß dein Zögling diese Fehler hatte, ehe du ihn bekamst. Warum hat er sie noch? Ist nicht die Abgewöhnung von Fehlern ein Hauptstück der Erziehung? Wenn diese nun nicht erfolgt, ist es denn nicht wenigstens möglich, daß der Grund davon in dir liege?

Du bekamst z. B. deinen Zögling als ein schwächliches Kind, mit dem wenig anzufangen war. Warum ist er denn noch nicht stärker? Hast du nicht von schwächlichen Kindern gehört, die durch eine vernünftige Behandlung gestärkt wurden? Kennst du die Mittel, schwächliche Kinder zu stärken? Hast du davon Gebrauch gemacht? Dein Zögling ist zuvor verzogen worden – er ist eigensinnig, widerspenstig, lügenhaft; warum ist er dies aber noch, nachdem er so lange unter deiner Leitung war? Hast du ihn auch die Folgen seines Eigensinns fühlen lassen, um ihn dadurch zum Nachdenken zu bringen? Hast du es ihm gehörig fühlbar gemacht, daß du ein Mann, er ein Kind ist, daß du ihm an Kraft, Erfahrungen und Einsichten überlegen bist, und ihn so zur Überzeugung zu bringen gesucht, daß er von dir abhänge und deine Vorschriften befolgen müsse? Hast du dir auch immer die gehörige Mühe gegeben, zu untersuchen, ob das, was er dir sagte, wahr sei, und ihn durch Aufdeckung seiner Lügen zu beschämen? Du erzählst, wie du deine Zöglinge behandelst, welche Ermahnungen du ihnen gibst, durch welche Vorstellungen du sie zu leiten suchtest, und klagst, daß du mit alledem doch nichts ausrichtetest.

Dies kann wohl sein; es kann auch sein, daß ich an der Vorstellung deiner Behandlungsart gar nichts auszusetzen finde; sollte ich dich aber handeln sehen, so würde ich vielleicht doch bemerken, daß die Ursache von dem schlechten Erfolge deiner Bemühungen in dir liege.

Es ist nicht genug, daß man etwas Gutes sagt und vernünftig handelt, sondern es kommt auch noch darauf an, wie man spricht und wie man handelt. W e r O h r e n h a t z u h ö r e n, d e r h ö r e!

Der Ton, aus dem man mit jungen Leuten spricht, ist von großer Wichtigkeit. Sie sind geneigt, mehr durch das Gefühl als durch die Vernunft sich leiten zu lassen. Wer also den rechten Ton treffen kann, der der jugendlichen Natur am angemessensten ist, und auf sie den meisten Eindruck macht, der richtet bei ihr mit wenigen Worten weit mehr aus als ein anderer, der sich nicht in den rechten Ton stimmen kann, mit einer langen Rede.

So ist der Ton, in welchem manche Erzieher mit ihren Zöglingen, zumal wenn diese von vornehmer Herkunft sind, sprechen, zu schüchtern, zu blöde, es fehlt ihm das Durchgreifende. So wie nun das Roß an dem Beben der Schenkel seines Reiters bald die Furchtsamkeit desselben merkt und ihm den Gehorsam versagt, so fühlen junge Leute an dem schüchternen Ton, in welchem der Erzieher mit ihnen spricht, bald, daß er ihnen nicht gewachsen sei, und achten nicht viel auf ihn.

Bei anderen Erziehern ist der Ton, aus welchem sie reden, zu trocken, zu einförmig. Wenn man sie hört, so sollte man glauben, sie läsen ihre Ermahnungen aus einem Buch ab.

Solche Ermahnungen fruchten auch nichts. Man kann von Kindern nicht erwarten, daß sie auf einen zusammenhängenden Vortrag viel merken, den Sinn desselben fassen und darüber nachdenken sollen. Der Ton, die Mienen, der ganze Anstand des Redners muß ihnen den Inhalt der Rede begreiflich machen, sonst wirkt sie wenig.

Ich gehe hin und weine – sagte ein gewisser Prediger lächelnd am Schluß der Trauerrede, die er am Grab seines Amtsbruders hielt. Und – niemand ließ eine Träne fallen. Lag die Schuld daran vielleicht an der Hartherzigkeit der Zuhörer? Nicht doch – sie lag in der lächelnden Miene, mit welcher der Redner sagte: ich gehe hin und weine. Hätte er mit einer weinerlichen Miene geschlossen und dazu das Schnupftuch vor die Augen gehalten, so würde er mehr ausgerichtet haben, wenn er auch gar nichts dazu gesagt hätte.

Endlich ist der Ton mancher Erzieher zu gebieterisch. Mit stolzen Blicken sehen sie auf ihre Pflegesöhne herab, wie ein adelstolzer Offizier auf seine Kompanie, und jede Ermahnung, jede Erinnerung hat die Form eines despotischen Befehls. Was wird die Wirkung davon sein? Abneigung und Widerspenstigkeit. Der zur Freiheit bestimmte Mensch fühlt eine natürliche Abneigung gegen jede harte, willkürliche Behandlung, und man kann es ihm nicht zur Last legen, wenn er sie gegen seinen despotischen Erzieher äußert.

Nun sollte ich noch von dem Korporalston sprechen, den manche Erzieher sich angewöhnt haben, die ihren Ermahnungen und Vorschriften durch Rippenstöße und Stockschläge Nachdruck zu geben suchen. Da aber dagegen schon so viel ist gesagt worden und die Unschicklichkeit desselben allgemein anerkannt ist, so halte ich es für überflüssig, davon weiter Erwähnung zu tun. Unterdessen rate ich jedem jungen Mann, der die Jugend nicht anders als mit Rippenstößen und Schlägen zu lenken weiß, daß er der Erziehung gänzlich entsage, weil er dabei doch nicht froh werden, und nichts Gutes wirken wird. Er bemühe sich, eine Korporalstelle oder die Stelle eines Zuchtmeisters zu erhalten, da wird er auf seinem Platz sein.

Das bisher Gesagte wird hinreichend beweisen, daß viele Erzieher sich deswegen die Ursache von den Fehlern ihrer Zöglinge beizumessen haben, weil ihnen die Geschicklichkeit fehlt, ihnen dieselben abzugewöhnen.

Oft lehren sie ihnen aber auch wirklich dieselben.

Nun, werden die meisten Leser denken, dies ist bei mir der Fall nicht, ich lehre meinen Zöglingen ihre Pflichten und suche sie durch meine Ermahnungen zu guten und tätigen Menschen zu bilden. Ich glaube es gern. Ich nehme es als bekannt an, daß unter meinen Lesern keiner sei, der seine Zöglinge zur Trägheit, Lügenhaftigkeit, Unverträglichkeit und anderen Untugenden ermahne. Daraus folgt aber noch nicht, daß sie diese Untugenden nicht lehrten. Kann man die Untugend nicht durch sein Exempel lehren? Wirkt dies nicht stärker auf die Jugend als Ermahnung? Du empfiehlst z. B. den Fleiß, und bist doch selbst träge, gehst mit Verdrossenheit an deine Geschäfte, klagst über die vielen Arbeiten, äußerst oft den Wunsch, von deinen Geschäften befreit zu werden; du ermahnst sie zur Wahrheitsliebe, und lügst doch selbst; sagst, daß du einen Freund besuchen wolltest und schleichst dich in das Wirtshaus zum Spieltisch; setzt deine Lehrstunden unter dem Vorgeben aus, daß du krank wärst und bist doch nicht krank; forderst von deinen Zöglingen Verträglichkeit, und zankst doch immer mit den Personen, die mit dir in Verbindung stehen. Du kommst mir vor wie ein Sprachlehrer, der die Theorie der Sprache recht gut vorzutragen weiß und sie selbst fehlerhaft spricht und schreibt. Wenn seine Schüler ein Gleiches tun, kann man dann nicht von ihm sagen, daß er ihnen die Fehler gegen die Sprachregeln gelehrt habe?

Kann man ferner nicht auch Fehler und Untugenden durch die Behandlungsart lehren?

Ich glaube es allerdings. Wenn du z. B. jeden Mutwillen, jede Unbesonnenheit, jedes Versehen deines Zöglings streng ahndest, was hast du ihn gelehrt? Die Lügenhaftigkeit. Seiner jugendlichen Natur ist es nun einmal notwendig, bisweilen mutwillig zu sein, unbesonnen zu handeln, dies und jenes zu versehen; weiß er nun, daß du dies alles streng ahndest, was wird er tun? Er wird seine Fehltritte vor dir zu verbergen suchen, ableugnen, ein Lügner werden. Mißbrauchst du das Zutrauen, das dir dein Zögling beweist, plauderst du die Geständnisse aus, die er dir als seinem Freund tut, hältst sie ihm wohl gar öffentlich vor und beschämst ihn deswegen. – Was lehrst du ihn? Verschlossenheit. Kannst du im Ernst verlangen, daß dieser junge Mensch dir seine Geheimnisse anvertrauen soll, da du sie nicht zu bewahren weißt? Daß er Offenherzigkeit gegen dich zeigen soll, wenn du sie ihm zum Verbrechen machst? Nur der Einfältige, der Schwachkopf wird dies tun; der Knabe, der sich fühlt und die Unregelmäßigkeit deines Benehmens beurteilen kann, wird dir sein Zutrauen entziehen und es Personen schenken, bei denen seine Geheimnisse besser aufgehoben sind.

Wenn du den Tätigkeitstrieb deiner Zöglinge nicht zu befriedigen suchst, wenn du, um sie zu beschäftigen, ihnen nichts in die Hände gibst als Bücher und Federn, was lehrst du sie? Eine ganze Reihe von Untugenden, deren ausführliches Verzeichnis ich hier niederzuschreiben nicht geneigt bin. Der Tätigkeitstrieb ist nun einmal da und ist ein wohltätiges Geschenk des Schöpfers; ist die Stahlfeder, die er in die junge Maschine gesetzt hat. Bücher und Federn vermögen ihn nicht zu befriedigen, denn zum Gebrauch derselben gehört Nachdenken, welches ein Geschäft der Vernunft ist, die bei den Knaben noch in der Entwicklung steht; und wenn auch gleich Bücher und Federn in vielen Fällen ohne Nachdenken können gebraucht werden, so ist doch der beständige Gebrauch derselben zu einförmig, als daß er Knaben*, die Abwechslung lieben, angemessen sein sollte. Folglich haben Knaben, die man an die Bücher und den Schreibtisch fesselt, Langeweile. Gelingt es nun bei einigen, daß sie sich daran gewöhnen, so ist der Tätigkeitstrieb erstickt, sie werden faul und träge; gelingt dies, welches bei den meisten der Fall zu sein pflegt, nicht, so bricht der gehemmte Tätigkeitstrieb durch und verfällt auf Ausschweifungen, wovon die heimlichen Sünden gewöhnlich die ersten zu sein pflegen. Wer hat sie diese gelehrt? D e r E r z i e h e r. Wer von den mannigfaltigen Methoden, die Kinderuntugenden zu lehren, ein Mehreres wissen will, dem empfehle ich d a s K r e b s b ü c h l e i n, o d e r d i e A n w e i s u n g z u e i n e r u n v e r n ü n f t i g e n E r z i e h u n g d e r K i n d e r.

Der Erzieher macht sich drittens auch der Fehler und Untugenden seiner Zöglinge dadurch schuldig, daß er ihnen dieselben andichtet.

Wenn man die Schilderung hört, die manche Erzieher von ihren Zöglingen machen, so möchte man sich entsetzen und alle Lust verlieren, sich dem so wohltätigen Geschäft der Erziehung zu widmen. Da ist nicht der geringste Trieb, etwas Nützliches zu tun, unausstehliche Trägheit, Unbesonnenheit, Unverträglichkeit, Tücke, Bosheit; es ist eine Schar roher, ungeschlachter Buben, bei denen nichts ausgerichtet werden kann.

Der gebildete Erzieher lächelt dabei, weil er wahrnimmt, daß diese Untugenden größtenteils in dem Gehirn des Erziehers sitzen, der das für Untugenden erklärt, was doch notwendige Eigenschaften der Kindheit sind.

Was würde man von einem Vater halten, der sein dreiwöchiges Kind unreinlich schelten wollte, weil es die Windeln

---

* Ich gebrauche hier und in der Folge das Wort Knaben, weil ich, bei Ausarbeitung dieses Buches, freilich immer die Behandlungsart der Knaben vor Augen hatte. Das meiste wird aber auch auf die Mädchenerziehung, mit einigen Abänderungen, angewendet werden können.

verunreinigt; oder von einem Gärtner, der darüber im Frühling Klage führte, daß er auf allen seinen Kirschbäumen nicht eine einzige Frucht, nur lauter Blüten fände? Würden wir sie nicht mitleidig belächeln?

Viele Erzieher handeln aber nicht venünftiger. Sie machen es ihren Zöglingen zum Verbrechen, wenn sie so handeln, wie die kindliche Natur zu handeln pflegt und handeln muß, und fordern von ihnen ein Betragen, das nur die Wirkung der gebildeten Vernunft, die bei ihnen noch klein ist, sein kann; sie suchen Früchte zur Zeit der Baumblüte.

Wir wollen darüber ein Gespräch zwischen Herrn Corydon und seinem Freund Mentor hören. Nichts Gesetztes, sagt er, ist bei meinen Zöglingen. Kann ich sie dahinbringen, daß sie bedächtig gingen? Da ist nichts als Hüpfen, Springen und Laufen.

M.: So? Das ist ja recht schön. Ich würde sehr unmutig werden, wenn meine Zöglinge wie die Drahtpuppen gingen. Der Knabe muß hüpfen, springen und laufen, wenn er seine Kräfte fühlt.

C.: Keine Spur von Nachdenken.

M.: Und darüber wundern Sie sich? Was denkt denn im Menschen nach? Ist's nicht wahr, die Vernunft? Wo soll denn also bei den Knaben, deren Vernunft sich noch nicht entwickelt hat, das Nachdenken herkommen?

C.: Nichts als Kindereien treiben sie.

M.: Das kommt daher, weil sie Kinder sind.

C.: Wenn das Zeichen zur Lehrstunde gegeben wird, da geht es so langsam, so verdrossen, daß man die Geduld verlieren möchte; geht es aber zum Spielplatz, da sollte man die Freudigkeit sehen, mit welcher sie dahin eilen, gleichsam, als wenn der Mensch zum Spielen bestimmt wäre.

M.: Der Mensch ist freilich zum Spielen nicht bestimmt; wohl aber der werdende Mensch, der Knabe. Nach und nach muß man ihm Geschmack an der Arbeit beibringen, darf es ihm aber nicht zur Last legen, wenn er daran nicht sogleich Geschmack finden kann.

C.: Und in den Lehrstunden sind sie nicht einen Augenblick ruhig.

M.: Das kommt daher, weil sie sich in einer Lage befinden, die ihnen nicht natürlich ist. Das gesunde Kind ist nur so lange ruhig, als es schläft, außerdem ist es in beständiger Bewegung. Sie haben dabei weiter nichts zu tun, als darüber nachzudenken, wie sie ihr unruhiges Wesen zur Erreichung guter Zwecke benutzen wollen. Geben Sie den kleinen Händen etwas zu tun und den plauderhaften Mäulern recht viel Gelegenheit zu sprechen, so werden Sie die unruhigen Geister nicht mehr lästig finden.

C.: Wie viele Kränkungen verursachen sie mir durch ihre Tücke und Bosheit!

M.: Tücke und Bosheit? Diese habe ich doch nicht oft an Knaben bemerkt. Geben Sie mir doch davon ein Beispiel.

C.: Beispiel? Ich könnte davon ein Buch schreiben. Stellen Sie sich um des Himmelswillen vor – gestern führte ich meine Knaben aus, die Glieder zittern mir noch, wenn ich daran denke.

M.: Nun? Was gab es denn?

C.: Da bewarfen sie sich mit Schneebällen.

M.: Und das nennen Sie Tücke und Bosheit?

C.: Nicht doch! Aber eh ich mich versah, warf mir einer einen Schneeballen auf den Rücken; mir, seinem Aufseher!

M.. Um Sie zu kränken?

C.: Warum denn sonst?

M.: Ja! Das ist ebender Punkt, worin Ihr Herren so oft fehlt. Bei jeder Äußerung des Mutwillens und der Unbesonnenheit wittert Ihr Tücke und Bosheit und versündigt euch dadurch an der Jugend. Tücke und Bosheit sind der Jugend nicht natürlich. Wenn sie sich zeigen, so sind sie ihr gewiß durch die verkehrte Art, mit welcher sie von den Erwachsenen behandelt wurden, eingeimpft.

C.: Was sollte aber der Bube, der mich bewarf, für eine andere Absicht gehabt haben, als mich zu kränken?

M.: Sie zu reizen, an der Schneeballerei teilzunehmen. Was taten Sie denn, da Sie den Schneeball bekommen hatten?

C.: Ich drehte mich um und fragte: wer ist der Bube, der mich geworfen hat?

M.: Nu? Was bekamen Sie denn für eine Antwort?

C.: Keine. Ich drohte, sie alle von der Mittagsmahlzeit auszuschließen, wenn sie mir den Buben nicht nennen würden, der die Achtung gegen mich verletzt hätte. Keiner antwortete. Sie aßen zu Mittag lieber alle trocken Brot, als daß einer so aufrichtig gewesen wäre, mir den Buben, der mich beleidigt hatte, zu entdecken.

M.: Ich sehe darin das Abscheuliche nicht, das Sie darin wahrnehmen.

C.: Wie? Ein Komplott können Sie billigen, das diese Bösewichter gegen ihren Lehrer und Aufseher machten?

M.: Ich sehe weder Komplott noch Bösewichter. Einer von der Gesellschaft hat, in einer Anwandlung von Mutwillen, Sie beworfen – das wissen alle. Sie aber erklären diesen Knaben deswegen für einen Buben, der die Achtung gegen Sie aus den Augen verloren hätte. Sie drohen ihm durch Ihren Blick und den rauhen Ton, mit welchem Sie sprechen, eine harte Strafe. Die Knaben fühlen alle, daß Sie hierin Unrecht tun, und verraten deswegen ihren Kameraden nicht. Sie versagen sich lieber eine Mittagsmahlzeit, als daß sie einen guten, aber mutwilligen Knaben einer zu harten Behandlung preisgeben. Gesetzt auch, daß diese Knaben darin Unrecht taten, daß sie den Mutwilligen nicht entdeckten, haben Sie durch Ihre Härte ihnen nicht selbst dazu Veranlassung gegeben? Wissen Sie, was ich getan hätte, wenn ich an Ihrer Stelle gewesen wäre? Ich hätte mich umgedreht und lächelnd gefragt: Ich glaube, ihr wollt es gar mit mir aufnehmen? Wer ist der kleine Held, der es wagt, sich mit mir zu messen? Da würde denn der Knabe von selbst herausgetreten sein und gesagt haben: Ich! Ich hätte darauf den Kampf mit ihm begonnen, und, wenn ein paar Schneebälle wären gewechselt worden, hätte ich, etwas ernsthaft, gesagt: Nun, Freund! ist es gut, nun haben wir uns miteinander gemessen. So würde er den Schneeball, den er schon gegen Sie aufgehoben hatte, haben fallen lassen, und das ganze Schauspiel würde sich zur allgemeinen Zufriedenheit geendigt haben.

Hier mag Herr Corydon abbrechen. Wollte ich ihn ausreden lassen, so würden seine Klagen den ganzen Raum ausfüllen, den ich dem Ameisenbüchlein bestimmt habe. Denn wer die Eigenheiten der kindischen Natur in die Klasse der Untugenden setzt, wieviel wird dieser nicht zu klagen haben!

Oft werden die Erzieher auch dadurch die Schöpfer der Untugenden ihrer Zöglinge, daß sie eine willkürliche Regel annehmen, nach welcher sich die jungen Leute richten sollen, und jede Abweichung von derselben ihnen als Untugend anrechnen. Wenn die Regel nun albern und widernatürlich ist, und die jungen Leute dies fühlen, so werden sie auch keine Neigung haben, sie zu befolgen, jeden Augenblick davon abweichen, und so als Übertreter in des Erziehers Augen erscheinen.

Dies begegnet besonders den stolzen Erziehern, die sich für unfehlbar halten, ihre Zöglinge als Sklaven betrachten, die ihnen blinden Gehorsam schuldig wären, bei allen ihren Handlungen auf sie Rücksicht nehmen und bei jeder Gelegenheit die strengste Unterwürfigkeit gegen sie beweisen müßten. Ein solcher Erzieher duldet keine Einwendung, keinen Widerspruch; dies wäre Beleidigung, Mangel an Hochachtung. Wenn er sich zeigt, soll alles Spiel ruhen, tiefes Stillschweigen erfolgen, alles in einer ehrfurchtsvollen Stellung vor ihm stehen.

Der freimütige, unbefangene Knabe, der keine Verstellung gelernt hat und geneigt ist, sich an jeden, den er für gut hält, anzuschmiegen, wird diese Forderungen unerträglich finden. Furcht vor Mißhandlungen wird ihn vielleicht bewegen, sich einige Augenblicke nach den unbilligen Forderungen seines Zuchtmeisters zu richten; bald wird er sich aber vergessen, sich in seiner natürlichen Gestalt zeigen, und deswegen als ein nichtswürdiger Bube behandelt werden.

Jetzt kommt Herr Crispin mit steifem Nacken und abgemessenen Schritten einhergegangen, um seine Lehrstunde zu geben. Seine Schüler sind vor dem Haus eben mit Ballspiel beschäftigt. Einige erschrecken bei seinem Anblick und verbeugen sich vor ihm mit heuchlerischer Miene; andere setzen ihr Spiel fort. Was für eine schändliche Aufführung, schreit er ihnen zu, ist dies? Habe ich Gassenbuben zu Schülern? Unwillig folgen sie ihm in das Lehrzimmer.

Setzt euch, gebietet er, und daß keiner sich unterstehe, das geringste Geräusch zu machen. Schreibt, was ich euch diktiere: *Il vit la carosse* (er sah den Wagen).

Herr Crispin, sagt der kleine muntere Klaus, ich dächte, es müsse heißen *le carosse*.

Schweig! antwortete er, und wenn es gleich heißen sollte *le carosse*, so mußt du doch schreiben *la carosse*, weil ich, dein Lehrer, es gesagt habe. Einem unbärtigen Knaben kommt es nicht zu, seinem Lehrer zu widersprechen.

Nun fängt er an, das Diktierte zu erklären, und bemerkt, daß ein paar Knaben sich ein Stückchen Papier zeigen, die Köpfe zusammenstecken und lachen. Er fährt zu, nimmt das Papier weg, und erblickt darauf eine kleine Handzeichnung, die der junge Klaus soeben verfertigt und darunter geschrieben hat: Das ist Herr Crispin.

Nun ist die Lehrstunde beendigt, da Herr Crispin in so heftigen Zorn geraten ist, daß er sie nicht fortsetzen kann. Er wirft den schändlichen verworfenen Buben zur Tür hinaus und befiehlt, daß er ihm nicht wieder vor die Augen kommen soll.

Der übrige Teil der zum Unterricht bestimmten Stunde wird mit Schimpfreden und Drohungen zugebracht, die ich niederzuschreiben mich schäme. Nach Crispins Schilderung ist seine Klasse ein Haufen schändlicher, verworfener Gassenbuben.

Und was ist es, wogegen er sich so sehr ereifert? Eine Ausgeburt seines eigenen Gehirns – schändliche Beleidigung des Lehrers – wovon ein anderer gebildeter Mann gar nichts würde geahnt haben. Wenn die Knaben durch seine Gegenwart sich im Spielen nicht stören ließen, so kam es von dem Bewußtsein her, daß sie nichts Unrechtes täten; wenn Klaus Herrn Crispin auf einen Sprachfehler aufmerksam machte, so war dies eine Wirkung seiner liebenswürdigen Freimütigkeit, wofür ihm ein anderer die Hand würde gedrückt haben. Daß bei der Verfertigung seiner Handzeichnung nicht etwas Tücke im Hintergrund gelegen habe, getraue ich mir nicht zu behaupten. Gesetzt aber, dies wäre der Fall; wer hat sie rege gemacht? Kein anderer Mensch als Herr Crispin, durch das offene Unrecht, das er dem kleinen Zeichner tat.

Endlich vergrößern Erzieher bei ihren Zöglingen oft die Zahl der Untugenden, indem sie die Eigenheiten derselben dazurechnen. Wenn man in einer Erziehungsanstalt die Stiefeln sämtlicher Zöglinge nach einem Leisten wollte machen lassen, so würde es sich finden, daß sie nur für die wenigsten paßten, und den übrigen entweder zu groß oder zu klein wären. Und was wäre nun in diesem Falle wohl zu tun? Die Füße, für welche die Stiefeln nicht passen, für fehlerhaft erklären? An den Füßen einiger Zöglinge etwas abschneiden, an den anderen etwas hinzusetzen?

Ihr lacht? Ihr wollt wissen, was ich mit dieser sonderbaren Frage wolle? Ich will es gleich sagen. So wie jeder Knabe seine eigene Form des Fußes hat, so hat auch jeder seinen eigenen Charakter und seine eigenen Talente. Wollt ihr nun die Knaben mit ihren verschiedenen Charakteren und Talenten auf einen Fuß, oder, wie man auch zu sagen pflegt, über einen Leisten behandeln, so wird diese Behandlungsart immer den wenigsten angemessen sein; wollt ihr nun dieses den Knaben als Untugend anrechnen und sie eurer Behandlungsart anzupassen suchen, so handelt ihr mit ebensoweniger Überlegung wie derjenige, der die Füße nach den ihnen bestimmten Stiefeln formen wollte. Ihr gebt euern Zöglingen wegen begangener Fehltritte öffentliche Verweise. Dies mag für gewisse Fühllose, bei welchen vorhergegangene Ermahnungen fruchtlos waren, von guter Wirkung sein;

wenn ihr dies aber bei allen tun wollt, so wird der ehrgeizige Ferdinand sich für beleidigt halten und geneigt sein, die größten Unbesonnenheiten zu begehen; der weichmütige Wilhelm hingegen wird bittere Tränen weinen und mutlos werden. Ihr lehrt den Fritz und Karl. Jener faßt sogleich alles, was ihr ihm sagt, und die Arbeit, die ihr ihm gebt, ist in einer Viertelstunde vollendet. So ist es nicht mit Karl. Dieser gute ehrliche Knabe hat einen sehr langsamen Kopf, faßt sehr schwer den Vortrag, bringt an der ihm aufgegebenen Arbeit eine Stunde zu, und am Ende ist sie doch nicht so gut wie die, die Fritz lieferte. Darüber gebt ihr ihm Verweise, die er nicht verdient hat.

Ihr unterrichtet den Heinrich und Ludwig im Lateinischen und in der Mathematik. Heinrich kann schlechterdings die lateinischen Sprachregeln nicht fassen, in der mathematischen Lehrstunde hingegen ist er der beste Schüler; und Ludwig bringt euch lateinische Aufsätze, an denen ihr nur wenig zu verbessern findet; aber die Mathematik – für diese hat er keinen Sinn. Gleichwohl verlangt ihr von beiden, daß sie im Lateinischen und in der Mathematik gleiche Fortschritte machen sollen; verweist dem Heinrich seine Faulheit in der lateinischen und dem Ludwig seine Verdrossenheit in der mathematischen Lehrstunde, und – tut beiden Unrecht. Ihre Faulheit und Trägheit sitzt in eurem Gehirn.*

---

* Seit zwanzig Jahren bin ich Vorsteher einer Erziehungsanstalt, in welcher Kinder von allerlei Familien und Nationen zusammenleben; ihre Zahl beläuft sich seit einiger Zeit beinahe auf 70. Unter diesen lebe und webe ich vom Morgen, bis ich ins Schlafzimmer gehe. Wären nun die Kinder so schlimm, wie sie von manchen Erziehern geschildert werden, wie könnte ich das aushalten? Müßte ich nicht schon einigemal ein Gallenfieber bekommen haben? Das geschieht aber nicht; vielmehr befinde ich mich in ihrer Gesellschaft sehr wohl. Dies kommt nicht daher, weil sie so vollkommen, so musterhaft wären; sie geben mir vielmehr beständig Beispiele von Leichtsinn, Unbesonnenheit u. dergl. Nach geendigter Lehrstunde spielen, laufen, springen, jauchzen sie; ich trete unter die jubelnde Gesellschaft und meine Gegenwart macht weiter keine Veränderung. In diesem allen finde ich nun nichts Beleidigendes, weil ich

Dies wäre also mein Symbolum, das jeder verstehen, annehmen und befolgen muß, wenn mein Ameisenbüchlein ihm nützen soll.

So wie aber alle Symbole mißbraucht worden sind, so wird es wahrscheinlich auch mit diesem gehen. Wenn nun mancher Erzieher mit seinen Bemühungen bei seinen Zöglingen wenig oder nichts ausrichtet, wenn sie wenig lernen, ihre Untugenden beibehalten, und unter seiner Leitung mehrere annehmen, so werden die Eltern ihm die Schuld daran geradezu beimessen und sich auf mein Ameisenbüchlein berufen. Hierin tun sie Unrecht.

Habe ich denn gesagt, daß man den Grund von allen Untugenden und Fehlern der Zöglinge dem Erzieher beimessen müsse? Nichts weniger als dieses. Nur von dem Erzieher fordere ich, daß er selber den Grund davon in sich suchen solle, damit, wenn er wirklich in ihm läge, er ihn wegräumen könne.

---

glaube, Kinder sind Kinder, denken und handeln wie Kinder. Daher gehen Wochen hin, ehe ich durch sie einmal geärgert werde. Geschieht dies, und ich prüfe mich genau, so finde ich gewöhnlich, daß der Grund davon doch in mir selbst liege, weil entweder in meinem Körper Unordnung ist, oder weil ein anderer unangenehmer Vorfall mich verstimmt hat, oder weil ich mit Geschäften zu sehr überladen bin. Je aufmerksamer ich auf mich selbst werde, desto seltener werden auch die Beleidigungen. Ja, ich kann versichern, daß in den 20 Erziehungsjahren, die ich hier verlebt habe, ich mich nicht erinnern kann, daß einer meiner Zöglinge mit Überlegung etwas in der Absicht getan habe, um mich zu kränken. Man verzeihe mir dies offenherzige Geständnis. Es kann mir dasselbe ebensowenig als Ruhmrätigkeit angerechnet werden, als dem Baumgärtner, wenn er in seinem Buch über die Baumzucht bisweilen etwas von seiner eigenen Baumpflanzung sagt. Übrigens gestehe ich gern ein, daß von meinen Pflegesöhnen der Schluß nicht sogleich auf alle Kinder gemacht werden kann. Denn ob sie gleich aus verschiedenen Häusern und Ländern zusammengeführt sind, so leben sie doch in einer gewissen Absonderung von der übrigen Welt, und das Beispiel der Erwachsenen, das Entgegenwirken der Eltern, Tanten, des Gesindes u. dgl., die Verführung der Knaben, die ohne Aufsicht und Erziehung aufwachsen, hat auf sie keinen Einfluß.

Ein anderer Erzieher, dem von allen Seiten entgegengearbeitet wird, hat freilich mit größeren Schwierigkeiten zu kämpfen.

Daraus folgt aber noch nicht, daß andere ihm die Schuld davon beilegen sollen.

Ihr, liebe Eltern, seid auch die Erzieher eurer Kinder. Habt ihr zwar die Erziehung derselben zum Teil einem anderen übertragen, so nehmt ihr doch noch immer auf eine nähere oder entferntere Art daran Anteil. Für euch ist also mein Symbolum auch niedergeschrieben. Überdenkt, beherzigt es, und macht die Anwendung davon auf euch selbst. Statt die Untugenden eurer Kinder dem Erzieher zur Last zu legen, sucht den Grund davon in euch. Der Erzieher sucht ihn in sich, ihr sucht ihn in euch, und jeder Teil bessert da, wo er findet, daß er gefehlt habe. So wird alles recht gut gehen.

Ein jeder lerne seine Lektion!
So wird es wohl im Hause stohn.

Wer mein Symbolum nicht annimmt, sich für unfehlbar hält und die ganze Schuld an den Untugenden seiner Zöglinge und dem Mißlingen ihrer Bearbeitung in ihnen oder in der äußerlichen Lage sucht – wie will der erziehen können! Mit Unwillen wird er seine Zöglinge ansehen, ihr Anblick wird ihm unangenehme Empfindungen verursachen, jede ihrer Unbesonnenheiten ihn beleidigen, oft wird er in ihren unschuldigsten Äußerungen Tücke und Bosheit wittern, von lauter verworfenen Menschen, bei denen man nichts wirken kann, sich umgeben glauben. Wie lästig wird ihm die Erziehung werden, wie herbe sein Ton, wie verkehrt sein Benehmen gegen seine jungen Freunde sein und wie fruchtlos alle seine Bemühungen! Sehnlich wird er dem Zeitpunkt entgegensehen, da ihm das Erziehungsgeschäft abgenommen wird und er seine bisherige Lage mit einer anderen vertauschen kann.

Er wird kommen, der sehnlich herbeigewünschte Zeitpunkt; du wirst dich dann leichter fühlen, und dir wird es scheinen, als wenn du neu geboren wärst. Bald aber wirst du in deiner neuen Lage neue Unannehmlichkeiten finden; deine Umgebungen werden deinen Erwartungen nicht entsprechen, und weil du nun einmal dich gewöhnt hast, die Ursachen des Mißvergnügens immer außer dir zu suchen, so wirst du die Schuld davon deinen Umgebungen beimessen, und die alten Klagen werden von neuem beginnen. Der Anfang der Weisheit ist die Selbsterkenntnis; wo diese fehlt, wird man die Weisheit in keiner Lage finden, und den Gleichmut und die Zufriedenheit, die aus derselben entspringen, allenthalben vermissen.

Freund! der du dich der Erziehung widmest, sei also stark und entschließe dich, wenn du an deinen Pflegesöhnen Fehler und Untugenden bemerkst, wenn die Bearbeitung derselben dir nicht gelingen will, den Grund davon immer in dir zu suchen. Du wirst gewiß vieles finden, das du nicht geahnt hast, und wenn du es findest: so freue dich und laß es dir ein Ernst sein, es wegzuschaffen. Es wird dir gewiß gelingen, und dann – dann – welche angenehme Veränderung wirst du in und außer dir verspüren! Die dir anvertraute Jugend wird dir in einem anderen Licht erscheinen, ihre Munterkeit wird dich aufheitern, ihre Torheiten und Unbesonnenheiten werden dich nicht mehr beleidigen, du wirst sie mit mehr Nachsicht und Schonung behandeln; das Herbe und Bittere in deinem Ton, das Finstere in deinem Gesicht wird sich verlieren, die Aufwallungen des Zorns, zu denen du geneigt bist, werden sich nach und nach mindern, der Bequemlichkeit, die du dir angewöhnt hattest, wirst du entsagen, so manchen anderen Fehler, der auf deine jungen Freunde üble Eindrücke machte, wirst du ablegen, du wirst deinem Vortrag immer mehr Lebhaftigkeit und Annehmlichkeit verschaffen. Hast du einige Zeit so an dir gebessert – was wird der Erfolg sein? Du wirst dich zu einem guten Erzieher gebildet haben.

Deine Pflegesöhne werden dich mit ihrer Liebe und ihrem Zutrauen belohnen; deine Winke werden sie befolgen, deine Bemühungen werden gelingen, ihre Fehler und Untugenden werden nach und nach weichen.

Will es dir in manchen Fällen doch nicht gelingen, kannst du gewisse Fehler und Untugenden doch nicht wegschaffen – gut! So hast du doch die Beruhigung, mit Überzeugung zu dir sagen zu können: ich habe das Meinige redlich getan, die Schuld von dem Mißlingen meiner Bemühungen kann ich mir nicht beimessen.

Was ist Erziehung?

Seitdem es Menschen gibt, sind dieselben auch erzogen worden. Gleichwohl hat man noch keinen bestimmten, allgemein angenommenen Begriff von der Erziehung. Fast jeder, der über dies Geschäft schreibt, gibt davon seine eigene Vorstellung.

Da könnte ich nun alle die Begriffe, die seit Aristoteles bis auf Pestalozzi von der Erziehung gegeben worden sind, anführen, erklären, miteinander vergleichen, und den richtigen heraussuchen. Ich habe aber meine Gründe, warum ich es nicht tue. Erstens weil mir viele davon unbekannt sind, zweitens weil ich es für zweckwidrig halte. Wozu würde es nützen, wenn ich die Leser mit den verschiedenen Vorstellungen, die man sich in verschiedenen Zeitaltern von der Erziehung machte, aufhielte? Am Ende komme ich doch mit meinem eigenen Begriff hervorgetreten und suche ihnen denselben zu empfehlen. Da ist es ja kürzer, wenn ich sie sogleich, ohne alle Umschweife, damit bekanntmache. Nach meiner Meinung ist Erziehung: Entwicklung und Übung der jugendlichen Kräfte.

Erzieht man das Kind zum Menschen, so werden alle seine Kräfte entwickelt und geübt; erzieht man es aber für ein gewisses Geschäft, so hält man es oft für nötig, daß man nur diejenigen, die zur Verrichtung desselben erforderlich sind, in Tätigkeit setze, und andere, die der Wirksamkeit derselben nachteilig sein können, schlummern lasse oder gar lähme, so wie man den Stier entmannt, der zum Zuge bestimmt ist. Hier rede ich nur von der ersten Art der Erziehung.

Um die Gehkraft der Kinder zu entwickeln und zu üben, steckte man sie ehedem in Laufbänke, oder legte ihnen Laufzäume an, und sie wurden oft krummschenklig und hochschultrig, und wenn man ihnen den freien Gebrauch ihrer Glieder zuließ, hatten sie dieselben nicht in ihrer Gewalt, strauchelten oft, zerschlugen sich die Köpfe oder bekamen andere Beschädigungen. Jetzt sind Laufbänke und Laufzäume aus allen Kinderstuben verbannt, wohin das Licht der besseren Erziehung gedrungen ist. Man sieht da die Kinder, wie junge Tiere, herumkriechen; fühlen sie mehr Kraft in ihren Schenkeln, so richten sie sich empor und treten an Stühle. Man setzt nun mehrere Stühle in kleiner Entfernung voneinander hin, legt Bilder und Spielwerk darauf, um sie zu reizen, von einem Stuhl zum anderen zu wandeln. Nach einigen Tagen lassen sie die Stühle stehen und wandeln, ohne sich an etwas zu halten, durch das Zimmer. Verlieren sie das Gleichgewicht, so setzen sie sich gewöhnlich auf den Hintern. Bei dieser Übung bleiben die Glieder gesund und unverletzt. Wie lange währt es, so sieht man die nämlichen Kinder, die erst krochen, laufen und springen.

Diese Behandlungsart enthüllt uns das ganze Geheimnis einer vernünftigen, der menschlichen Natur angemessenen Erziehung.

So wie man bei dieser Anleitung zum Gehen die Gehkraft nicht eher zu üben sucht, bis die Kriechkraft hinlänglich geübt ist und jene hinlänglich sich äußert, so darf man auch nicht andere Kräfte zu entwicklen suchen, bis sie wirklich da sind, und diejenigen, aus welchen sie hervorzugehen pflegen, hinlängliche Übung bekommen haben. Ferner, so wie die Laufbänke und Laufzäume entfernt sind und die Kinder gereizt werden, aus eigenem Entschluß fortzuschreiten und so ihre Gehkraft zu üben, so muß auch der Erzieher, bei Übung der übrigen Kräfte, alles Laufzaumähnliche zu entfernen suchen; er darf nicht sowohl die jugendlichen Kräfte üben, als vielmehr den Kindern Gelegenheit und Reiz verschaffen, diese Übungen selbst vorzunehmen.

Das Kind empfängt ohne Zweifel alle seine Kräfte durch die Erzeugung und bringt sie mit, wenn es sich seinem pflanzen-ähn-lichen Zustand entwindet und in das Tierreich übergeht. Die meisten aber schlummern noch, wie der Keim im Weizenkorn, wenn es in die Erde geworfen wird; sie sind nur noch Vermögen, undentwickeln sich, mit dem Fortgang der Zeit, in folgender Ordnung.

Zuerst die meisten Kräfte des Leibes. Das neugeborene Kind atmet, schreit, schluckt, verdaut usw. Die äußerlichen Dinge machen auf dasselbe Eindrücke, aber das Vermögen, sie zu empfinden oder sich davon Vorstellungen zu machen, äußert sich in seinen ersten Lebenstagen noch nicht. Nach und nach fängt es an, die äußerlichen Dinge sich vorzustellen, diese Vorstellungen aufzubewahren, sie von Zeit zu Zeit wieder hervorzubringen, die Kräfte der Sinnlichkeit, des Gedächtnisses, der Einbildungskraft entwickeln sich.

In der Folge äußert sich der Verstand durch Urteile, die er über Gegenstände fällt, die in die Sinne fallen. Zugleich fangen die in den Händen befindlichen Kräfte an, ein Streben nach Tätigkeit zu äußern. Das Kind greift nach allem, betastet alles, wirft es von einem Orte zum anderen. Gibt man ihm in der Folge ein hölzernes Pferd, so baut es von Büchern oder Stühlen einen Stall, legt ihm Futter vor, zieht es heraus, bindet es an einen Stuhl oder sonst etwas, das des Pferdes Wagen sein und von ihm fortgezogen werden soll u. dgl. Erst bei dem Austritt aus dem Stand der Kindheit fängt die Vernunft an, durch Vorstellung von übersinnlichen Gegenständen sich tätig zu beweisen.

Hierdurch hat uns die Natur die Ordnung vorgezeichnet, in welcher wir ihr bei Entwicklung der jugendlichen Kräfte behilflich sein müssen.

Was muß ein Erzieher lernen?

Es ist ein Lieblingssatz der neueren Erzieher, daß die Erziehung des Kindes mit seiner Geburt anfangen müsse, und ich stimme demselben von ganzem Herzen bei.

Schriebe ich nun jetzt über die Erziehung der Kinder, so müßte ich zeigen, wie Eltern, Kinderwärterinnen und alle Personen, in deren Händen sich das Kind in seinen ersten Lebensjahren befindet, sich gegen dasselbe in diesem Zeitraum verhalten müßten. Da ich aber bei Ausfertigung dieser Schrift die Erziehung der Erzieher zum Gegenstand habe, wodurch man, nach dem Sprachgebrauch, Personen versteht, die von den Eltern verschieden sind, und die gewöhnlich das Kind dann erst unter ihre Aufsicht bekommen, wenn es schon gehen, sprechen, sich Vorstellungen von Gegenständen der Sinnenwelt machen und darüber urteilen kann, so würde es mich zu weit von meinem Zweck abführen, wenn ich mich auf die Behandlungsart der Kinder in ihren ersten Lebenstagen einlassen wollte.

Wer hierüber belehrt sein will, dem empfehle ich das Buch, welches ich unter dem Titel Conrad Kiefer, oder über eine vernünftige Erziehung der Kinder herausgegeben habe, wo er verschiedene gute Winke und Belehrungen erhalten wird.

Jetzt untersuche ich also nur, was die Person für die Erziehung des Kindes zu tun habe, welche es aus dem Schoße der Familie zur ferneren Ausbildung erhält.

Das Lebensjahr, in welchem dieses geschieht, ist bekanntlich nicht allgemein bestimmt. Mancher Erzieher erhält seine Zöglinge im fünften oder sechsten Jahr, die meisten erhalten sie später.

Hier nehme ich an, der Erzieher trete sein Amt bei fünfjährigen Zöglingen an. Da fragt es sich nun, was hat er von diesem Zeitpunkt an bei ihnen zu tun? und was muß er in dieser Hinsicht lernen?

Die Kräfte des Leibes, und unter diesen vorzüglich diejenigen, deren Tätigkeit zur Erhaltung und Nährung desselben am nötigsten sind, entwickeln sich bei den Kindern zuerst. Folglich muß der Erzieher auch verstehen, wie er die Wirksamkeit derselben oder die Gesundheit des Leibes erhalten soll.

Bei ungesunden Kindern mißlingt alle Erziehung. Ihr beständiges Übelbefinden macht sie eigensinnig, verdrossen, schwächt den Tätigkeitstrieb und macht sie abgeneigt, durch Aufmerksamkeit auf die sie umgebenden Dinge sich Vorstellungen zu verschaffen. Jeder rauhe Wind, jeder Regenschauer schreckt sie aus der Natur zurück und verhindert sie, in ihrem Schoße Kenntnisse einzusammeln.

Die Erziehung ungesunder Kinder ist also ein höchst mühsames und fast ganz undankbares Geschäft, und wer erziehen will, muß wissen, wie man seine Zöglinge gesund erhalte.

Dazu, wird man einwenden, sind ja die Ärzte da.

Freilich sind sie da. Sind sie aber auch immer da, wo der Erzieher mit seinen Zöglingen sich befindet? Sind sie auf dem Landgut des Edelmannes? Sind sie auf den Landhäusern, wo die begüterten Stadtbewohner oft ihre Kinder erziehen lassen? Sind sie auf Reisen zugegen? Und wenn sie zugegen sind, kann man denn ihnen seine Zöglinge immer ohne Bedenken anvertrauen? Ach, es ist ein höchst schädliches Vorurteil, daß das Doktordiplom eine vorzügliche Geschicklichkeit zur Erhaltung der menschlichen Gesundheit erteile. Ein Arzt, der zu einem kranken Knaben gerufen wird, dessen Natur er nicht kennt, dessen Lebensart er nicht beobachtet hat, der vielleicht den Kopf voll von einer gewissen Krankheit hat, die er allenthalben sucht und allenthalben zu finden glaubt, kann leichter in der Beurteilung seines Übelbefindens, des Ursprungs desselben und in der Wahl der Heilmittel irren, als ein aufmerksamer Erzieher, der seinen Zögling immer um sich hat und seine Natur und Lebensart kennt.

Und sind denn alle Ärzte redlich? Sind nicht manche unter ihnen, die ihre Patienten so behandeln wie ein gewinnsüchtiger Uhrmacher die Taschenuhren, die ihm zur Ausbesserung übergeben werden, der sie nie vollkommen herstellt, damit immer daran etwas zu bessern bleibe, immer etwas für ihn zu gewinnen ist?

D e r E r z i e h e r muß also verstehen, wie er seine Zöglinge gesund erhalte, wie er es verhüte, daß sie nicht krank werden und wie ihnen zu helfen sei, wenn da und dort in der Maschine eine

Stockung entsteht; und nur bei außerordentlichen Fällen, da seine Einsichten ihn verlassen, muß er zum Arzt seine Zuflucht nehmen.*

Alles auseinanderzusetzen, was man tun muß, um seine Pflegesöhne gesund zu erhalten, ist hier der Ort nicht. Nur dieses bemerke ich, daß man sie zur Abhärtung gewöhnen, täglich, ohne

* Da mehrere Leser diese Behauptung für zu kühn erklären werden, so erlaube man mir, daß ich wieder eine Tatsache aus meinem Wirkungskreis aufstelle. Ich bin jetzt der Pflegevater von beinahe 70 jungen Leuten, die in ganz verschiedenen Himmelsstrichen, von Lissabon bis Moskau, geboren wurden, in deren ersten Erziehung also notwendig eine große Verschiedenheit war. Diese jungen Leute sind alle gesund, auf ihren Köpfen ist nicht der geringste Ausschlag sichtbar; es gehen bisweilen drei Jahre hin, ohne daß einer bettlägerig wird, und in den 21 Jahren, in denen ich meiner Anstalt vorstehe, ist kein einziger gestorben. Gleichwohl bin ich kein Arzt. In den ersten zehn Jahren, die ich hier lebte, betrat nie ein Arzt mein Haus. Erst dann, da sich die Zahl meiner Zöglinge sehr vergrößerte und zu besorgen war, daß ich etwas bei ihnen übersehen möchte, fing ich an, mich ärztlicher Hilfe zu bedienen.

Von der Gesundheit deiner Zöglinge, wird man sagen, sind deine gesunde Luft und dein gesundes Wasser die Ursachen.

Diese sind freilich viel wert, allein wenn wir das gesunde Wasser nicht tränken, uns darin nicht badeten, und in der gesunden Luft nicht herumtummelten, so würden beide uns wohl wenig helfen.

Die Art, wie wir hier junge Leute behandeln, ist die wahre Ursache, warum sie sich so sehr durch Gesundheit auszeichnen, und der Tod bisher noch nicht zu ihnen kam.

Sollte einmal von den Grundsätzen, nach welchen bisher hier erzogen wurde, abgewichen werden, sollte man sich mehr an die, in vornehmen Häusern gewöhnliche Lebensart anschmiegen, so würde man in Schnepfenthal ebenso wie in anderen Anstalten Krankenstuben errichten müssen; statt des blühenden Rots, das die Wangen der jungen Schnepfenthäler auszeichnet, würde Blässe sich einfinden, und unser Gottesacker würde Grabmäler von jungen hoffnungsvollen Knaben bekommen, die in der Blüthe ihrer Jahre ein Raub des Todes wurden.

Dies alles schreibe ich bloß in der Absicht nieder, um die Leser zu überzeugen, daß es allerdings möglich sei, seine Zöglinge gesund zu erhalten, ohne sich der Heilkunde befleißigt zu haben.

sich an die Witterung zu kehren, sie im Freien bewegen, einfache Kost ihnen zu genießen geben und des kalten Bades, nebst den damit verknüpften Schwimmübungen, sich bedienen muß.*

Dies ist ein Wink für euch jungen Männer, die ihr euch der Erziehung widmen wollt. Wenn eure Zöglinge durch Abhärtung ihre Gesundheit erhalten sollen, so müßt ihr euch selbst abhärten. Denn glaubt ihr wohl, daß sie im Schneegestöber sich wohl befinden werden, wenn ihr über die unangenehmen Empfindungen klagt, die es euch verursacht? Daß sie gern mit leichter Kleidung und unbedeckten Köpfen ausgehen werden, wenn ihr euch in Pelzwerk hüllt? Oder glaubt ihr wohl, daß verzärtelte Jünglinge sich gern der rauhen Luft aussetzen werden? Ach, ich besorge, sie werden, sooft die Luft rauh ist, allerlei Entschuldigungen hervorsuchen, um das Ausgehen abzulehnen und in der warmen Stube bleiben zu können, und so, statt ihre Zöglinge abzuhärten, dieselben verzärteln.

Also, liebe Freunde! Wenn ihr nicht nur Erzieher heißen, sondern es wirklich sein wollt, so härtet euren Leib ab! Werft die Federbetten weg und gewöhnt euch, auf Stroh unter einer leichten Bedeckung zu schlafen; bedeckt den Kopf leicht oder gar nicht. Daß der Kopf immer bedeckt sein müsse, ist Vorurteil. Eure Kleidung sei leicht, Pelzwerk darf nie an euren Leib kommen. Solange man durch Gehen und Laufen sich in Bewegung hält, kann man viel aushalten; nur dann wird eine Ausnahme stattfinden müssen, wenn man in ruhiger Lage, im Wagen oder auf

* Einige behaupten, die Nervenkrankheiten, die in unseren Tagen so gewöhnlich sind, wären eine Folge der kalten Bäder. Deshalb will ich nun mit niemandem streiten. Das sage ich aber ganz freimütig und laut, daß von den jungen Leuten, die ich erzogen habe und noch erziehe, deren mehrere hundert sind, kein einziger eine Nervenkrankheit bekommen hat (wenn auch einmal ein hier Erzogener nervenkrank würde, so folgte doch daraus noch nicht, daß dies vom kalten Bad komme), daß von alle den nervenkranken Personen, die ich kannte, nicht eine einzige sich kalt badete, und daß es mir nicht recht glaublich ist, daß die Nervenkrankheiten, an welchen die Frauenzimmer in N. leiden, von den kalten Bädern der Zöglinge zu Schnepfenthal herrühren sollten.

dem Schlitten sich bewegt. Geht täglich an die freie Luft, ohne erst durch die Fensterscheiben nachzusehen, was es für Wetter sei. Macht bisweilen starke Reisen zu Fuß, damit euer Leib sich gewöhne, das damit verknüpfte Ungemach auszuhalten. Da die Bewegungen auf dem Schnee und Eis ein vorzügliches Stärkungsmittel sind, so lernt auf kleinen Schlitten fahren und mit Schlittschuhen auf der Eisfläche laufen. Dann habt ihr nicht nötig, durch weitläufige Vorstellungen euren Zöglingen die Nutzbarkeit dieser Bewegungen begreiflich zu machen. Ihr setzt euch auf euren Schlitten und gleitet den Berg herab, ihr schnallt eure Schlittschuhe an und fahrt über die Eisfläche hin, und eure Zöglinge bitten euch von selbst, daß ihr ihnen Schlitten und Schlittschuhe sollt machen lassen.

Wenn der Genuß einfacher Kost ein Erhaltungsmittel der jugendlichen Gesundheit ist, so begreift ihr von selbst, daß ihr euch auch dazu gewöhnen müßt. Die warmen ausländischen Getränke, die bei der gewöhnlichen Erziehung uns zu einem notwendigen Bedürfnis gemacht werden, die Leckereien, die auf den Tafeln der Begüterten einen Teil der Mahlzeit ausmachen, müßt ihr entbehren lernen. Dann habt ihr nicht nötig, euren Zöglingen die Vortrefflichkeit einer einfachen Kost vorzupredigen. Wenn ihr selbst euren Genuß auf Milch und Obst, Butter, Gemüse, Fleisch und andere Nahrungsmittel, welche die naheliegende Natur darbietet, einschränkt, so werden sie sich von selbst daran gewöhnen, und die Lüsternheit nach gekünstelten Nahrungsmitteln wird bei ihnen schwach und leicht zu besiegen sein.

Wird dies wohl ebenso leicht sein, wenn ihr euch Genüsse erlaubt, vor denen ihr sie warnt?

Wollet ihr die Zöglinge zum kalten Bad führen, ohne selbst daran teilzunehmen, so könnt ihr leicht voraussehen, was für Unannehmlichkeiten daraus entspringen werden. Mehrere von ihnen werden mit Unwillen ins Wasser gehen, unter allerlei Entschuldigungen sich dieser Übung zu entziehen suchen, und, was tausend jungen Leuten Wollust ist, das wird ihnen Frondienst sein. Ihr selbst werdet ängstlich am Ufer umherlaufen, wie eine Truthenne, wenn ihre Entenbrut auf dem Teich schwimmt, und ihnen bei den Gefahren, in die sie kommen, nicht raten und nicht helfen können.

Das kürzeste Mittel, diesen Unannehmlichkeiten vorzubeugen, ist – lernt selbst schwimmen. Dann wird das Tauchen, Plätschern und Schwimmen im kalten Wasser euch Freude machen, ihr werdet euch mit Vergnügen in dasselbe stürzen, eure Kleinen werden euch nachfolgen, ihr werdet imstande sein, ihnen alle die Vorteile bekanntzumachen, durch welche man sich über dem Wasser erhalten, und auf seiner Fläche sich frei bewegen kann, und sie retten können, wenn sie in Gefahr kommen sollten.*

Bei einer solchen Behandlungsart werden die Kräfte, die der Schöpfer euren Kleinen zur Erhaltung des Leibes einpflanzte, ihre Verrichtungen selbst tun, und nicht oft und nicht lange in denselben gestört werden.

Bisweilen wird dies aber doch geschehen. Dann bedarf es oft nur eines kleinen Reizes, um die abgespannten Kräfte wieder in Tätigkeit zu setzen. Diesen Reiz ihnen zu geben, müßt ihr verstehen.

Außer diesen nährenden und erhaltenden Kräften muß nun auch der Sinnlichkeit, dem Gedächtnis, der Einbildungskraft und dem Verstand Übung verschafft werden.

---

* Ich bemerke ein für allemal, daß ich in diesem Buch mich vorzüglich mit Jünglingen unterhalte, die sich zur Erziehung bilden wollen. Sollte also dieser und jener bereits gebildete Erzieher manches Bedürfnis haben, gegen welches ich hier spreche, manche Fertigkeit nicht besitzen, welche ich dem sich bildenden Erzieher empfehle, so soll ihm durch meine freimütigen Äußerungen kein Vorwurf gemacht werden. Dies wird mir aber jeder zugestehen, daß der Erzieher mit mehr Nachdruck wirken kann, wenn er von den Bedürfnissen frei ist, an welche er seine Zöglinge nicht gewöhnen, und die Fertigkeiten selbst besitzt, die er ihnen beibringen will. Was soll nun aber der Erzieher tun, bei dem dieses der Fall nicht ist? Freimütig heraussagen: diese Angewöhnung, dieser Mangel ist eine Unvollkommenheit, die von meiner ersten Erziehung herrührt, gegen welche ich euch auf das Beste zu verwahren suchen will.

Woran sollen diese Übungen geschehen? An Gegenständen, die in die Sinne fallen. Diese müssen in großer Mannigfaltigkeit herbeigeschafft, und den Kindern zur Betrachtung vorgstellt werden. Wo diese bei sechs- bis achtjährigen Kindern fehlen, da ist keine Erziehung, weil nichts da ist, woran sie ihre sich regenden Kräfte üben können.

Und welches sollen diese sinnlichen Gegenstände sein? Dies müssen uns die Kinder selbst lehren. Wir müssen von ihnen lernen, welche Gegenstände am meisten geeignet sind, ihre Aufmerksamkeit auf sich zu ziehen. Wenn man ihnen dann dieselben vorzeigt, so hat man nicht nötig, sie immer zu ermahnen: gebt Obacht, liebe Kinder! Sie fühlen in sich selbst Drang zum Beobachten. Sie tun das, worauf ihr Erzieher hinarbeiten muß – sie erziehen sich selbst.

Da hat mich nun eine lange Erfahrung gelehrt, daß nichts die Aufmerksamkeit der Kinder so früh auf sich zieht, als – Tiere. Wer daran zweifelt, der beobachte die Kinder selbst, und er wird das nämliche wahrnehmen. Ihre Augen sind selten auf ihren Leib, gewöhnlich auf die Gegenstände gerichtet, mit welchen sie umgeben sind. Bringt man nun einen Sperling, eine Maus, einen Fisch oder ein anderes Tier in das Zimmer, so sehen sie von allen anderen Dingen weg und – blicken auf die Tiere. Selbst wenn man ihnen ein Bilderbuch vorlegt, so verweilen sie am längsten bei den Bildern, auf welchen Tiere dargestellt sind. Dadurch fordern sie laut: wollt ihr die Kräfte, die sich jetzt bei uns äußern, üben, so zeigt uns Tiere!

Man fängt auch wirklich hier und da an, auf diese Forderung Rücksicht zu nehmen, und die Naturgeschichte, die ehedem der Jugend ganz fremd blieb, in Schulen und Erziehungshäusern zu lehren; aber zumeist ganz zwecklos.

Man hält Vorlesungen über ein System der Naturgeschichte, ohne von den Erzeugnissen der Natur etwas vorzuzeigen, glaubt dadurch die Forderungen der jugendlichen Natur zu erfüllen und irrt sich.

Das Kind will seine Kräfte üben an sinnlichen Gegenständen. Wie kann es dies, wenn ihm keine vorgezeigt werden? Naturgeschichte soll gelehrt werden, nicht um ihrer selbst willen, sondern um der Jugend Gelegenheit zu schaffen, an der Natur verschiedene Kräfte zu üben. Dies fällt ja alles bei den naturhistorischen Vorlesungen weg. Da verhält ja das Kind sich bloß leidend und läßt den Lehrer für sich beobachten und urteilen.

Sollen die jugendlichen Kräfte an der Natur geübt werden, so müssen die Erzeugnisse derselben ihnen nach und nach zur Betrachtung vorgestellt werden, und zwar eins auf einmal, damit die Aufmerksamkeit sich besser auf dasselbe heften könne, und zwar anfänglich – ein Tier. Dies Tier muß nun genau betrachtet werden nach seinen verschiedenen Teilen, ihrer Form, ihrer Farbe, ihrer Absicht; es muß nun mit einem anderen verglichen und bemerkt werden, was es mit ihm gemein habe und wodurch es von ihm unterschieden sei, es muß den Augen bisweilen entzogen, und von dem Kind beschrieben werden. Was durch die eigene Beobachtung nicht kann gefunden werden, z. B. die Nahrung, die Lebensart, der Nutzen, den es dem Ganzen schaffe, das setzt der Lehrer durch seine Erzählung hinzu.

Ich stelle z. B. zur Betrachtung einen Kanarienvogel auf. Wieviel gibt es da zu betrachten!

Ich kann die Betrachtung nun auf zweierlei Art anstellen: erstens indem ich meinen Kleinen vorerzähle, was ich an dem Vogel bemerke; zweitens indem ich sie reize, denselben selbst zu betrachten. Im ersten Fall übe ich meine, im zweiten der Kinder Kräfte. Da nun nicht jenes, sondern dieses bei der Erziehung der Kinder Zweck sein soll, so muß ich sie zur eigenen Betrachtung zu reizen suchen, wenn ich nicht zweckwidrig handeln will. Dies würde ungefähr auf folgende Art geschehen:

Wie heißt dies Tierchen?

Warum ein Vogel?

Warum Kanarienvogel?

Welches sind seine Gliedmaßen?

Was hat er vorne am Kopf?
Aus wie vielen Teilen besteht der Schnabel?
Was hat der Oberkiefer für eine Form?
Was steht an beiden Seiten des Oberkiefers?
Was haben die Nasenlöcher für eine Form?
Was hat der Unterkiefer für eine Form?
Welcher Kiefer ist beweglich?
Welcher unbeweglich?
Wozu braucht der Kanarienvogel seinen Schnabel?
Haben alle Kanarienvögel Schnäbel?
Ist also der Schnabel ein wesentlicher oder ein zufälliger Teil?
Was steht an beiden Seiten des Kopfes?
Wozu nützen die Augen?
Was steht über den Augen?
Wozu nützen die Augenlider?
Warum schließt dieser Vogel bisweilen die Augenlider?
Womit ist der Kopf bedeckt?
Warum?
Was haben die Federn für eine Farbe?
Haben sie diese Farbe bei allen Kanarienvögeln?
Ist diese Farbe also wesentlich oder zufällig?
Worauf steht der Kopf?
Was kann der Vogel mit dem Hals tun?
Wie heißt der obere Teil des Halses?
Und der untere?
Wie heißen die Gliedmaßen an den zwei Seiten des Körpers?
Aus wie vielen Teilen besteht der Flügel?
Wie heißen die Federn, mit denen die Flügel bedeckt sind?
Wie heißen die Federn an der Seite?
Welche Federn sind länger?
Aus wieviel Teilen besteht eine Schwungfeder?
Wozu braucht der Vogel die Flügel?
Wie heißen die Gliedmaßen unten am Körper?
Aus wie vielen Teilen bestehen sie?

Warum bestehen sie denn aus mehreren Teilen?
Wie heißt der obere Teil, der unmittelbar am Körper sitzt?
Wie der mittlere?
Wie der untere?
Was steht an dem unteren?
Womit sind die Lenden und Schenkel bedeckt?
Womit die Beine und Zehen?
Wie viele Zehen stehen an jedem Bein?
Wie viele an beiden?
Wie viele Zehen haben zehn Kanarienvögel?
Wie viele hundert?
Sind alle Zehen gleich lang?
Welches ist der längste?
Welches der kürzeste?
Wie viele Gelenke hat jede Zehe?
Warum haben die Zehen Gelenke?
Was steht vorne an den Zehen?
Wie heißt der Teil des Vogels, an welchem alle Gliedmaßen stehen?
Wie heißt der obere Teil?
Wie der untere?
Wie heißt der Vorderteil des unteren Teils?
Was für eine Farbe hat der Rücken?
Und die Brust?
Und der Bauch?
Wie heißen die Federn hinten am Rumpf?
Wie viele Schwanzfedern sind es?
Wie heißen hier diese Federn über den Schwanzfedern?
Und diejenigen, die unter den Schwanzfedern sind?
Was ist das für eine fleischige Erhöhung über den Schwanzfedern?
Wozu nützt die Fettdrüse?

Jetzt drehe dich um, Adolph, und beschreibe mir den Kanarienvogel!

Was für ein Tier betrachteten wir gestern?[1]

Nenne mir jeder etwas, was der Kanarienvogel mit dem Frosch gemein hat!

Nenne mir jeder etwas, wodurch der Kanarienvogel von dem Frosch unterschieden ist.

Dies ist nur ein Wink, wie der Unterricht über Gegenstände aus dem Tierreich angestellt und zur Übung jugendlicher Kräfte angewendet werden kann. Wer ihn versteht, wird die Fragen leicht noch mehr vervielfältigen können.

Es kann z. B. den Kindern noch vieles abgefragt werden, was sie von dem Vaterland, der Nahrung, der Pflege, dem Nutzen und dem Handel wissen, der mit Kanarienvögeln getrieben wird; was die Kinder nicht wissen, wird von dem Lehrer hinzugesetzt.

Kann es nun wohl eine bessere Übung der jugendlichen Kräfte geben, als Betrachtung der Gegenstände aus dem Tierreich? Sie hat für die Kleinen so viel Reiz und gewöhnt sie daher leicht, ihre Aufmerksamkeit auf eine Sache eine zeitlang zu heften; sie gewöhnt das Auge, die Dinge nicht obenhin, sondern genau anzusehen; und ein so geübtes Auge bemerkt tausend kleine Merkmale, die dem ungeübten Auge verborgen sind; die Sinnlichkeit übt sich, von den empfundenen Sachen sich richtige Vorstellungen zu machen; das Gedächtnis wird durch Auffassung der mannigfaltigen Benennungen der verschiedenen Teile des Tieres, und die Einbildungskraft durch Entwerfung eines richtigen Bildes von dem betrachteten Tier, und der Verstand durch Beurteilung der Absichten eines Tieres und durch Aufsuchung der Ähnlichkeit und Unähnlichkeit, die zwischen verschiedenen Tieren stattfindet, in Tätigkeit gesetzt.

Dies ist wohl ganz gut, wird man einwenden; aber woher sollen wir Tiere genug nehmen, um täglich eins zum Aufstellen zu haben?

---

1) Die beiden letzten Übungen sind wertvoll für die Einbildungskraft und das Gedächtnis! Vgl. das 2004 begonnene Schulschachprojekt in Satka/Rußland: 7jährige lernen, Schachaufgaben zu lösen – ohne Figuren, ohne Brett!

Daran wird es, wenn nur der gute Wille da ist, gewiß nicht fehlen. Zwar kann ich nicht voraussetzen, daß jeder Erzieher mit einem Naturalienkabinett versehen sei; aber das große Naturalienkabinett, die Natur, steht ihm doch offen! Wenn er mit seinen Zöglingen in dieser fleißig sucht, so wird er gewiß vieles finden; und wenn er mit einigen Jägern, Hirten, Bauern u. dgl. in Verbindung tritt und sie zu bewegen sucht, die Tiere, die sie in ihre Obhut bekommen, ihm zur Aufstellung in der Lehrstunde zu leihen, so wird er über den Stoff zu seiner naturhistorischen Lehrstunde nicht verlegen sein dürfen. Es ist diese Lehrstunde in hiesiger Anstalt, gleich in den ersten Jahren ihres Daseins, da wir noch kein Naturalienkabinett hatten, täglich gegeben, und täglich ein neues Tier aufgestellt worden.

Also, fragt jemand höhnisch, sollen wir den Ochsen, das Pferd, den Esel in das Lehrzimmer führen und den Kindern zur Betrachtung aufstellen?

Diese Frage verdient keine Antwort, da jeder Vernünftige gleich darauf kommen wird, daß man die Kinder auch zu den Tieren führen kann, welche ihnen zuzuführen unschicklich sein würde. Man kann sie nach allen ihren Teilen und unterscheidenden Merkmalen betrachten, und dann in das Lehrzimmer zurückkehren, um über den betrachteten Gegenstand eine Unterredung anzustellen.

Woher sollen wir aber, fragt man weiter, die ausländischen Tiere bekommen?

Von Zeit zu Zeit werden ausländische Tiere zur Schau herumgeführt, die man dann mit seinen Zöglingen betrachten kann. Dies sind freilich nur wenige; es wird aber nichts schaden, wenn sie auch einen großen Teil derselben nie zu sehen bekommen. Der Zweck des Unterrichts in der Naturgeschichte soll ja bei Kindern nicht die Erlernung derselben sein, sondern – Übung ihrer Kräfte, wozu die naheliegende Natur hinlänglichen Stoff darbietet.

Um sich gegen Mangel desselben ganz zu sichern, muß man

mit dem Unterricht in der Tierstunde den Unterricht in der Pflanzenkunde verbinden, und diesen vorzüglich im Sommer, jenen im Winter treiben.

Diese Unterweisung kommt im wesentlichen mit dem Unterricht in der Tierkunde überein. Der Hauptzweck ist – Kraftübung der Kinder. Das Mittel dazu ist Aufstellung einer Pflanze zum e i g e n e n Betrachten derselben.

Würde dieser Unterricht nun in Landschulen gegeben, deren Schüler sich wahrscheinlich in ihrer Gegend ansiedeln werden, so könnte man ja wohl mit den deutschen Benennungen der Pflanzen, die in dieser Gegend gewöhnlich sind, auskommen; erteilt man denselben aber Kindern, welche wahrscheinlich reisen und sich in verschiedenen Ländern niederlassen werden, so ist es besser, sie sogleich zu gewöhnen, die Pflanzen mit den Linneischen lateinischen Namen zu benennen.

Dies ist für Kinder zu schwer, sagt ihr. Ich sage aber, es ist nicht zu schwer. Sechs- bis achtjährige Kinder, Mädchen sowohl als Knaben, die ein halbes Jahr in meiner Anstalt in der Pflanzenkunde Unterricht erhalten haben, kennen beinahe alle Pflanzen, die in hiesiger Gegend wachsen, wissen sie Linneisch zu benennen, und freuen sich nicht wenig darüber, daß sie es können.

Freilich ist das Behalten der lateinischen und griechischen Benennungen anfänglich etwas schwer, aber eben deswegen ist es eine herrliche Gedächtnisübung. Ein Kind, das sich ein paar tausend solcher Namen gemerkt hat, wird leicht Wörter der Wissenschaften und fremder Sprachen auffassen, zu deren Erlernung es bestimmt ist.

Da die Linnéischen Benennungen von allen europäischen gebildeten Völkern angenommen sind, so ist es denen, die sie gefaßt haben, hernach auch möglich, sich in allen Weltgegenden über die Pflanzenkunde verständlich auszudrücken, und, wenn sie in der Folge dieselbe weiter fortsetzen wollten, die Kunstsprache zu verstehen.

Da die Zahl der Pflanzen sehr groß und öftere Wiederholung nötig ist, wenn die Namen derselben behalten werden sollen, so ist es nötig, daß außer der Pflanze, die man in der Lehrstunde zur Betrachtung aufstellt, noch mehrere hingelegt und ihre Namen hergesagt werden.

Man tut wohl, wenn man diesen Unterricht in zwei Kurse einteilt. Im ersten wird der Bau der Pflanze, der sogleich in die Augen fällt, die Wurzel und ihre Form, der Stengel, die Blätter nach ihrer Form, Farbe und ihrem Stand, die Blattansätze, die Gabeln, die Blüten, ihre Form, ihr Stand, Kelch, Blumenkrone, Same, Frucht betrachtet; im zweiten aber wird dies alles wiederholt, und nun werden auch die Befruchtungswerkzeuge untersucht und der Pflanze die Klasse und Ordnung angewiesen, in die sie gehört.

Man wird leicht begreifen, wie unsäglich mannigfaltig die Übungen sind, die den Augen, dem Gefühl, dem Gedächtnis, der Einbildungskraft und dem Verstand der Kinder bei dieser Gelegenheit verschafft werden können.

Um dies begreiflich zu machen, denke ich mir jetzt eine Klasse von Knaben, welcher im ersten Kurs Unterricht erteilt, und welcher *Galeopsis ladanum* zur Betrachtung vorgestellt wird.

Wie heißt diese Pflanze?

Galeopsis ladanum.

Was bemerkst du am Stengel?

Er ist holzig.

Ferner?

Gestreift.

Ferner?

Ästig.

Wie stehen die Äste?

Einander gegenüber.

Was steht an den Ästen?

Blätter.

Was für eine Farbe haben sie?

Grün.

Was für eine Form?

Lanzettförmig.

Was bemerkst du noch mehr an den Blättern?

Sie sind gezähnt.

Sonst nichts?

Gestielt.

Wie stehen sie?

Einander gegenüber.

Wie steht's mit den Blüten?

Sie sind rachenförmig.

Wie stehen sie?

Viertelförmig.

Was bemerkst du an dem Kelch?

Er ist fünfmal gezähnt.

Bemerkst du nichts an den Zähnen?

Sie haben Grannen.

Jetzt dreh dich um, und beschreibe mir *Galeopsis ladanum. Galeopsis ladanum* hat einen holzigen, gestreiften, ästigen Stengel. Die Äste stehen einander gegenüber. Die Blätter sind grün, lanzettförmig, gezähnt, gestielt, stehen einander gegenüber, die Blüten sind rachenförmig und stehen viertelförmig; der Kelch ist fünfzähnig und die Zähne haben Grannen.

Gestern betrachteten wir *Atropa Belladonna*; worin sind beide Pflanzen einander ähnlich? Worin unähnlich? usw.

Nun werden die Namen aller Pflanzen, die auf dem Tische liegen, von demjenigen Schüler, der von der Pflanzenkunde die meisten Kenntnisse hat, laut und deutlich ausgesprochen und von der ganzen Versammlung laut nachgesprochen. Ferner wird von dem Lehrer eine Pflanze nach der anderen genannt, und die Kinder müssen die genannten heraussuchen. Zur Abwechslung kann man auch e i n e m Kind leise den Namen einer Pflanze ins Ohr sagen, und die übrigen müssen erraten, welche es gewesen sei. Dadurch werden sie gereizt, die Namen immer zu wiederholen, ohne daß diese einförmige Beschäftigung sie ermüde.

Diese Übungen können noch sehr vervielfältigt werden. Z. B. kann man bisweilen die Kinder auffordern, daß sie die vorgelegte Pflanzenreihe genau ansehen, sich umkehren und dann eine Anzahl in der Ordnung hersagen, wie sie daliegen. Eine herrliche Übung der Einbildungskraft und des Gedächtnisses! Ich habe bisweilen achtjährige Kinder in meiner Anstalt 40 Pflanzen in der Ordnung, in welcher sie auf dem Tisch lagen, mit weggewandtem Gesicht hersagen hören.[1] Oder man kann die ganze Klasse die Hände auf den Rücken legen lassen, jedem Kind ein Blatt von einer Pflanze darein legen und sie durch das Gefühl erraten lassen, von welcher Pflanze es sei usw.

Im zweiten Kursus können alle diese Übungen wiederholt und nun auch die Befruchtungswerkzeuge, die Merkmale der Klasse und Ordnung, zu welcher die Pflanze gehört, aufgesucht werden. Um die Kinder in der Klassifizierung zu üben, kann man bisweilen den Namen einer Pflanze auf ein Papier schreiben, das Papier umwenden und die Kinder reizen, die Pflanze, deren Namen man aufgeschrieben hat, durch die Klassifizierung zu erraten.

Diese Methode ist höchst einfach, hat für die jungen Leute vielen Reiz und ist eine vortreffliche Verstandesübung.

Z. B.: Ich schreibe auf das Papier *Galeopsis ladanum* und fordere Fritzen auf zu erraten, was für eine Pflanze ich aufgeschrieben habe. Er wird, wenn er einigermaßen geübt ist, folgende Fragen tun:

Gehört die Pflanze in eine von den ersten zwölf Klassen?

Nein.

In eine von den ersten sechs der zweiten zwölf Klassen?

Ja.

In die dreizehnte? Nein – In die vierzehnte? Ja. – In die erste Ordnung?

Ja.

Mentha?

Nein.

Prunella?

---

1) ! – Siehe auch Fußnote zum virtuellen Schach Seite 46.

Nein.

Thymus?

Nein.

Galeopsis?

Ja.

Tetrahit?

Nein.

Ladanum?

Getroffen.

Welche Freude für Fritzen, daß er durch so wenige Fragen aus den vielen hundert Pflanzen, die ihm bekannt sind, diese einzige, deren Namen ich mir niedergeschrieben hatte, sogleich herausfinden konnte.

Hierbei muß ich aber vor einer Verirrung warnen, deren mancher Erzieher sich wahrscheinlich schuldig machen wird – man hüte sich, den Kindern Vergrößerungsgläser in die Hände zu geben, um die Klassen- und Ordnungsmerkmale der Pflanzen zu untersuchen. Die *Cryptogamia* stelle man also gar nicht zur Betrachtung auf, und lasse auch diejenigen Pflanzen nicht besonders untersuchen, deren Merkmale mit unbewaffneten Augen nicht entdeckt werden können, sondern sage ihnen nur, in welche Klasse und Ordnung sie gehören. Diese alle liegen, im eigentlichen Verstande, außerhalb des Gesichtskreises der Kinder. Sie sollen die Pflanzen kennenlernen, um daran ihre Kräfte, besonders aber ihr Empfindungsvermögen zu üben; durch den Gebrauch der Vergrößerungsgläser wird aber ein Teil derselben, das Gesicht, abgestumpft. Sollte einer oder der andere in der Folge sich der Pflanzenkunde ausschließlich widmen, so ist es noch immer Zeit genug, mit Vergrößerungsgläsern seine Untersuchungen fortzusetzen, und so dem allgemeinen Besten die Schärfe seines Gesichts aufzuopfern.[1]

1) Zur Sehschwäche: Methodistengründer John Wesly sagt: „Als ich noch jung war, hatte ich ein schwaches Gesicht. Vierzig Jahre darauf ist es viel schärfer. Dies schreibe ich vorzüglich der angenommenen Gewohnheit zu, jeden Morgen früh aufzustehen.“ Siehe auch T. Stöckmann: Schlafe vor Mitternacht!

Mehrere Väter, wenn sie dies lesen, werden sagen: wozu dies alles? Mein Sohn soll kein Naturforscher, kein Botaniker, er soll Soldat oder Kaufmann oder Gelehrter werden. –

Wir sind vollkommen einerlei Meinung, liebe Freunde. Eure Kinder sollen gar nicht in der Absicht zur Betrachtung der Natur angeleitet werden, damit sie sich der Naturforschung überhaupt und der Pflanzenkunde besonders widmen, sondern, daß sie bei der Betrachtung der Natur, ihre Kräfte, ihr Empfindungsvermögen, Gedächtnis, Einbildungskraft und Verstand üben sollen, die sie in jeder Lage, in die sie kommen werden, so nötig haben. Ein junger Mensch, der seine Kräfte auf diese Art ausgebildet hat, faßt mit denselben in der Folge leicht alles auf, was ihn gelehrt wird; er geht mit offenen Augen durch die Natur, sieht alles, was darin merkwürdig ist, weiß die feinsten Merkmale aufzufinden, wodurch sich die Sachen voneinander unterscheiden, und sieht tausend Dinge, die den Augen anderer verborgen bleiben. Ich führe jetzt Fritz und Kilian, von denen der erste auf vorbeschriebene Art geübt, der andere aber von der Übung zurückgehalten und an Bücher gefesselt wurde, in die Natur.

Was siehst du hier, Kilian? frage ich. G r a s, erhalte ich zur Antwort.

Was siehst du, Fritz? frage ich weiter.

Dactylis glomerata, Cynoctsurus cristatus, Bromus mollis, Aira flexuosa, Rhinantus crista galli etc.

Ich möchte, daß diese Übung solange als möglich fortgesetzt würde, und da dieselbe durch die Mannigfaltigkeit der aufgestellten Gegenstände sehr befördert wird, so schlage ich vor, daß man, nachdem man mit der Betrachtung der Erzeugnisse der Natur sich eine zeitlang beschäftigt hat, nun auch die Betrachtung der Erzeugnisse des menschlichen Verstandes, der Werkzeuge, Gefäße, Kleidungsstücke und Hausgeräte damit verbinde, eins derselben nach dem anderen aufstelle und die Kinder gewöhne, an demselben alle Teile, Formen und Absichten zu bemerken.

Wenn man die Sache ernstlich angreift, so wird man sich wundern, wieviel an den gewöhnlichen Dingen zu bemerken und zu unterscheiden ist.

Zum Beispiel füge ich den Entwurf zu einer Unterredung über die Handsäge bei, so wie ihn mein Gehilfe Märker niedergeschrieben hat.

Die Handsäge ist neu, groß, schwer, brauchbar (nützlich).

Das Sägeblatt ist stählern, lang, breit, neu, glatt, dünn.

Die Zähne des Sägeblatts sind scharf, geschränkt, dicht, kurz.

Die Angeln des Sägeblatts sind lang, schmal, dünn.

Das Gestell der Säge ist hölzern, neu, groß, zusammengesetzt.

Die Arme des Gestells sind hölzern, gebogen, dick, lang, breit.

Die Zapfenlöcher der Arme sind rund, groß.

Die Handgriffe der Säge sind hölzern, kurz, rund, dick.

Die Zapfen der Handgriffe sind kurz, walzenförmig, dick, eingeschnitten.

Der Steg der Säge ist hölzern, lang, dick, gerade.

Die Schnur der Säge ist hanfen, lang, stark, gespannt, zusammengedreht, neu.

Der Spanner der Säge ist hölzern, lang, keilförmig, schmal.*

So wie nun die Betrachtung der Natur und Kunst als Erziehungsmittel gebraucht werden soll: so muß man sich bemühen, allem übrigen Unterricht eine solche Form zu geben, daß dadurch dieser Zweck befördert, die Kräfte geübt, die Kinder erzogen werden.

Auf ähnliche Art, wie bei Betrachtung der Natur und Kunst, so muß auch bei dem übrigen ersten Unterricht alles zur Anschauung, wo nicht zur äußerlichen, doch zur innerlichen gebracht werden. Bei dem Sprachunterricht z. B. muß man anfänglich lauter solche Bücher gebrauchen, bei deren Lesung nur Vorstellungen

*) Der aufgesetzte Entwurf ist einen Bogen lang. Um den Raum zu schonen, füge ich davon nur dieses Bruchstück bei, das aber hinlänglich sein wird, den denkenden Erzieher zu belehren, wieviel an den gewöhnlichsten Dingen des gemeinen Lebens kann bemerkt und unterschieden werden.

in der jungen Seele erregt werden, die sie entweder selbst durch die Anschauung bekommen hat, und sie also leicht wieder hervorbringen kann, oder die doch mit denselben in Verwandtschaft stehen. Benennungen von übersinnlichen Gegenständen dürfen darin gar nicht vorkommen. Töne, mit denen das Kind nicht sogleich eine Vorstellung verbinden kann, haben für dasselbe keinen Reiz, es hat keine Neigung sie aufzufassen, und – wenn es sie auffaßt, so nützen sie ihm nichts, weil es dabei gar nichts oder etwas ganz Falsches denkt. Eben deswegen darf mit Kindern anfänglich noch keine Grammatik getrieben werden.

Dies wird jetzt ziemlich allgemein angenommen, indem in mehreren, in lebenden Sprachen aufgesetzten Lesebüchern für Kinder ein Bestreben sichtbar ist, die Kinder über Dinge zu unterhalten, die innerhalb ihres Gesichtskreises liegen. In der lateinischen Sprache sind solche Bücher schon seltener, und von den wenigen, welche vorhanden sind, wird nicht immer Gebrauch gemacht. Man schreitet bei dem Unterricht in dieser Sprache zu schnell zum Lesen römischer Schriftsteller, wo eine Menge Wörter vorkommen, zu denen den Kindern die Vorstellung fehlt, und dies ist gewiß eine Hauptursache, warum man bei vielen so wenig Lust zur Erlernung dieser Sprache bemerkt. Eben deswegen wird es immer gewöhnlicher, diejenigen Knaben, die nicht zum Studieren bestimmt sind, die Erlernung dieser Sprache zu erlassen. Ich kann dies nicht billigen. Mehrere europäische Sprachen sind doch aus dieser entstanden, und werden leichter gelernt, wenn man in jener einen guten Grund gelegt hat; überdies ist sie nun einmal so allgemein, daß man nicht leicht ein Buch in neueren Sprachen lesen kann, in welchem sich nicht hier und da Brocken davon befänden, welche Lesern, die damit ganz unbekannt sind, immer Steine des Anstoßes sein müssen. Dadurch wird es notwendig, daß den gebildeten Ständen diese Sprache nicht ganz fremd sein darf. Hätte der Erzieher soviel Kenntnis der lateinischen Sprache, daß er über die aufgestellten Gegenstände der Natur und Kunst, über merkwürdige Vorfälle in der

Familie, kurz, über Dinge, die den Kindern anschaulich wurden, im leichten, aber echten Latein Aufsätze niederschreiben könnte, sie den Kindern vorläse, von ihnen laut nachsprechen und in das Deutsche übersetzen ließe, so würde er davon großen Nutzen verspüren. Es würde den Kindern Vergnügen machen, sie würden eine Menge lateinische Wörter behalten, mit einigen Eigenheiten der Sprache bekanntwerden, und bei dem künftigen Lesen der lateinischen Schriftsteller weniger Schwierigkeiten finden.

Schriebe ich ein Buch über die Erziehung der Kinder, so müßte ich mich noch über den ganzen Unterricht ausbreiten, den Kinder erhalten sollen; da ich aber von der Erziehung der Erzieher handle, so ist dies wenige genug, ihnen einen sehr bedeutenden Wink zu geben, was junge Männer, die sich der Erziehung widmen, eigentlich zu erlernen haben.

Wenn ich, liebe Freunde, sehe, wie bei weitem die meisten von euch sich zu ihrer Bestimmung vorbereiten, so kann ich nicht anders, als euch und die armen Kleinen, die eurer Aufsicht anvertraut werden, bemitleiden. Ihr lernt die alten Sprachen, etwas Geographie, Geschichte und Mathematik, höchstens etwas Französisch und Musik, hört einen philosophischen und theologischen Kursus und glaubt nun, euch zu Erziehern gebildet zu haben.

Wenn man euch nun den Franz, Robert, Stephan, fünfjährige Knaben, zur Erziehung übergibt, was wollt ihr denn mit ihnen anfangen? Was von aller eurer Gelehrsamkeit könnt ihr denn in diesem euren Wirkungskreis benutzen? Fast gar nichts. Diese Kleinen hängen noch ganz an der sichtbaren Welt, durch deren Betrachtung sich ihr edlerer Teil entwickeln und für übersinnliche Vorstellungen Empfänglichkeit erwerben soll, und ihr – seid in der sichtbaren Welt Fremdlinge. Die Dinge, die euch täglich umgeben, sind euch unbekannt, und ihr wißt von vielen nicht einmal den Namen anzugeben. Da geht ihr dann mit euren Kindern durch die Natur, wie ein Landmann durch die Dresdner Bildergalerie. Ei sehen Sie, sagt Robert, den Vogel, der hier auf dem Ast sitzt! Wie heißt er? – Ich kenne ihn nicht, ist die Antwort.

Freudig kommt Franz gehüpft, mit einer Blume in der Hand, und fragt, kennen Sie diese Blume? Es erfolgt die nämliche Antwort.

Nun geht es in die Lehrstunde. Blumen und alles, was die Kinder aus der sichtbaren Welt mitgebracht haben, wird ihnen weggenommen, der Trieb nach Anschauung, der bei ihnen so stark ist, wird erstickt; ihr gebt ihnen, statt Blumen, Bücher in die Hände und stellt ihnen, statt Sachen, Zeichen der Sachen auf, zu deren Erlernung sie keine Lust besitzen. Da verbreitet sich denn über die Verbindung, in welcher ihr so glücklich leben könntet, Mißvergnügen; die Kinder können einen Mann nicht liebgewinnen, der sie nicht auf eine ihnen angenehme Art zu unterhalten weiß, und ihr betrachtet eure Kinder mit Mißfallen, dei denen ihr mit eurem Unterrichte wenig oder nichts bewirkt.

Folgt also, Freunde, dem Rat eines alten Erziehers, und macht euch mehr mit der sichtbaren Welt bekannt, nach der Anweisung, die ihr im folgenden Abschnitt finden werdet.

Jetzt denke ich mir einen Erzieher, der sich nach meinem Wunsch bildet, in dem Kreis seiner Zöglinge. Einen Gegenstand nach dem andern, aus dem Tier- und Pflanzenreich und den Werkstätten der menschlichen Kunst, stellt er ihnen vor, fesselt ihre Aufmerksamkeit daran, unterhält sich mit ihnen darüber auf eine für beide Teile sehr angenehme Art, übt das Empfindungsvermögen und vielerlei Seelenkräfte der Kleinen, und spürt davon schon in den ersten Tagen die wohltätigsten Wirkungen. Mit dieser Beschäftigung füllt er täglich ein paar Stunden aus.

Da aber jeder Tag mehr als zwei Stunden hat, so fragt es sich, was soll in den übrigen Stunden mit den Kindern vorgenommen werden? Das ist die schwere Frage, die sich nur wenige Erzieher lösen können. Unterhalten Sie mich doch, lieber Herr Richard! sagte einmal ein kleiner Junker, der von der Langeweile geplagt wurde, zu seinem Hofmeister. War dieser Wunsch unbillig? Muß man den kleinen Mann nicht liebgewinnen, der einen Ekel gegen die Langeweile bezeigt?

Aber in welche Verlegenheit muß der Erzieher bei diesem so

billigen und gerechten Wunsch der Kinder geraten? Kinder fünf bis sechs Stunden des Tages zu unterhalten, ist fürwahr kein leichtes und angenehmes Geschäft. Denn womit soll man die Kinder unterhalten? Mit Erzählen? Dies ist eine ebenso angenehme wie nützliche Unterhaltung, wenn man etwa eine Viertelstunde täglich darauf verwendet. Aber immer erzählen, ermüdet die Kinder, sowie den Erzieher. Bilder erklären? Hiermit hat es die nämliche Bewandtnis. Bücher zu lesen geben? Kinder von so zartem Alter können noch nicht lesen. Es gehört dazu nicht nur das deutliche Aussprechen der Zeichen, sondern auch das richtige Vorstellen der dadurch bezeichneten Sachen. Sie spielen lassen? Auch dies bekommen sie bald überdrüssig. Ja, wenn man sie mit Nüssen und Mandeln versieht und ihnen Karten und Würfel in die Hände gibt, so werden sie sich damit mehrere Stunden auf eine ihnen sehr angenehme Art zu unterhalten wissen; wer sieht aber nicht, daß ihnen dies ebenso nachteilig ist wie Mohnsaft, dessen die Kinderwärterinnen sich oft bedienen, um die Kinder zur Ruhe zu bringen.

Merket auf! Außer dem Vermögen zu empfinden, sich vorzustellen und zu urteilen, regen sich in den Kindern noch verschiedene Kräfte, die nach Übung streben. Daher die beständige Unruhe der Kinder, die den Erziehern so lästig ist; daher die beständigen Ermahnungen: still Kinder! seid ruhig! die die Kinder verstimmen und die Gegenwart der Erzieher ihnen höchst lästig machen.

Schafft doch den nach Übung strebenden Kräften der Kinder hinlängliche Übung, und ihr werdet gewiß finden, daß sie sich auf eine angenehme und nützliche Art zu unterhalten wissen, euch nicht mehr lästig sein, sondern vielmehr die angenehmste Aufheiterung verschaffen werden.

Wie sollen wir, fragt ihr, dies anfangen? Dies ist nun eure eigene Sache. Wenn ihr auf die Wünsche eurer Zöglinge, auf ihre tägliche Lage merket: so werdet ihr Gelegenheit genug finden, sie zu beschäftigen.

Hier sind indes einige Winke.

In den Lehrstunden verlangt ihr, daß sie stets ruhig sein und stillsitzen sollen. Gegen diese Forderung strebt ihre ganze Natur, die durchaus regsam, zur Tätigkeit geneigt und abgeneigt ist, sich bloß aufmerkend zu verhalten. Ihr werdet die Kinder verdrossen machen und Widerwillen gegen euch erregen, wenn ihr auf eurer Forderung zu streng besteht. Sucht sie in beständiger Tätigkeit zu erhalten, so werdet ihr beide miteinander zufrieden sein.

Haltet ihnen also keine Vorlesungen, verlangt nicht von ihnen, daß sie euch bloß zuhören sollen, sondern laßt euren Vortrag eine beständige Unterredung sein, an welcher bald dieser, bald jener teilnehmen muß. Laßt nach Pestalozzischer Lehrart die ganze Versammlung von Zeit zu Zeit nachfragen, was ihr ist vorgesagt worden.*

Wird ein Unterricht erteilt, an welchem die Kinder nicht mit den Augen, sondern nur mit den Ohren und Sprachwerkzeugen teilnehmen, so wird das Zeichnen der Linien, Winkel und Quadrate nach Pestalozzischer Art, während des Unterrichts, ihre Hände von allen Spielereien abziehen, und ihnen eine unterhaltende und nützliche Beschäftigung gewähren.

Aber außer den Lehrstunden, was sollen wir, fragt ihr, denn mit unseren Zöglingen anfangen?

---

* Dieses laute Nachsprechen der ganzen Versammlung hat gewiß seinen sehr großen Nutzen. Es erhält die Kinder in Tätigkeit, reizt sie zum Lautsprechen, prägt den Vortrag ihrem Gedächtnis ein. Man muß aber von dieser Übung mit Vorsicht Gebrauch machen. Will man gewisse Wörter und Sätze dem Gedächtnis seiner Kleinen einprägen, so ist das öftere laute Aussprechen derselben von der ganzen Versammlung hierzu gewiß ein wirksames Mittel. Will man aber durch eigenes Urteil den Verstand üben, so halte ich das chormäßige Aussprechen für zweckwidrig, weil die Kinder dadurch vom Selbsturteilen abgezogen und zum Nachbeten gewöhnt werden.

Wie man bei den so oft verdrießlichen ABC-, Syllabier- und Leseübungen die Kinder in einer angenehmen Selbsttätigkeit erhalten kann, glaube ich in Conrad Kiefers ABC- und Lesebüchlein hinlänglich gezeigt zu haben.

Hört nur auf ihre Wünsche, so werden sie euch schon selbst dazu Anleitung geben. Einmal wollen sie ein Schiffchen haben, das auf dem Bach schwimmen soll, ein andermal Knallbüchsen, Handspritzen, Bogen und Pfeile, Drachen u. dgl. Von solchen Kindereien suchen nun überweise Erzieher sie abzubringen und verleiden so ihnen und sich selbst das Leben; der wahre Erzieher freut sich aber allemal, sooft er solch einen Wunsch bei seinen Kindern bemerkt, und ist bereit, ihnen Rat und Anweisung zu geben, wie sie sich die gewünschten Sachen selbst verfertigen können. Selbst verfertigen, sage ich.

Das Selbstverfertigen, anfänglich von allerlei Spielwerk und in der Folge von wirklich nützlichen Werkzeugen und Geräten, ist ein so nützliches und angenehmes Geschäft, daß ich es zu einer unerläßlichen Forderung an alle Anstalten, wo die Kinder zweckmäßig erzogen werden sollen, mache, daß ihnen Anleitung und Gelegenheit zum Selbstverfertigen gegeben werde.

Dazu gehört denn freilich eine Werkstatt, mancherlei Werkzeuge und Materialien, und Anweisung, davon Gebrauch zu machen. Hat es der Erzieher dahin gebracht, daß seine Zöglinge nach geendigten Lehrstunden mit ihren Händen sich beschäftigen und ihre kleinen Wünsche ausführen können, so hat er gewonnenes Spiel. Das schwere Geschäft, sie zu unterhalten, ist ihm abgenommen, sie unterhalten sich selbst – er ist bloß Zuschauer und Ratgeber. Der Gewinn, der für die Kinder daraus entspringt, ist unbeschreiblich groß.

Erstens wird ihr Tätigkeitstrieb befriedigt und allen den Ausschweifungen, die aus dem gehemmten Tätigkeitstrieb zu entspringen pflegen, ist damit auf einmal vorgebeugt. Zehn Kinder an der Werkstatt sind leichter zu lenken als drei, die nicht wissen, was sie tun sollen. Zweitens befinden sich die Kinder dabei so wohl; denn ist denn das nicht das reinste innigste Vergnügen, wenn man gewissen vorgesetzten Zwecken sich immer mehr nähern kann und sie endlich ganz erreicht? Jetzt ist das Schiff fertig, an dem die Kleinen seit einiger Zeit arbeiteten

– jetzt wird es vom Stapel gelassen – wird auf den Bach gebracht, auf dem es nun segeln soll. Mit welchem Frohlocken geschieht es! So etwas müßt ihr selbst gesehen haben, liebe Freunde, um euch zu überzeugen, wie ungemein wichtig es ist, Kindern Gelegenheit zu geben, selbst etwas zu verfertigen.

Drittens werden dabei so viele Kräfte geübt. Der Geist, der bei der sonst üblichen Lehrart immer dressiert wird, nach fremden Vorschriften zu handeln, lebt dabei auf, faßt eigene Ideen und erfindet Mittel, sie auszuführen. Das Auge übt sich, die Größen zu messen, um jedem Teil des auszuführenden Werkes das nötige Verhältnis zum Ganzen zu geben; und die Muskeln der Hände werden auf so mannigfaltige Art geübt, daß sie hernach bei den mannigfaltigen Vorfällen des menschlichen Lebens in den Verlegenheiten, in die man oft gerät, sich selbst zu helfen imstande sind, ohne daß sie immer nötig haben, zu fremder Hilfe ihre Zuflucht zu nehmen. Ein Mann, der seinen Händen nicht mancherlei Geschicklichkeiten in der Jugend erworben hat, ist nur ein halber Mann, weil er beständig von anderen Leuten abhängig ist.

Wahrscheinlich sind neun Zehntel der Leser mit mir der gleichen Ansicht. Diese frage ich auf ihr Gewissen, ob sie nicht viel drum gäben, wenn sie in ihrer Jugend Anweisung bekommen hätten, mit ihren Händen etwas zu verfertigen?

Die Einwendungen, die dagegen gemacht werden, sind mannigfaltig, und ich habe nicht Lust, mich mit Aufzählung und Widerlegung derselben aufzuhalten. Die meisten derselben werden doch daher rühren, weil die wenigsten Herren Erzieher Handarbeit gelernt haben, und deswegen diese Erziehungsart verschreien und lächerlich zu machen suchen. Was würde ich denn bei ihnen ausrichten, wenn ich mit ihnen darüber streiten wollte?

Mit viel Beredsamkeit suchte einst ein Prediger einige seiner Zuhörer von einer gewissen üblen Gewohnheit abzubringen. Herr Pfarrer! sagten sie, als er ausgesprochen hatte, recht mag er wohl haben, aber wir tun es doch nicht. So möchte es mir auch wohl gehen.

Ein paar Einwendungen kann ich aber doch nicht mit Stillschweigen übergehen, es sind diese: Wenn man die Kinder mit Handarbeiten beschäftigt, so gehe zu viel Zeit verloren, und sie würden die Lust zum Erlernen der Sprachen und Wissenschaften verlieren.

Dies möchte freilich wohl vielmals der Fall sein, wenn man den Kindern die freie Wahl ließe, ob sie einen schriftlichen Aufsatz verfertigen oder mit Handarbeit sich beschäftigen wollten. So meine ich es aber nicht. Nur die Freistunden sollen dazu angewendet werden. Je jünger der Zögling ist, desto mehr bedarf er Freistunden, oder Stunden, in denen er von Geistesarbeiten frei ist; je mehr sich hingegen des Geistes Kräfte entwickeln, desto mannigfaltigere und anhaltendere Beschäftigungen kann man ihm geben, desto mehr mindert sich auch die Zahl der Freistunden.

Die zweite Einwendung, die man machen könnte, ist diese: Zu Handarbeiten ist doch der Gebrauch von allerlei scharfen und spitzen Instrumenten nötig – wie leicht kann sich ein Kind damit gefährlich verwunden!

Möglich ist dies freilich. Allein der öftere Gebrauch der scharfen Werkzeuge lehrt auch zugleich die dabei nötige Vorsicht. Und die Erfahrung – diese ist doch sicher auf meiner Seite. Hört man nicht immer von Kindern, die sich gefährlich verwundeten und die nie Anleitung zur Handarbeit bekamen? Und bei meinen Zöglingen, die so mancherlei spitzige und scharfe Werkzeuge in Händen haben, ist noch n i e eine g e f ä h r l i c h e Verwundung vorgefallen.

Wenn es also schlechterdings nötig ist, den Kindern Anleitung zu geben, selbst mit ihren Händen etwas zu verfertigen, so begreift ihr von selbst, die ihr euch der Erziehung widmet, daß ihr verpflichtet seid, H a n d a r b e i t z u e r l e r n e n. Es gibt da keinen Ausweg. Entweder ihr müßt euch entschließen, eure Zöglinge den ganzen Tag zu unterhalten, und den Tätigkeitstrieb, der sich in ihren Händen regt, zu lähmen, oder – ihr müßt euch in allerlei Handarbeiten selbst Geschicklichkeit zu erwerben suchen.

Können wir, sagt ihr vielleicht, nicht Handwerksleute annehmen, die in unserer Gegenwart den Zöglingen die nötige Anweisung geben? Versucht es, und ihr werdet dann all die Unannehmlichkeiten selbst finden, die aus solchen Verbindungen zu entspringen pflegen.*

Ich komme auf den wichtigsten Teil der Erziehung, auf die Gewöhnung zur Sittlichkeit oder nach gewissen richtigen Regeln zu handeln. Wo diese fehlt, hat die übrige Erziehung wenigen oder gar keinen Wert. Ich denke mir jetzt einen Jüngling, der unter den Händen seines Erziehers gesund und stark wurde, sich mancherlei Geschicklichkeiten erwarb, alle seine Geisteskräfte durch Übung entwickelte, der nun aber alle diese Vorzüge anwendet, seinen Lüsten Befriediging zu verschaffen – was ist denn durch diese Erziehung gewonnen worden? Für ihn nichts, ihm fehlt ja die eigentliche Menschenwürde, die in der Freiheit oder in der Kraft besteht, seine Lüste zu beherrschen und nach richtigen Grundsätzen zu handeln; und glückselig wird er nie, da es für den Menschen keine andere Glückseligkeit gibt, als die aus dem Bewußtsein entspringt, seine Pflicht erfüllt, oder nach richtigen Grundsätzen gehandelt zu haben. Und für die menschliche Gesellschaft tut er auch wenig. Er wird für sie nichts tun, wenn dadurch seinen Lüsten nicht Befriedigung verschafft wird, und wird dadurch Unheil stiften, wenn er damit zu seinem Zweck kommen kann. Je mehr seine Kräfte ausgebildet sind, desto überlegener ist er anderen, desto weniger können sie ihm widerstehen, desto gefährlicher ist er für die Gesellschaft.

Was soll ich dies weitläufiger ausführen? Diese Wahrheit ist

* Da die Erzieher so selten sind, die in ihren Händen Geschicklichkeit besitzen, etwas zu arbeiten, so hat es mich Mühe gekostet, den Unterricht in einigen Handarbeiten in meiner Anstalt einzuführen. Jetzt lernen meine Zöglinge folgendes: anfänglich Verfertigung von allerlei Spielsachen aus Papier und Netzstricken, ferner allerlei Dinge aus Holz zu schnitzen, Korbflechten, Papparbeiten, lackieren, schreinern und drechseln.

bereits fast allgemein anerkannt, und man findet sie fast in allen Büchern, die über die Erziehung geschrieben sind. Wie steht es aber mit der Befolgung? Zeigen sich nicht allenthalben moralische Ungeheuer, auf deren Unterricht und Kraftentwicklung doch viel Fleiß gewendet wurde? Man sucht die Ursache davon teils in der Verderbnis der menschlichen Natur, teils in der Mangelhaftigkeit der sittlichen Grundsätze, die ihnen mitgeteilt wurden; ich aber glaube, sie mehr in einer fehlerhaften Behandlung des jungen Menschen gefunden zu haben.

Ich will darüber mit niemandem rechten; man erlaube mir aber meine eigene, auf Erfahrungen gegründete Meinung vorzutragen.

Der neugeborene Mensch kann noch nicht gehen, und das Prinzip seiner Handlungen sind seine Empfindungen. Was ihm angenehme Empfindungen verursacht, begehrt, was unangenehme Empfindungen bewirkt, das flieht er. Da ist keine Rücksicht auf Religion oder Moral sichtbar. Will man dies moralisches Verderben nennen, nun so tue man es, man erlaube mir aber dann auch, daß ich das Unvermögen zu gehen, das man an dem jungen Menschen bemerkt, das physische Verderben der menschlichen Natur nenne.

Seitdem man die Laufzäume und Gängelwagen abgeschafft hat, verliert sich das physische Verderben der Natur nach und nach, und die Kinder lernen erst gehen, dann sogar laufen und springen. Schafft die moralischen Gängelwagen und Laufzäume ab, und der moralische Mensch wird sich ebensogut von selbst entwickeln, und erst gut, dann edel zu handeln anfangen.

Und was sind denn die moralischen Gängelbänder? Die Gebote und Verbote und die künstlichen Mittel, wodurch man die Kinder zur Befolgung derselben zu gewöhnen sucht.

Der Mensch hat gegen alle Gebote und Verbote, insofern sie es sind, eine natürliche Abneigung. Er will immer gern seinen eigenen Willen tun. Zweifelst du daran, mein Leser, so bemerke nur selbst, was in dir vorgeht, wenn deine Freiheit durch Gebote und Verbote eingeschränkt wird. So wie bei den Kindern die Menschwerdung eintritt, wie die Geisteskräfte sich entwickeln, zeigt sich auch die Abneigung gegen Gebote und Verbote. Wenn man nun durch Gebote und Verbote und den damit verknüpften Strafen und Belohnungen sie zu gängeln sucht, so entsteht Unwille und Abneigung gegen den Befehlshaber, es regt sich ein Bestreben, seinen Gesetzen auszuweichen, und wenn die Verbindung mit dem Gesetzgeber aufhört, dann zeigt sich Zügellosigkeit, weil nichts mehr da ist, was verhinderte, die Wünsche, die sie seither bei sich hegten und unterdrücken mußten, zu befriedigen.

Man lasse daher das Kind immer seinen eigenen Willen tun, so wird es gut werden.

Ihr entsetzt euch über diese Behauptung? Ihr fragt, wozu es der Erzieher bedürfe, wenn das Kind immer seinen eigenen Willen tun solle?

Liebe Freunde! Lest das, was nun folgt, mit einiger Aufmerksamkeit, und ich will mich bemühen, so deutlich zu sprechen, wie es mir möglich ist, und so werden wir hoffentlich am Ende einander die Hände geben und miteinander eins sein.

Meine Meinung ist diese: Der Erzieher soll den Zögling dahin zu bringen suchen, daß er selbst das Gute wolle und es tue, nicht deswegen, weil es ihm von anderen geboten und das Gegenteil verboten wird, weil er von der Befolgung des Gebots Belohnung, von der Übertretung Strafe zu erwarten hat, sondern weil er es selbst will.

Sind wir denn nun miteinander eins? Ich hoffe es.

Die Frage ist nur, wie man das Kind dahin bringe, daß es das Gute wolle; dies ist schwer und nicht schwer, je nachdem, wie man es angeht.

Nach meinen Erfahrungen gehört dazu zweierlei.

1. daß man dem Kind stets die Wahrheit sage oder ihm von seinen Pflichten die richtig Ansicht gebe;

2. daß man es dahin bringe, daß es die Wahrheit einsehe.

Hat man es dahin gebracht, so will es das Gute und bedarf

nur einer kleinen Erinnerung von Zeit zu Zeit, um es von seinen Verirrungen, die freilich nicht ausbleiben werden, zurückzubringen.

Man sei also stets wahr in seinen Ermahnungen! Die Kinder haben für die Wahrheit einen ungemein feinen Sinn, der ihnen aber auch jede Unwahrheit bemerkbar macht. Wer also durch Unwahrheit seine Zöglinge zum Guten zu lenken sucht, wird sein Ziel gewiß verfehlen.

Schreie nicht, mein Kind! sagte einst eine Mutter, als sie ihr weinendes Kind durch das Feld führte, es sind Mäuse hier im Acker, die kommen hervor, wenn sie dich schreien hören und beißen dich.

Wer sieht nicht das Unvernünftige und Unwahre dieser Vorstellung? Das Kind schwieg ein paar Augenblicke. Da ihm aber dann wieder ein paar Schreie entfuhren und keine Maus sich zeigte, so schrie es weit stärker als zuvor.

Handeln denn die Erzieher aber vernünftiger, die ihren Zöglingen von der Erfüllung der Pflichten Folgen versprechen, die höchst zufällig sind, und wegen Verletzung derselben ihnen Strafen drohen, die so selten sich einfinden, als ein weinendes Kind von einer Maus gebissen wird?

Fallen nicht ferner diejenigen Erzieher in ebendiesen Fehler, die ihren Zöglingen manches zur Pflicht machen, wozu sie doch nicht verbunden sind? Müssen sie denn nicht lauter falsche Gründe anführen, um ihre Forderungen zu beschönigen?

Du willst z. B. deinen lügenhaften Zögling dahin bringen, daß er die Wahrheit rede, so kannst du sagen: auf eine Lüge gehört eine Maulschelle, und es ihm auch sogleich fühlbar machen. Was wirst du damit ausrichten? Er wird gegen dich erbittert werden, aber die Neigung zur Unwahrheit wird bleiben.

Oder du kannst sagen: wer lügt, der stiehlt, und wenn du so zu lügen fortfährst, so wirst du ein Dieb und kommst an den Galgen. Ist denn dies wahr?

Oder du kannst etwas nachdrücklich sagen: Kind! Wenn du

lügst, so glaubt man dir nicht mehr. Dies wäre für dich ein großes Unglück.

Dies ist wahr, und daß es wahr sei, begreift das Kind leicht. Aber wenn man ihm die Verbindlichkeit, sich aller Bewegungen im Freien zu enthalten und acht Stunden täglich stillzusitzen, begreiflich machen will, wie soll man dies anfangen, ohne die Unwahrheit zu reden? Und wie kann man einem Kind zumuten, zu glauben, was nicht wahr ist, und danach zu handeln?

Wenn man Kindern die Wahrheit begreiflich machen will, nach welcher sie handeln sollen, so vergesse man ja nicht, wen man vor sich habe – nicht Menschen, sondern Geschöpfe, die im Stadium der Menschwerdung sich befinden, bei denen die Vernunft noch klein ist. Alle langen zusammenhängenden Ermahnungen, alle abstrakten Grundsätze, die nur mit der Vernunft können gefaßt werden, sind unwirksam. Die Kinder verstehen nichts davon.

Sie haben aber eine Nachahmungsbegierde, die sie geneigt macht, alles, was ihnen an anderen gefällt, nachzutun. Diese muß in Anspruch genommen werden. Man muß ihnen in wahren oder erdichteten Erzählungen von der Handlungsart, zu welcher man sie bringen will, Muster vorstellen und sie so lebhaft schildern, daß sie dieselben glauben vor sich stehen zu sehen, und so gefällig, daß in ihnen der Entschluß entsteht, ebenso zu handeln. Dabei muß man sich hüten, die Anwendung geradezu auf sie zu machen, und sie zu ermahnen, ebenso zu handeln. Denn die Kinder sollen ihren e i g e n e n Willen tun. Wenn man i h n e n nun die Anwendung auf sich selbst überläßt, und sie fassen dann selbst den Entschluß, so zu handeln, so tun sie ihren eigenen Willen.

Ich habe von der Wirksamkeit dieser Art des Unterrichts sehr viele Erfahrungen gemacht. Oft, nicht immer, aber oft, wenn ich eben recht aufgelegt war, in meiner Erklärung meines ersten Unterrichts in der Sittenlehre, meinen Zöglingen ein gewisses Muster recht anschaulich darzustellen, umschlossen sie mich am Ende der Lehrstunde und baten: o Vater! Laß uns doch auch so handeln!

Die Kinder haben ferner Verstand, der auffaßt, was ihm anschaulich dargestellt wird. Dieser muß ebenfalls in Anspruch genommen werden. Man muß ihnen die Verbindlichkeit, so und nicht anders zu handeln, so anschaulich wie möglich zu machen suchen. Sobald sie dieselbe gefaßt haben, ist auch gewiß der Entschluß da, danach zu handeln.

Dazu gehört eine eigene Gewandtheit, die nur durch Übung erlangt werden kann. Zu allen Zeiten ist man nicht aufgelegt dazu, und da tut man besser, daß man seinen Vortrag so lange verschiebt, bis man sich dazu aufgelegt fühlt. Dann kann man aber auch Wunder tun. –

Von den vielen Erfahrungen, die ich in dieser Hinsicht gemacht habe, will ich nur eine anführen, die ich neulich zu machen Gelegenheit hatte. Vor einiger Zeit riß bei meinen Pflegesöhnen die üble Gewohnheit ein, daß sie immer die Schlüssel zu ihren Schränken und Kisten verloren. Da sie einen gefälligen Schlosser zur Seite hatten, der ihnen sogleich drei Schlüssel auf einmal verfertigte, so setzten sie auf dieselben gar keinen Wert mehr. Ich konnte ihnen deswegen scharfe Verweise geben, konnte auf das Schlüsselverlieren eine große Strafe setzen und noch mancherlei tun, das nichts würde gewirkt haben. Aber eben deswegen, weil ich vorhersah, daß dies alles nichts helfen würde, tat ich lieber gar nichts, und ließ sie eine zeitlang Schlüssel verlieren, soviel sie wollten. Endlich fiel mir ein, wie ich ihnen die Verbindlichkeit, ihre Schlüssel in Acht zu nehmen, anschaulich machen könnte.

Als sie daher einmal alle in Reihe und Glied vor mir standen, hielt ich einen Schlüssel in die Höhe und sagte: jetzt gebt Achtung! Jetzt, liebe Freunde, will ich eine Vorlesung halten über – den Schlüssel. Die Materie, aus welcher der Schlüssel besteht, ist gewöhnlich Eisen. In Ansehung seiner Form bemerken wir diesen Teil, der heißt Kamm, und diesen, der ist das Rohr, und diesen, das ist der Griff.

Dies habt ihr freilich alles lange schon gewußt, jetzt will ich euch aber noch etwas sagen, was wenigstens zwei Dritteln von euch unbekannt war, nämlich was eigentlich ein Schlüssel ist. Hättet ihr dies gewußt, so würdet ihr gewiß auf eure Schlüssel einen größeren Wert gesetzt haben.

Achtung! (die folgenden Worte wurden langsam und mit großem Nachdruck ausgesprochen.) Ein Schlüssel ist das Mittel, das Behältnis, zu dem er gehört, zu öffnen. Wenn ich also den Schlüssel zu meinem Schrank verliere, so bekommt der Finder das Mittel in die Hände, meinen Schrank zu öffnen. Verliere ich viele Schlüssel, so erhalten die Domestiken, die Handwerksleute, die Tagelöhner, die Bettler, die in unsere Häuser kommen, nach und nach Mittel, den Schrank zu öffnen. In diesem Falle täte ich besser, wenn ich ihn gar nicht mehr verschlösse, da ersparte ich mir doch die Mühe des Auf- und Zuschließens. Das Zuschließen wäre ja doch vergeblich. Daß es möglich sei, seinen Schlüssel nicht zu verlieren, dies beweist der Schlüssel, den ich hier in der Hand habe, den ich im Jahre nach Christi Geburt 1766 verfertigen ließ, der also nun beinahe 40 Jahre alt ist.

Mit diesen Worten trat ich ab, und überließ die Versammlung ihrem eigenen Nachdenken.

Der Erfolg davon war, daß das Schlüsselverlieren sogleich aufhörte, und daß nunmehr seit zwei Monaten von meinen Pflegesöhnen kein einziger nötig gehabt hat, sich einen neuen Schlüssel verfertigen zu lassen.

Und worin liegt denn die Zauberkraft, die dies bewirkte?

1. Darin, daß ich durch den sonderbaren Eingang zu meiner Rede aller Erwartung spannte und sie zur Aufmerksamkeit brachte. Was hätten die triftigsten Vorstellungen vermocht, wenn man nicht darauf aufmerksam gewesen wäre?

2. Daß ich den Wert der Schlüssel und die Verbindlichkeit, sie zu bewahren, recht anschaulich machte.

3. Daß ich sie dadurch dahin brachte, daß sie die Verbindlichkeit, ihre Schlüssel zu bewahren, begriffen, und sich selbst entschlossen, dies zu tun.

Ich hielt diesen Vortrag öffentlich, weil er einen Fehler betraf, der fast allgemein war.

Man hüte sich, ein Gleiches zu tun, wenn man ein einzelnes Kind zu Erfüllung einer Pflicht oder Ablegung eines Fehlers bringen will. Man wird dabei seinen Zweck gewiß verfehlen, denn die Wirkung öffentlicher Ermahnungen, die eine gewisse Person betreffen, ist allemal Beschämung, wodurch eine Art von Betäubung hervorgebracht wird, die den Ermahnten unfähig macht aufzumerken; sehr oft wird dadurch auch Erbitterung gegen den Ermahner bewirkt, die den Vorsatz erzeugt, die Ermahnung nicht zu befolgen.

Die Kinder haben ferner Sinnlichkeit, die man auch benutzen muß. Dies geschieht, wenn man durch Ton und Mienen das ausdrückt, was man sagen will. Da ich hiervon schon oben gesprochen habe, so ist es überflüssig, darüber weitläufiger zu reden. Ich bemerke nur dies noch, daß es ungemein wichtig sei, durch Ton und Miene auf Kinder zu wirken, die Vernunftgründe noch nicht fassen können. Wer dies versteht, der richtet durch einen Blick, ein Wort, die Beifall oder Mißfallen ausdrücken, mehr aus, als ein anderer durch eine lange Gottesverehrung.

Die Einwendungen, die gegen diese Erziehungsart gemacht werden, sehe ich voraus und übergehe sie mit Stillschweigen, weil sie jeder Denkende leicht selbst widerlegen kann.

Nur eine kann ich nicht unerörtert lassen.

Der Mensch, wird man sagen, muß gehorchen lernen, wenn er in die menschliche Gesellschaft passen soll. Was soll aus der Gesellschaft werden, wenn man ihr Glieder zuzieht, die gewöhnt sind, keinen anderen als ihren eigenen Willen zu tun? Die Revolutionen, die Staatsumwälzungen, die Königsmorde, die in unseren Tagen vorgefallen sind, die sind die Früchte der liberalen Erziehung, die man jetzt den jungen Leuten gibt.

Liebe Freunde! Ereifert euch nicht zu sehr! Denkt nur an die Frauenzimmer in N., von denen ich oben gesprochen habe, die an Nervenkrankheiten sterben, seitdem die Schnepfenthäler Zöglinge sich im kalten Wasser baden! Die Staatsumwälzungen und Königsmorde hängen mit der liberalen Erziehung ebenso zusammen, wie die Nervenkrankheiten der Frauenzimmer in N. mit dem kalten Baden der Schnepfenthäler Zöglinge. Wie? Sind denn etwa die berüchtigten Staatsumwälzer nach der hier empfohlenen Methode erzogen worden? Oder haben sich diejenigen, die so erzogen wurden, durch Insubordination ausgezeichnet? Und wenn es von Hunderten einer tat, was beweist dieses? Man suche doch junge Leute zu überzeugen (und wie leicht ist dies), daß es Pflicht sei, die Vorschriften derer zu befolgen, die ihnen vorgesetzt sind, und sie dahin zu bringen, daß sie es sich selbst zum Gesetz machen, dies zu tun, so ist es ja gut. Sie werden dann immer geneigt sein, die Vorschriften ihrer Vorgesetzten zu befolgen, ohne daß es nötig ist, ihnen in jedem einzelnen Fall die Gründe davon anzugeben.

Freilich setze ich voraus, daß ein vernünftiger Erzieher seinen Zögling nicht willkürlich behandle, daß er ihm keine Vorschriften gebe, die nicht auf wahren Gründen beruhen; freilich muß ich zugeben, daß der Zögling künftig wahrscheinlich in Lagen kommen werde, wo er willkürlich und unvernünftig behandelt wird. Was ist dann aber dabei zu tun? Sollen wir das Kind vielleicht unvernünftig behandeln, damit es an die unvernünftige Behandlung, die seiner in der Zukunft wartet, gewöhnt werde? Dies wäre doch wirklich eine sonderbare Forderung.

Man bereite es darauf vor, man zeige ihm in Beispielen, welch willkürliche Behandlung sich oft der Mensch gefallen lassen müsse, und mache ihm die Verbindlichkeit begreiflich, sich derselben zu unterwerfen, solange man von dem willkürlichen Behandler abhängig ist, und er nicht eine Handlungsart von uns verlangt, die wir für unrecht halten.

Wollt ihr, meine jungen Freunde, euch also der Erziehung

widmen, so müßt ihr notwendig lernen, den Kindern die praktischen Wahrheiten so anschaulich zu machen, daß sie dieselben auffassen, annehmen, sich die Befolgung derselben zum Gesetz machen, und so ihren eigenen Willen tun. Gewöhnt ihr sie bloß, durch allerlei Künsteleien, euren Willen zu tun, so ist ihre ganze Moralität eine Windmühle, die stillsteht, sobald sie von einer Anhöhe ins Tal gesetzt wird, auf welches der Wind nicht wirken kann. Wollt ihr ihnen die Wahrheit vorpredigen, ohne euch darum zu bekümmern, ob sie dieselbe fassen, so erzieht ihr Kinder, an denen, wir ihr zu sagen pflegt, Hopfen und Malz verloren ist, bei denen kein Zureden, kein Ermahnen etwas hilft, von denen ihr klagt, daß ihr immer tauben Ohren predigt. Die Ursache davon liegt nicht in ihren Ohren, sondern in eurer leisen Sprache, weil ihr nicht so zu sprechen gelernt habt, daß es durch die Ohren in die Seele dringt.

Statt also euch die Köpfe über das oberste Moralprinzip zu zerbrechen, lernt nur die allgemein anerkannten praktischen Wahrheiten den Kindern recht faßlich und annehmlich zu machen.

Der Gewinn, der daraus entspringt, ist groß – sehr groß. Sobald das Kind das Gute selbst will, so erzieht es sich selbst, und fünfzig Kinder, die das Gute wollen, sind leichter zu lenken als ein einziges, dem es noch nie eingefallen ist, gut zu werden. Sobald ein Kind eine Sprache lernen will, so lernt es sie, und in einer einzigen Lehrstunde, die ihm darin gegeben wird, kommt es weiter als ein anderes, das diese Sprache nicht erlernen will und vom Morgen bis zum Abend darin Unterricht bekommt.

Ist der Zeitpunkt da, wo sich bei den jungen Leuten Empfänglichkeit für das Übersinnliche zeigt, so muß man nun den praktischen Wahrheiten, die man sie lehrte, eine höhere Sanktion dadurch geben, daß man sie zu überzeugen sucht, daß dieselben Gottes Wille sind. Wie dies anzufangen sei, glaube ich in meinem Heinrich Gottschalk gezeigt zu haben und werde es ausführlicher zeigen in dem christlichen Religionsunterricht, den ich nächstens hoffe liefern zu können.*

Dabei kommt dann aber freilich wieder viel auf den Vortrag des Lehrers an. Er muß so zuversichtlich und eindringlich zu sprechen wissen, daß die Zuhörer überzeugt werden, daß er selbst alles, was er sagt, von ganzem Herzen glaube, er muß die Wahrheit mit solchen Gründen zu unterstützen wissen, daß ihnen kein Zweifel dagegen übrigbleibt.

---

* „Heinrich Gottschalk in seiner Familie, oder erster Religionsunterricht für Kinder von 10 bis 12 Jahren". Schnepfenthal, Buchhandlung der Erziehungsanstalt, 1804.

„Unterricht in der christlichen Religion", Schnepfenthal, Buchhandlung der Erziehungsanstalt, 1808.

Plan zur Erziehung der Erzieher

Man errichte vor allen Dingen eine Pflanzschule für Erzieher. Man berufe die berühmtesten Erzieher aus allen Weltgegenden zusammen, stelle sie als Lehrer der Erziehungskunst an und gebe jedem tausend bis fünfzehnhundert Taler Gehalt, damit er gegen Sorgen abgedeckt sei; man stelle einen Lehrer der Zergliederungskunst an und sorge dafür, daß es nicht an Leichnamen fehle, an denen er den jungen Erziehern den Bau des menschlichen Leibes zeigen kann; man berufe ferner einen Lehrer der Heilkunde, welcher Vorlesungen über die Kinderkrankheiten hält und die zweckmäßigen Heilmittel kennen lehrt; man errichte eine Büchersammlung, in welche alle Schriften aufgenommen werden, die von Griechen, Römern, Franzosen, Engländern, Italienern, Deutschen, Dänen, Schweden über die Erziehung geschrieben worden sind, damit der künftige Erzieher eine recht vielseitige Ansicht von seinem Geschäft bekomme. Man errichte ferner einen Lesesaal, in welchem alle Zeitschriften, die in Deutschland, wo möglich auch in anderen gebildeten Ländern Europas, herauskommen, zu finden sind, damit es die Pflanzschule sogleich erfahre, wenn irgend jemand etwas Neues in der Erziehungskunst erfunden hat. Könnte damit ein Schauspielhaus verbunden werden, in welchem die Erzieher monatlich ein paar Schauspiele aufführten, so wäre es desto besser; so lernten sie Ton, Miene und Anstand des Körpers bilden. Unumgänglich nötig wäre aber die Anlegung eines Gartens, in welchem so viel wie möglich alle Pflanzen gesetzt würden, die unser Erdball hervorbringt.

Die Ausführung dieses Plans würde freilich große Summen

kosten; ist die Erziehung aber nicht das Wichtigste für den Staat? Werden die Untertanen sich nicht gern die schwersten Auflagen gefallen lassen, wenn sie über den wohltätigen Zweck derselben belehrt werden? Wenn Schriftsteller und Prediger sich vereinigen, ihnen die Wichtigkeit der Sache begreiflich zu machen? Wird der Fürst nicht gern seine Schätze öffnen, um solch eine Anstalt zu unterstützen, die für den Staat von so unabsehlich wichtigen Folgen sein kann und sein muß?

Solch einen Plan zu entwerfen, wäre ich vielleicht vor vierzig Jahren fähig gewesen, da das Blut noch hurtig durch meine Adern strömte, in meinem Gehirn Entwürfe auf Entwürfe sich erzeugten, ohne daß mich die Bedenklichkeit beunruhigte, ob sie auch in der wirklichen Welt ausführbar wären. Jetzt aber, da das Blut etwas langsamer fließt, fallen mir doch gegen diesen Plan allerlei Bedenklichkeiten ein.

Erstens glaube ich doch, daß es etwas schwer sein werde, die Summen, die zur Ausführung desselben nötig sind, aufzubringen. Zweitens, wenn dies auch gelänge, so würde darüber soviel Zeit verfließen, daß unsere jetzt lebende Jugend aufwüchse, ohne sich der wohltätigen Wirkungen desselben zu erfreuen. Dies wäre doch wirklich schade! Drittens gebe ich zwar zu, daß, wenn alles gelänge, der Staat eine Menge vielseitig gebildeter Erzieher erhalten würde, die von der Erziehungskunst recht viel sprechen und schreiben könnten; ob aber ein einziger imstande sein würde, ein Kind wirklich zweckmäßig zu erziehen, daran zweifle ich sehr.

Ich will also diesen Plan, der sich gut lesen, aber schwer ausführen läßt, lieber ganz aufgeben, und jedem, der sich der Erziehung widmet, einen etwas einfacheren vorlegen, der in den drei Worten begriffen ist: Erziehe dich selbst!

Dieser hat den Vorzug, daß er sehr einfach ist, wenig Geld kostet, gleich nach Lesung dieses Buches von allen, die dafür Sinn haben, ausgeführt werden kann und Erzieher bilden wird, die nicht bloß von der Erziehung sprechen und schreiben, sondern wirklich erziehen können.

Wer nun glaubt, von mir noch etwas lernen zu können, der merke auf die Winke, die ich ihm jetzt zur Selbsterziehung geben werde.

1. Sei gesund!

Ein kranker Mann ist ein armer Mann; alle Geschäfte werden ihm schwer, aber keins schwerer, als die Erziehung. Im krankhaften Zustand ist man sehr reizbar, jeder Mutwille, jede Unbesonnenheit der Jugend erregt Unwillen. Man muß sich also in einer Gesellschaft, welcher Mutwillen und Unbesonnenheit eigen sind, sehr übel befinden, weil man sich alle Augenblicke von derselben für beleidigt hält. Und wie will man sie in einem steten Zustand unangenehmer Empfindungen erziehen können? Alle Ermahnungen werden von Galle triefen oder mit einem zitternden Ton vorgebracht werden. Dieser wird nichts bewirken und jene werden schaden. Die vielen Klagen, die man über die Unfolgsamkeit der Jugend hören muß, rühren gewiß größtenteils von der Kränklichkeit der Erzieher her. Und wie kann man sich zutrauen, gesunde Kinder erziehen zu können, wenn man selbst ungesund ist?

Dies ist ja aber, wird man sagen, eine sonderbare Forderung: sei gesund! Gesund will freilich ein jeder sein; hängt denn die Gesundheit aber von seinem Willen ab?

Allerdings. Vorausgesetzt, daß keins der Eingeweide verletzt ist und du deinen Körper nicht durch Ausschweifungen sehr geschwächt hast, so kannst du gesund sein, wenn du nur ernstlich willst. Der ernstliche Wille hat auf den Körper einen mächtigen Einfluß. Härte ihn nur nach und nach ab, sei mäßig und enthaltsam, widme den Tag der Arbeit und die Nacht der Ruhe, und wenn du demungeachtet zu kränkeln anfängst, anstatt zur Apotheke deine Zuflucht zu nehmen, suche lieber den Grund deines Übelbefindens zu erfahren. Dies kannst du, wenn du über deine bisherige Lebensweise nachdenkst. Hast du den Grund deines Übelbefindens erst entdeckt, so wird es dir leicht sein, dir durch einfache Mittel zu helfen. Unpäßlichkeiten z. B., die von

Überladung des Magens herrühren, werden oft durch Versagung einer Mahlzeit behoben. Etwas mehr hierüber zu sagen, trage ich deswegen Bedenken, weil es den Anschein gewinnen würde, als wenn ich den Arzt machen wollte, welches mir noch nie in den Sinn gekommen ist. Es mache sich ein jeder mit seiner Natur bekannt, erforsche, woher seine Krankheit komme und lerne die einfachen Mittel kennen, dieselbe zu beheben, so wird er sich eine dauerhafte Gesundheit erwerben können.

Das geht bei mir nicht! höre ich viele sagen. Lieber Freund, versuche es, ich hoffe, es wird gehen. Ich kenne mehrere Personen, die sonst viel mit körperlichen Leiden kämpfen mußten, aber durch Befolgung dieser einfachen Vorschriften zu einer festen Gesundheit gelangt sind. Geht es bei dir aber wirklich nicht, entweder weil dir der Sinn für die echte Gesundheitspflege fehlt, oder weil dein Körper fehlerhaft gebaut ist, oder weil durch irgendeine Ursache etwas darin zerstört worden ist, so befolge meinen Rat: Entsage der Erziehung und widme dich einem anderen Geschäft. Sie würde dir äußerst lästig werden und du würdest, auch bei dem besten Willen, mehr Schaden als Nutzen stiften.

2. Sei immer heiter!

In einer heiteren Stunde ist man unter seinen Zöglingen allmächtig. Sie hängen an uns mit ganzer Seele, sie fassen alle unsere Winke. Könntest du immer heiter sein, so wäre kein Geschäft leichter als die Erziehung. Es gibt Personen, denen die Heiterkeit angeboren ist, denen alles von der lachenden Seite erscheint; diese bedürfen dieser Ermunterung nicht, vielmehr muß ich sie erinnern, daß zur Erziehung auch Ernst nötig sei, wenn man sein Ansehen behaupten und seinen Erinnerungen die nötige Wirksamkeit verschaffen will.

Allein die Zahl derer, die von der Natur mit Heiterkeit beschenkt wurden, ist sehr klein, die meisten sind mehr für Mißmut empfänglich und befinden sich daher gewöhnlich in einer unzufriedenen Stimmung des Gemüts. Daß bei dieser unangenehmen

Stimmung die Erziehung sehr schwer wird und wenig nutzt, weiß jeder, und fühlt daher die Verbindlichkeit, nach steter Heiterkeit zu streben. Sich dieselbe zu verschaffen, ist so schwer nicht, als manche vielleicht glauben werden.

Man suche nur erst den Ursprung des Mißmutes auf, so wird es etwas leichtes sein, ihn wegzuschaffen. Warum, frage ich dich also, lieber Leser, bist du denn immer so mißmutig?

Meine Lage – antwortest du.

Du irrst dich, mein Freund! Es ist wahr, daß immer eine Lage geeigneter ist, den Mißmut zu reizen als die andere; allein der eigentliche Grund des Mißmutes liegt doch immer in dir selbst. Ein Mann voll Kraft und hellen Einsichten muß imstande sein, sich von seinen Umgebungen unabhängig zu machen und seiner Heiterkeit aus sich selbst Nahrung zu geben. Er ist ruhig, wenn es auch um ihn her stürmt und wetterleuchtet, und zufrieden, wenn um ihn herum Unzufriedenheit herrscht. Ein anderer, dem diese Kraft und Einsichten fehlen, ist finster und mißmutig, auch wenn ihn alles anlacht.

Der Grund des Mißmutes liegt oft in einem fehlerhaften Zustand des Körpers. Wer nun gelernt hat, sich gesund zu erhalten, wird auch gegen diese Art des Mißmutes sich schützen können.

Oft und vielleicht meistens entspringt er aber aus einem fehlerhaften Zustand der Seele, und zwar vorzüglich aus der üblen Gewohnheit, sich von seinen Umgebungen unangenehme Vorstellungen zu machen. Seht, liebe Freunde, es gibt eine doppelte Welt. Die eine ist außer uns, die andere in uns. Jene Welt ist von unseren Vorstellungen unabhängig, diese besteht in den Vorstellungen, die wir uns von derselben machen. Auf erstere können wir nur wenig wirken, diese aber ist unser Werk, wir sind Schöpfer derselben. Ist also die Welt außer dir nicht so, wie sie deiner Meinung nach sein sollte, so schaffe dir selbst eine Welt, die dich anlacht, die dich zur Heiterkeit stimmt, lerne allen Dingen eine angenehme Ansicht abgewinnen, dir von ihnen beruhigende, aufheiternde Vorstellungen zu machen und – deine Heiterkeit ist fest, wenigstens so fest gegründet, als es in dem Larvenzustand, in welchem wir uns befinden, möglich ist.

Laß uns einmal mit dieser Schöpfung einen Versuch machen und sehen, ob von dem Kreis, in dem du wirkst, nicht eine angenehme reizende Vorstellung möglich sei.

Du wandelst und wirkst in einem Kreis von Kindern. Wer sind sie?

Werdende Menschen.

Wer gab sie dir?

Gott, der alles gibt.

In welcher Absicht?

Um sie zu leiten, daß sie sich zu vernünftigen, freien, tätigen, glückseligen Wesen bilden und dir dadurch Gelegenheit verschaffen, dich selbst zu veredeln.

Aber ihre Untugenden?

Sind Reizungen zum Nachdenken über den Ursprung derselben und die besten Mittel, sie wegzuschaffen.

Und die Schwierigkeiten, die man dir in den Weg legt?

Sollen dich reizen, deine Kräfte anzustrengen, um sie zu überwinden.

Der Undank, mit dem du belohnt wirst?

Schafft dir Gelegenheit, dich zu üben, rein sittlich zu handeln.

Sind solche Ansichten nicht ungemein aufheiternd? Begreifst du nicht die Möglichkeit, wie ein Mann, der sich eine Fertigkeit erworben hat, seinen Umgebungen solche Ansichten abzugewinnen, sich die Heiterkeit zu eigen machen kann?

Um aber solche Ansichten bekommen zu können, muß man freilich einen höheren Standpunkt zu erreichen suchen, auf dem man, über das Sichtbare wegsehend, seinen Blick auf das Unsichtbare richten kann. Hier verschwindet alle Unordnung, Verwirrung und alles Übel, und öffnet sich ein Feld, wo lauter Harmonie und erhabene Zwecke sichtbar sind.

Denen, die Neigung haben, diesen höheren Standpunkt zu

erklimmen, habe ich dazu die Hand geboten in dem bekannten Buch – Der Himmel auf Erden.[1]

Ich zweifle nicht, daß junge Erzieher, welche die in diesem Buch gegebenen Vorstellungen sich zu eigen machen, lernen werden, sich selbst bei ihrem Geschäft zur Heiterkeit zu stimmen.

3. Lerne mit Kindern sprechen und umgehen.

Jede Klasse von Menschen hat ihre eigene Sprache und Gewohnheiten, mit welchen man viel Bekanntschaft haben muß, wenn man sich bei ihr wohlbefinden und gefallen will. Daher ist der Stubengelehrte ängstlich und macht sich lächerlich, wenn er in den Kreis der höheren Stände eintritt, und weiß nicht, wie er sich benehmen soll, wenn er in eine Gesellschaft von Ackerleuten kommt.

Ein ähnliches Schicksal haben junge Männer, die nur mit Büchern und erwachsenen Personen umgehen, wenn Kinder ihnen anvertraut werden. Sie wissen nicht, wie sie sich benehmen sollen, sie sind immer in Verlegenheit und – gefallen den Kindern nicht, denen ihre Gesellschaft lästig ist. Woher kommt dies? Die Sprache und die Gewohnheiten der Kinder sind ihnen fremd.

Macht euch also mit denselben bekannt! Statt viel über die Erziehung zu lesen und pädagogische Vorlesungen zu hören, sucht lieber Kinder auf, in deren Gesellschaft ihr täglich ein paar Stunden verlebt. Kinder gibt es ja allenthalben, wo Menschen wohnen, ihr werdet sie gewiß auch antreffen auf dem Platz, wo ihr euch befindet. Vielleicht habt ihr einen Hauswirt, einen Nachbarn, einen Freund oder Verwandten, der mit Kindern gesegnet ist, und dem es lieb sein wird, wenn ihr sie bisweilen unterhalten wollt.

Zum Stoff der Unterhaltung schlage ich euch zuerst vor die Erzählung.

Die Erzählung hat für alle Kinder Reiz, und sobald eine Person, die gut erzählen kann, ihren Mund öffnet, so sammeln sich

1) „Der Himmel auf Erden". Schnepfenthal, Buchhdlg. der Erziehungsanstalt, 1797. Neuauflage Reichl Verlag, St. Goar 2008.

die Kinder um sie, wie die Kükchen, wenn die Mutter lockt. Und dieses Herzudrängen, diese sichtbare Begierde nach Erzählung, macht denn auch dem Erzähler sein Geschäft leicht und angenehm.

In unseren Tagen, wo so viele Bücher für Kinder geschrieben sind, kann es an Stoff zur Erzählung nicht fehlen. Das beste, was ich kenne, ist der Campesche Robinson.

Wenn du nun zu erzählen anfängst, so bemerke wohl, wie sich deine kleinen Zuhörer dabei benehmen. Sind ihre Augen und Ohren auf dich gerichtet, bitten sie dich, wenn du schließen willst, daß du weitererzählen sollst, so ist es ein Zeichen, daß sie in deiner Erzählung Unterhaltung finden; werden sie aber schläfrig oder fangen an zu spielen und sich untereinander zu necken, so muß es irgendwo fehlen. Du wirst vielleicht meinen, es fehle am guten Willen der Kinder. Ich glaube aber, daß du dich irrst, da die Kinder, soweit ich sie kenne, alle an Erzählungen Vergnügen finden. Der Fehler liegt vielmehr sicherlich entweder an dem Inhalt der Geschichte, die du vorträgst, oder an dir selbst.

Vielleicht enthält deine Geschichte nichts Anziehendes für Kinder. Versuche es daher mit einer anderen, fesselt diese ihre Aufmerksamkeit mehr, so hast du zuvor in der Auswahl der Erzählung gefehlt. Nur hüte dich, deine Kleinen mit Feen- und Zaubergeschichten zu unterhalten. Diese hören sie freilich so gern, wie sie Pfefferkuchen essen; sie sind aber ihrem Geist so nachteilig, wie der Pfefferkuchen ihrem Magen.

Solltest du aber finden, daß die Kinder bei allen deinen Erzählungen zerstreut und teilnahmslos bleiben, so liegt der Fehler sicher in dem Ton deines Vortrages, und du hast dann um so mehr Ursache, daran zu bessern, da die Absicht deiner Erzählung doch vorzüglich ist, mit Kindern sprechen zu lernen.

Hier sind einige Winke, wie du deinen Erzählungston verbessern kannst.

Der Mann spricht wie ein Buch, pflegt man zu sagen, wenn man jemandem wegen seiner Unterhaltungsgabe einen Lobspruch beilegen will. Wenn du aber dich mit deinen Kindern unterhältst, so rate ich dir, sprich nicht wie ein Buch, sondern wie ein Mensch im Umgang mit Menschen zu sprechen pflegt, sprich die Sprache des gemeinen Lebens. Wenn man ein Buch schreibt, so wählt man jedes Wort und jede Redensart, und vermeidet viele Ausdrücke des gemeinen Lebens als unedel. Vermeide du bei deinen Erzählungen keinen Ausdruck als unedel, dessen du dich im täglichen Umgang nicht zu schämen pflegst, dadurch bekommt deine Erzählung Leben und wird für Kinder anziehend.

Vermeide ferner, soviel du kannst, allgemeine Ausdrücke, weil diese Kindern weniger faßlich sind, und nenne lieber die Sachen einzeln, die dadurch bezeichnet werden. Du kannst z. B. sagen: die Mutter, als sie von ihrer Reise zurückkam, brachte ihren Kindern Früchte und Spielwerk mit; du kannst diesen Satz aber auch so ausdrücken: als die Mutter von ihrer Reise zurückkam, brachte sie Fränzchen und Wilhelminchen allerlei artige Sachen mit: Äpfel, Birnen, Haselnüsse, eine Schachtel voll kleiner Teller, Leuchter, Schüsseln, Löffel, Bilder u. dgl.; die letzte Darstellung hat für die Kinder sicher mehr Reiz als die erste.

Sei ferner in deiner Erzählung etwas umständlich und vergiß nicht, in dieselbe allerlei Nebenumstände einzuweben, die die Handlung begleiteten. So kannst du der obigen Erzählung, durch Einflechtung folgender Nebenumstände, mehr Leben geben.

Ach, wenn doch die Mutter nur einmal wieder käme! sagte Fränzchen zu Wilhelminchen. Kaum hatte sie es gesagt, so rasselte etwas unter dem Fenster. Fränzchen sah hinaus, erblickte ihre Mutter in einem Reisewagen, sprang mit Wilhelminchen hinaus – da stieg die Mutter heraus, umarmte ihre Kinder, ließ den Koffer vom Wagen nehmen und in die Stube tragen. Die Kinder folgten ihr und waren begierig zu sehen, was in dem Koffer wäre. Jetzt wurde er geöffnet und ausgepackt. Auch eine Schachtel wurde ausgepackt und den Kindern hingesetzt. Neugierig öffneten sie dieselbe und fanden darin allerlei artige Sachen, die ihnen Freude machten: Äpfel, Birnen usw.

Führe ferner die Personen immer redend ein und laß sie in dem Ton sprechen, wie sie wirklich würden gesprochen haben.

Z. B.: Fränzchen erblickte ihre Mutter. Wilhelmine! rief sie, die Mutter ist da –

Die Mutter! sagte Wilhelmine – und beide sprangen die Treppe hinab – Mutter! gute liebe Mutter! sagten sie und fielen ihr um den Hals.

Gute Kinder! sprach diese, indem sie dieselben an ihre Brust drückte. Wie sehr habe ich mich nach euch gesehnt. Ihr seid doch noch gesund?

W.: Recht gesund! Hast du uns etwas mitgebracht?

M.: Wollen sehen! Hans, trage diesen Koffer in meine Stube.

W.: Was wird denn in dem Koffer sein? usw.

Es versteht sich von selbst, daß du immer in dem Ton sprechen mußt, in welchem die Person, die du redend einführst, würde gesprochen haben, und dir daher Mühe geben, deine Stimme in deine Gewalt zu bekommen. Wilhelmine, die Mutter ist da! muß ganz anders ausgesprochen werden als das: Gute Kinder! Wie sehr habe ich mich nach euch gesehnt!

Durch diese beständige Abwechslung des Tons bekommt nicht nur deine Erzählung Leben, sondern deine Stimme bekommt auch die gehörige Geschmeidigkeit, die dir unentbehrlich ist, wenn du mit Nachdruck und Herzlichkeit zu deinen Pflegebefohlenen sprechen willst.

Endlich suche auch in deine Erzählung Handlung zu bringen. Dies geschieht alsdann, wenn du durch deine Mienen und die Bewegung deiner Glieder die Handlungen, welche du erzählst, auszudrücken suchst.

Z. B. das: Wilhelmine, die Mutter ist da! muß mit einer Miene ausgesprochen werden, die den höchsten Grad der Freude ausdrückt. Dabei darfst du nicht in ruhiger Stellung bleiben, sondern mußt eine solche annehmen, in welche ein Kind durch die Freude über die unvermutete Zurückkunft der geliebten Mutter versetzt zu werden pflegt.

Zum Stoff der Unterhaltung mit Kindern schlage ich ferner vor: Erklärung solcher Bilder, die für Kinder etwas Anziehendes haben.

Freilich haben alle Bilder für Kinder etwas Anziehendes, aber doch immer eins mehr als das andere. Abbildung der lebendigen mehr, als Vorstellung der leblosen Natur, Tiere mehr als Menschen, handelnde Wesen mehr als solche, die sich in einer ruhigen Stellung befinden. Die Abbildung eines Hahnenkampfes hat für Kinder sicher mehr Anziehendes als die Vorstellung aller hühnerartigen Vögel. Diese werden Kinder zwar auch einige Zeit mit Vergnügen betrachten, aber sich daran bald satt sehen. Bei Betrachtung des Hahnenkampfes werden sie hingegen länger verweilen, und sie öfters mit Vergnügen wiederholen.

Bei Verfertigung der Kupfer zu Conrad Kiefers Abc- und Lesebüchlein, wie auch zum ersten Unterricht in der Sittenlehre, ist auf diese Bemerkungen Rücksicht genommen worden.

Alles, was von der Erzählung gesagt worden ist, gilt auch von der Erklärung der Bilder; du mußt, wenn sie Kinder an dich ziehen sollen, bei derselben die nämlichen Winke befolgen, die ich dir in Ansehung jener gegeben habe.

Über beides könnte ich dir noch vieles sagen; wenn du aber Drang fühlst, durch Erzählung und Bilderklärung deine Kleinen an dich zu ziehen, so wirst du von selbst alles besser lernen, als ich es dir sagen kann.

4. Lerne mit Kindern dich zu beschäftigen.

Bei den jetzt beschriebenen Unterhaltungen bist du die handelnde Person, und die Kinder sind bloß Zuhörer und Zuschauer. Dies Verhältnis, so angenehm es ihnen anfänglich ist, würde sie doch ermüden, wenn es zu lange dauern sollte, da ihr Trieb zur Selbsttätigkeit dabei keine Befriedigung findet. Du mußt daher auch Unterhaltungen suchen, an denen sie tätigen Anteil nehmen können. Zu diesen rechne ich zuerst das Spiel, nämlich ein solches, das einen nützlichen Zweck hat, entweder dem Leib eine freie angenehme Bewegung und Behendigkeit zu verschaffen, oder die geistigen Kräfte zu üben.

Diese Spiele kannst du zum Teil von den Kindern selbst lernen, wenn du sie von deinen Pflegebefohlenen angeben läßt und bisweilen die Spielplätze anderer Kinder besuchst, teils kannst du Anleitung zu denselben finden in Guts Muths „Spielen für Kinder".

Bei der Wahl derselben hast du auf zweierlei Rücksicht zu nehmen: daß sie einen wirklich nützlichen Zweck haben, und daß sie deinen Kleinen Vergnügen machen.

O ihr alle, die ihr euch der Erziehung weiht, lernt, ich bitte euch, lernt mit Kindern spielen! Ihr werdet durch diese Übung drei wichtige Zwecke erreichen: die Kinder an euch ziehen und ihre Liebe und ihr Zutrauen erwerben, die Gabe, mit ihnen zu sprechen und sie zu behandeln euch mehr zu eigen machen, und – Gelegenheit finden, in das Innerste eurer Kleinen zu sehen, da sie bei dem Spiel weit offener und freier handeln als in anderen Lagen, und sich mit allen ihren Fehlern, Schwachheiten, Einfällen, Anlagen, Neigungen zeigen, wie sie wirklich sind.

Wer mit Kindern nicht spielen kann, wer in dem Wahn steht, daß diese Art der Unterhaltung mit Kindern unter seiner Würde sei, sollte eigentlich nicht Erzieher werden.

Da wir aber nicht bloß zum Spielen bestimmt sind, und die Kinder desselben bald überdrüssig werden würden, wenn sie sonst gar keine Beschäftigung hätten, so wirst du bald das Bedürfnis anderer, etwas ernstlicherer Beschäftigungen fühlen. Worin diese bestehen sollen, ist vorhin gezeigt worden.

Jetzt fragt es sich nur, wie du dir die Geschicklichkeit dazu erwerben kannst. Daher rate ich dir:

5. Bemühe dich, dir deutliche Kenntnisse der Erzeugnisse der Natur zu erwerben.

Durch deutliche Kenntnisse verstehe ich Kenntnisse der Merkmale, wodurch man die verschiedenen Klassen und Gattungen der Naturerzeugnisse voneinander unterscheiden kann.

Dazu fehlt es mir, antwortest du vielleicht, an Gelegenheit. Wirklich? Du lebst ja in der Natur und bist mit Erzeugnissen derselben umgeben, die um dich her wachsen und leben.

Gewöhne dich nur, eines derselben nach dem anderen genau zu betrachten und die Merkmale aufzusuchen, wodurch sie sich von anderen, ihnen ähnlichen, unterscheiden. Dadurch wirst du deinem Unterscheidungsvermögen schon einige Fertigkeit erwerben. Aber die Worte werden dir fehlen, womit du jedes Naturerzeugnis und seine Merkmale benennen sollst.

Daher mußt du nun einen Freund aufsuchen, der mit der Natur sich bekanntgemacht hat, und der dir einige Anleitung gibt, die Merkmale der Naturerzeugnisse, z. B. in der Pflanzenkunde die verschiedenen Teile der Blumen, aufzusuchen und dir die Kunstausdrücke, mit welchen sie benannt zu werden plfegen, bekanntmacht. In unseren Tagen, wo die Naturkenntnis immer weiter sich verbreitet, sind solche Freunde so selten nicht, als vor zwanzig Jahren. Solltest du auch einige Stunden weit gehen müssen, um diesen Freund zu finden, so ist es doch der Mühe wert, bisweilen einen Weg zu ihm zu machen.

Ferner mußt du dir einige Bücher zu verschaffen suchen, die dir Anleitung geben, die Natur kennenzulernen.

Auch hieran ist jetzt ein Überfluß. Unter der Menge derselben nenne ich nur, in der Pflanzenkunde: „Dietrichs Anleitung zur Kenntnis der Pflanzen"; „Deutschlands Flora" von Hofmann und Röhling. In der Tierkunde: „Leskens Naturgeschichte", und in beiden: „Bechsteins gemeinnützige Naturgeschichte des In- und Auslandes".

Findest du nun ein Naturerzeugnis, von dessen Natur und Namen du dir Kenntnis zu erwerben wünschest, z. B. eine Pflanze, so sieh zuerst auf die Merkmale der Klasse, dann der Gattung, ferner der Ordnung, wobei du dich vorzüglich an die Merkmale halten mußt, die am meisten in die Augen springen. Dann schlage in deinem Buch nach und suche die Klasse und Gattung auf, zu welcher deine Pflanze gehört. So wird es dir nicht schwer sein, auch die Ordnung zu finden, zu welcher sie gerechnet, und den Namen, mit welchem sie benannt wird. Frage dann bisweilen deinen Freund, ob du dich nicht geirrt habest. Du wirst dich dann freuen, wenn du wirklich gefunden hast, was du suchtest, und selbst dein erkannter Irrtum wird dir lehrreich sein, und dich vor ähnlichen Verirrungen bewahren.

Ich gebe dir diesen Rat desto zuversichtlicher, da ich aus Erfahrung weiß, daß verschiedene junge Männer während eines kurzen Aufenthalts in meiner Anstalt sich auf diesem Weg nicht gemeine Kenntnisse der Natur, vorzüglich der Pflanzen, erworben haben.

Da ich vorhin hinlänglich glaube bewiesen zu haben, daß die Betrachtung der Natur zur Unterhaltung der Kinder, zur Weckung und Übung ihrer Geisteskräfte höchst nötig sei, so ergibt sich hieraus von selbst, daß du mit der Natur dich bekanntmachen mußt, wenn du mit Vergnügen und mit Nutzen erziehen willst.

Diese Bekanntschaft wird dir große und mannigfaltige Vorteile gewähren. Für dich wird sie eine ergiebige Quelle des Vergnügens sein, weil du nun nicht mehr durch die Welt als ein Fremdling wandelst, dem alle seine Umgebungen unbekannt sind, sondern als ein Einheimischer, der auf den Bergen und in Tälern, im Wasser und in dem Inneren der Erde, Bekannte antrifft, mit denen er sich unterhalten kann. Noch wichtiger wird sie dir im Umgang mit deinen Kleinen sein, da sie dir den mannigfaltigsten Stoff zur Unterhaltung und zum Unterricht darbietet, dich deinen Kleinen wichtig und unentbehrlich macht und dir Gelegenheit gibt, besonders im Sommer, manche Stunde bei deinen Kleinen auf eine höchst nützliche und angenehme Art mit dem Sammeln und Trocknen der Pflanzen auszufüllen.

6. Lerne die Erzeugnisse des menschlichen Fleißes kennen.

Da diese einen sehr mannigfaltigen Stoff zur lehrreichen Unterhaltung mit Kindern geben, wie ich vorhin zeigte, so ist die Kenntnis derselben unentbehrlich. Bei der sonst gewöhnlichen

Erziehung blieb uns dieselbe fast ganz fremd; von den meisten Dingen, die uns umgeben, hatten wir keine deutlichen Vorstellungen, und die Namen der verschiedenen Teile derselben waren uns unbekannt. Suchen wir uns diese Kenntnis nicht zu verschaffen, so können wir sie auch unseren Pflegesöhnen nicht mitteilen, sie werden sich daher gewöhnen, ihre Umgebungen nur oberflächlich anzusehen, und sich mit einer dunklen Erkenntnis derselben begnügen.

Also, Freund! der du dich der Erziehung widmest, bemühe dich, mit den mancherlei Erzeugnissen des menschlichen Fleißes bekanntzuwerden, und lerne vorzüglich ihre Materie, ihre Teile, ihre Form, ihren Zweck kennen und richtig benennen. Die Gelegenheit dazu wirst du finden, wenn du sie suchst. Die Person, die die Sache verfertigt hat, und die sie gebraucht, wird dir über alles, was du zu wissen verlangst, Aufschluß geben können.

Triffst du z.B. einen Ackermann an, der deinen Gruß freundlich erwidert, so laß dich mit ihm in ein Gespräch ein über sein Geschäft und über das Werkzeug, dessen er sich bedient, um Furchen zu ziehen und den Acker zur Hervorbringung des Getreides, das dich nährt, zuzubereiten. Laß dir von ihm die verschiedenen Teile des Pflugs benennen und die Absicht anzeigen, in welcher sie an demselben angebracht sind. Er wird mit Vergnügen deine Fragen beantworten, und du wirst da mancherlei kennenlernen, das dir zuvor unbekannt war, und dich freuen, es gelernt zu haben.

So besuche die Werkstatt des Schreiners, des Drechslers, des Schmieds usw., unterhalte dich mit ihnen über die Materien, die sie bearbeiten, über die Form, die sie ihnen geben, die Werkzeuge, deren sie sich bedienen, um zu ihren Zwecken zu kommen; besuche ferner die Plätze, wo Maschinen aufgestellt sind, die durch den Druck einer mäßigen Kraft große Wirkungen hervorbringen, z. B. ein Mühlwerk, und laß dir die verschiedenen Teile, ihre Benennungen und Absichten, bekanntmachen usw.

Du wirst bei solchen Unterredungen mit der produzierenden

Menschenklasse oft mehr an nützlichen Kenntnissen und Fertigkeiten erwerben, als in dem Hörsaal manches Philosophen. Du wirst mit dieser zahlreichen, so wichtigen, der menschlichen Gesellschaft unentbehrlichen Menschenklasse umgehen und sprechen lernen, eine Gabe, die nicht immer dem Stubengelehrten eigen ist; du wirst einen Schatz von Kenntnissen dir erwerben, die du in der Folge im Kreis deiner Pflegesöhne benutzen kannst; die gewöhnlichsten Dinge werden dir Stoff zur Unterhaltung mit ihnen darbieten; du wirst dich endlich gewöhnen, die Dinge nicht oberflächlich, sondern genau anzusehen und diese Gewohnheit deinen Zöglingen mitteilen.

7. Lerne deine Hände gebrauchen.

Wer den Zucker in der Kaffeeschale mit dem Löffelchen herumrührt, gebraucht seine Hände zwar auch; aber daß man einen solchen Gebrauch nicht verstehe, wenn man den anderen ermuntert, seine Hände gebrauchen zu lernen, ergibt sich von selbst.

Seine Hände brauchen lernen heißt vielmehr, durch mancherlei Übungen alle Muskeln derselben in seine Gewalt zu bekommen suchen, um damit mancherlei verrichten und verfertigen zu können.

Und da hier von der Bildung zum Erzieher die Rede ist, so mußt du vorzüglich solche Geschäfte verrichten und solche Sachen verfertigen lernen, die dir bei der Erziehung nützlich sein können.

Personen, von denen du in dieser Hinsicht etwas lernen kannst, findest du allenthalben, und sie werden meistenteils geneigt sein, dir die Handgriffe, die sie bei ihren Arbeiten anwenden, bekanntzumachen.

Triffst du z. B. eine Person an, die die Geschicklichkeit besitzt, durch Biegung des Papiers mancherlei Figuren zu verfertigen, so halte dieses nicht für zu gering, suche es zu erlernen. Es wird dir in der Folge bei den Kindern, die dir anvertraut werden, vorzüglich bei solchen, deren Hände noch zu schwach sind, um Werkzeuge gebrauchen zu können, mannigfaltige Vorteile gewähren.

So nimm auch Unterricht im Netzstricken, wenn du hierzu

Gelegenheit findest, weil du auch hiermit deine Kleinen auf eine angenehme und nützliche Art wirst beschäftigen können.

Suche auch einen Gärtner auf, bei dem du bisweilen in die Lehre gehen kannst. Lerne den Spaten und Rechen gebrauchen, ein Gartenbeet anlegen und mache dir die Vorteile bekannt, die bei Aussaat, Pflanzung und Abwartung der gewöhnlichen Gartengewächse zu beobachten sind. Wenn dann bei deinen Pflegebefohlenen die Neigung zum Gartenbau erwacht, so wirst du derselben nicht entgegenarbeiten, du wirst sie zu nähren und zu befriedigen suchen, der Gehilfe und Ratgeber der kleinen Gärtner, und so für sie eine sehr wichtige Person sein.

Vorzüglich suche Gelegenheit, wo du lernen kannst, Holz und Pappe zu bearbeiten. Diese Arbeiten empfehle ich dir vorzüglich, weil sie so reinlich sind und nicht, so wie viele andere, Veranlassung geben, die Hände, Kleidung und das Zimmer zu beschmutzen, und – weil du dabei mancherlei Werkzeuge, das Schnitzmesser, den Hobel, den Meißel, den Bohrer, den Hammer, den Schraubstock usw. gebrauchen lernst.

Weißt du mit solchen Werkzeugen umzugehen, dann ist deine Kraft und Wirksamkeit um ein merkliches vergrößert und du bist in den Stand gesetzt, sie auf deine Kleinen zu übertragen und sie zu der so wichtigen, nützlichen und angenehmen Selbstverfertigung anzuführen.

Woher will ich, fragst du, die Zeit hernehmen, um dies alles erlernen zu können?

Dadurch veranlaßt du mich, dir den achten Wink zu geben.

8. Gewöhne dich, mit deiner Zeit sparsam umzugehen.

Zeit ist Geld, sagte, wenn ich nicht irre, Franklin; vermutlich um Leuten, in deren Augen nichts so großen Wert hat als Geld, den großen Wert der Zeit begreiflich zu machen. Ich sage aber, Zeit ist mehr als Geld, da man durch gute Anwendung der Zeit viel Geld erwerben, aber durch keine Geldsummen sich Zeit erkaufen kann.

Die Zahl der Familien ist nicht klein, die über Geldmangel

klagen. Sie besuchen die Schauspiele und Konzerte, bewirten oft ihre Bekannten an Tafeln, die mit den mannigfaltigsten und teu ersten Speisen besetzt sind; eifern in Verzierung ihrer Zimmer die Personen vom ersten Rang nach, richten sich in ihrer Bekleidung nach den Gesetzen der Mode, und klagen dann, daß ihre Einnahme nicht ausreichen wolle.

Wie diesen Familien könne geholfen, wie sie in eine Lage könnten versetzt werden, wodurch der Geldmangel mit einem Male aufgehoben würde, sieht ein jeder, nur sie selbst nicht.

Freund! der du fragst, wo soll ich Zeit hernehmen, dies alles zu erlernen? In dem Bild solcher Familien bist du selbst gezeichnet. Die schönsten Stunden des Tages, die Morgenstunden, bringst du vielleicht im Bett zu. Dann setzt du dich an den Tisch und liest die Zeitungen, Zeitschriften und andere Schriften, die dir von der Lesegesellschaft, deren Mitglied du bist, zugeschickt worden sind; Nachmittags besuchst du Gesellschaften, abends sitzt du bei dem Spieltisch. Wenn ich dir nun rate, die Natur kennen- und die Hände gebrauchen zu lernen, so fragst du mich: woher soll ich die Zeit nehmen, dies alles zu erlernen?

Denke doch nur darüber nach, wie du deine Zeit am zweckmäßigsten anwenden willst, und tue das, was dir deine Vernunft dann raten wird, so wirst du Zeit genug haben, nicht nur dieses, wozu ich dir rate, sondern noch weit mehr zu erlernen.

Steh früh auf, so hast du gleich ein paar Stunden gewonnen, in welchen du viel erlernen kannst.

Da bei der Annäherung des Morgens die ganze Natur, die Nachtvögel ausgenommen, erwacht, so ist es unschicklich, daß der Mensch, der in gewissen Hinsichten Herr der Natur ist, dann im Schlaf liege. Die Abweichung von dieser Ordnung der Natur hat gewiß sehr mannigfaltige traurige Folgen, vorzüglich für den Erzieher. Deine Zöglinge müssen doch, wenn sie nun mal gesund bleiben und vor Entkräftung bewahrt werden sollen, früh aufstehen. Wirst du sie dazu gewöhnen können, wenn du dich selbst von der Sonne in deinem nächtlichen Lager bescheinen läßt?

Denken und beobachten muß immer dein Hauptgeschäft sein; dadurch wird deine Geisteskraft geübt, und du sammelst einen Schatz selbsterworbener Kenntnisse, von deren Wahrheit du überzeugt bist und die du bei deinen Arbeiten anwenden kannst. Lesen mußt du auch, um dir mehr Stoff zum Denken zu verschaffen. Geschieht dies mit Mäßigung, mit Auswahl, vorzüglich in Hinsicht auf das Fach, dem du dich gewidmet hast, so verschaffst du deinem Geist eine gesunde, stärkende Nahrung.

Liest du aber, so wie es jetzt gewöhnlich ist, unmäßig, so kommst du mir vor wie ein Mensch, der den ganzen Tag ißt. Sein stets beladener Magen macht ihn zum Denken unfähig, und seine Säfte werden durch die heterogenen Nahrungsmittel, die in dieselben übergehen, verdorben. Das beständige Lesen füllt den größten Teil des Tages aus und raubt dir die Zeit, die du zum Denken und Handeln anwenden solltest. Du faßt eine Menge Begriffe – wahre, halbwahre und falsche – durcheinander auf, die dich verwirren und zu keiner Selbständigkeit kommen lassen. Heute urteilst du so, die nächste Woche behauptest du das Gegenteil, je nachdem das Buch urteilt, das du zuletzt durchgelesen hast.

So nachteilig würde dir das unmäßige Lesen sein, wenn du auch keine bestimmten Geschäfte hättest. Weit größerer Nachteil entspringt aber hieraus, wenn du gewisse bestimmte Geschäfte, wie z. B. die Erziehung, übernimmst.

Jetzt trittst du unter deine Kleinen, aber nur mit dem Körper, dein Geist ist abwesend und wandelt noch in dem Ideenkreis, in welchen ihn die Zeitschrift versetzte, die du eben jetzt aus der Hand gelegt hast. Daher hörst du nicht recht und siehst verkehrt, und deinen Reden fehlt der nötige Nachdruck. Du übernimmst die Aufsicht über sie mit der Zeitschrift in der Hand, verlangst nun von ihnen eine ihnen unnatürliche Stille, damit du im Lesen nicht gestört werdest bei jedem Geräusch, bei jeder Frage, die an dich geschieht, wirst du unwillig und läßt dich wohl zu einem auffahrenden Ton verleiten. Ihre Handlungen zu beobachten bist du unfähig, und deine Gegenwart wirkt nicht viel mehr als eine Vogelscheuche, die in den Weizen gestellt ist, um die Sperlinge abzuhalten. Eine zeitlang fürchten sie dieselbe, nach und nach gewöhnen sie sich daran und setzen sich am Ende gar darauf.

Willst du also, Freund, ein wirklich guter Erzieher werden, so befolge meinen Rat und mäßige dich im Lesen! Bedenke, daß das Lesen immer nur Mittel zur Erreichung höherer Zwecke sein muß, und daß du eine Torheit begehst, wenn du das Mittel zum Zweck machst. Du wirst dann viel Zeit ersparen, die du nun zur Erwerbung solcher Kenntnisse und Fertigkeiten anwenden kannst, die dir bei dem Erziehungsgeschäft unumgänglich nötig sind. Denke an Pestalozzi! Würde er wohl der mächtig wirkende Mann geworden sein, der er ist, wenn er die Zeit, die er auf das Denken und Beobachten verwendete, mit Lesen zugebracht hätte?

Du wirst ferner eine große Zeitersparnis machen, wenn du dich nicht zu sehr an die Gesellschaftlichkeit gewöhnst.

Daß die Gesellschaftlichkeit ihre großen Vorteile habe und der mäßige Genuß derselben Bedürfnis sei, wer wird dies leugnen?

Aber mehrere halbe Tage die Woche hindurch in Gesellschaft zu verleben, ist Zeitverschwendung, ist wahrer Müßiggang, der so, wie jeder Müßiggang, viel Böses lehrt, und dem Erzieher die Zeit raubt, die er auf Vorbereitung und Ausübung seines Geschäfts verwenden sollte. Wirst du nur die Hälfte der Zeit, die du bisher verplaudertest, in der Natur oder in der Werkstatt zubringen, so wirst du bald ein anderer Mann werden.

Noch eins! Du bist doch wohl kein Spieler? Du hast doch wohl nicht die Gewohnheit angenommen, halbe Tage oder Abende hinter der Spielkarte zuzubringen? Wäre dieses, so mußt du von neuem geboren werden, es muß eine gänzliche Änderung mit dir vorgehen, wenn du zum Erziehen tüchtig sein willst. Hast du denn noch gar nicht über den Wert der Zeit nachgedacht, noch gar nicht überlegt, wieviel ein vernünftiger Mensch in einer Stunde denken, lernen und wirken kann? Wie kannst du denn mit deinen Lebensstunden so verschwenderisch umgehen? Wie willst du denn erziehen können, wenn die Spielsucht dich beherrscht? Wirst du, wenn die Spielstunde schlägt und dich zum Spieltisch ruft, dich nicht von deinen Pflichten losmachen? Wirst du deinen Pflegebefohlenen wohl Selbstbeherrschung predigen können, wenn du selbst Sklave der Spielsucht bist? Wird dein Exempel nicht auf deine Kleinen Einfluß haben und ihnen Neigung zum Kartenspiel beibringen?

Also Freund, der du mit dieser Sucht behaftet bist, wähle! Entsage dem Kartenspiel oder der Erziehung, weil beide sich so wenig miteinander vertragen wie die Arbeiten in einem Hammerwerk mit dem Spielen auf der Harmonika.

So glaube ich, dir denn die Frage: Wo soll ich denn die Zeit hernehmen, dies alles zu erlernen? hinlänglich beantwortet zu haben. Entsage nur alle den Gewohnheiten, die Zeit zu verschwenden, die du bisher angenommen hattest; so wirst du überflüssige Zeit haben, das alles zu erlernen, was das Erziehungsgeschäft erleichtern und begünstigen kann.

9. Suche mit einer Familie oder einer Erziehungsgesellschaft in Verbindung zu kommen, deren Kinder oder Pflegesöhne sich durch einen hohen Grad von Gesundheit auszeichnen.

Warum? Das wirst du leicht erraten. Wenn du Erzieher werden willst, so mußt du auch lernen, deine Pflegebefohlenen gesund zu erhalten. Dazu könntest du dir zwar auch die nötigen Kenntnisse in den Schulen der Ärzte und aus den Büchern, die sie schreiben, erwerben; ich glaube aber, du erwirbst sie dir leichter und sicherer im Umgang mit Personen, die es bewiesen haben, daß sie zur Erhaltung der Gesundheit der Kinder die nötige Einsicht und Geschicklichkeit besitzen. Siehe! Der Baumgärtner hat mehrere tausend junge Bäume unter seiner Aufsicht, die bei seiner Pflege wachsen und gedeihen, ohne daß er eine genaue Kenntnis ihrer inneren Teile besitzt, ohne Physiologie der Pflanzen studiert zu haben. Er lernte die Behandlungsart derselben von dem Exempel seines Vaters oder Lehrmeisters.

Auf ähnliche Art wirst du auch lernen können, die Gesundheit der Kinder zu erhalten. In dem Umgang mit den Personen, mit denen ich dir rate in Verbindung zu kommen, wirst du sehen, wie sie die Kinder behandeln, um ihrem Körper Kraft und Festigkeit zu verschaffen, und was sie mit ihnen tun, wenn sie sich übel befinden.

Im letzteren Fall mußt du dreierlei verstehen: zu erfahren, wo es den Kindern fehle, was ihr Übelbefinden veranlaßt habe, und das einfache Mittel, wodurch die Unordnung im Körper behoben werden könne.

Alles dies wird weit sicherer durch den Umgang mit solchen Personen, unter deren Aufsicht die Kinder gedeihen, als durch ärztliche Vorlesungen und Bücher erlernt, weil man bei den ersteren die Sachen durch die Anschauung und bei diesen durch die Beschreibung wahrnimmt, bei deren Anwendung man sich so leicht irren kann.

10. Suche dir eine Fertigkeit zu erwerben, die Kinder zur innigen Überzeugung ihrer Pflichten zu bringen.

Wie nötig dies sei, habe ich vorhin gezeigt. Sobald die Überzeugung da ist, entsteht auch der Entschluß zur Pflichterfüllung. Das Kind tut nun seine Pflichten, nicht weil sie von anderen geboten, nicht wegen der Belohnungen und Strafen, die mit der Erfüllung und Vernachlässigung derselben verknüpft sind, sondern weil es überzeugt ist, daß es notwendig so sein muß.

Deswegen denke oft selbst über deine Pflichten nach und suche dich von der Verbindlichkeit, sie zu erfüllen, zu überzeugen. Solange dir diese Überzeugung fehlt, solange du nur durch die Umstände dich zur Pflichterfüllung bestimmen läßt, so lange wird es dir auch schwer sein, sie mitzuteilen, und deine Ermahnungen werden so kalt und unwirksam sein, wie die Predigten eines Jakobiners von den Pflichten der Untertanen gegen die Obrigkeit. Bist du aber dazu gelangt, so wirst du auch Drang empfinden, sie auf deine Kleinen zu übertragen, der dich beredt machen und deinem Vortrag die nötige Wärme und

Wirksamkeit verschaffen wird. Was von Herzen kommt, geht wieder zu Herzen.

Ist z. B. die Überzeugung von der Pflicht der Selbstbeherrschung bei dir lebendig geworden, so wird sie dir auch stets gegenwärtig sein, und du wirst sie deinen Kleinen leicht anschaulich machen können.

Übe dich nun darin, durch anschauliche Darstellung der Pflichten, die Kinder zur Überzeugung davon zu bringen. Jede Übung verschafft Fertigkeit, und je öfter sie wiederholt wird, desto mehr Vorteile, leicht zu seinem Zweck zu kommen, zeigt sie uns.

Dieser Zweck ist bei der Erziehung in moralischer Hinsicht doppelt: erstens den von ihren Pflichten überzeugten Kindern zur Erfüllung Neigung einzuflößen; zweitens sie zu bestimmen, gewisse Pflichten sogleich auszuüben. Beide Zwecke wirst du erreichen, wenn du eine Fertigkeit dir erwirbst, alles recht anschaulich darzustellen und die Pflicht gleichsam zu versinnlichen.

Da der Mangel an Geisteskraft die erste und verbreitetste Ursache ist, warum die Kinder gegen die Pflicht Abneigung haben, und auch dann, wenn die Neigung wirklich da ist, sie doch sehr oft vernachlässigen, so mußt du dich mit einem Vorrat von Bildern versehen, unter denen du die Notwendigkeit vorstellst, nach seinen Einsichten zu handeln und die Sinnlichkeit zu beherrschen, daß unsere geistige Kraft immer die regierende, der Leib mit seinen Begierden der gehorchende sein müsse. Dieses kannst du versinnlichen durch das Bild eines Reiters, eines Hausvaters, eines Fürsten; kannst zeigen, daß nicht das Roß, nicht das Gesinde, nicht die Untertanen, sondern der Reiter, der Hausvater und der Fürst regieren, und das Roß, das Gesinde, die Untertanen gehorchen müssen, wenn alles gutgehen soll; daß das Schicksal eines Reiters sehr traurig sei, der sein Pferd nicht bändigen und regieren kann; daß der Hausvater und Fürst, die von ihren Untergebenen sich müssen vorschreiben lassen, sich ebenso übel befinden, und dies der nämliche Fall mit einem

Menschen sei, dessen Geisteskraft so schwach ist, daß sie die Begierden nicht bändigen kann und ihren Forderungen nachgeben muß.

Du mußt dir ferner eine Fertigkeit zu erwerben suchen, die Pflichten zu personifizieren, oder Personen zum Muster aufzustellen, die sich durch Erfüllung gewisser Pflichten auszeichneten. Dazu findest du reichlichen Stoff in den Schriften für Kinder, welche erdichtete Erzählungen enthalten, deren Zweck Veredlung der Gesinnung ist. Noch weit mehr wirst du aber wirken, wenn du die Beispiele von wirklichen Personen, aus der alten und neuen Geschichte, sammelst, die du deinen Kleinen als Muster in Erfüllung gewisser Pflichten vorstellen kannst. Erzähle ihnen z. B. die edle Handlung des Herrn von Montesquieu, der in der Stille einen in barbarischer Sklaverei seufzenden Hausvater loskaufte, ihn kleiden ließ und seiner trauernden Familie wiederschenkte, ohne es merken zu lassen, wem sie diese Freude zu verdanken hatten; oder die Gewissenhaftigkeit jenes Mennoniten, der, als er von einem feindlichen Offizier genötigt wurde, ihm ein Gerstenstück zum Abmähen für die Pferde zu zeigen, denselben vor den Äckern seiner Nachbarn vorbeiführte und ihm sein eigenes Gerstenstück zeigte – und du wirst gewiß wahrnehmen, daß deine kleinen Zuhörer das Edle dieser Handlungen innig fühlen und von dem Entschluß werden belebt werden, ebenso zu handeln.

Willst du aber deine Kleinen dahinbringen, daß sie gewisse Pflichten sogleich erfüllen, so mußt du dir eine Fertigkeit erwerben, ihnen die Notwendigkeit derselben recht anschaulich zu machen. Dies kann geschehen, wenn du sie das Unschickliche der Vernachlässigung recht innig fühlen läßt. Gesetzt, der kleine Hieronymus sollte dahin gebracht werden, zu gewissen Stunden bestimmte Arbeiten zu machen, und weigere sich dessen, so könntest du sagen: Wenn du glaubst recht zu haben, so wollen wir es zum Gesetz machen, daß jedes Glied unserer kleinen Gesellschaft in der Arbeitsstunde vornehmen kann, was es will:

spielen, singen, umherlaufen, wie es will. Er wird das Ungereimte einer solchen Verordnung sogleich fühlen und sich zur Arbeit bequemen – oder kannst auch nur kurzweg fragen: Willst du, daß alle Kinder so handeln sollen? Und wenn er sich anmerken läßt, daß er das Unschickliche davon fühle, kannst du weiter fragen: Aus welchem Grund willst du denn eine Ausnahme von der Regel machen?

Ein anderes Mal, wenn er eine gewisse Pflicht vernachlässigt, kannst du auch fragen: Hältst du mich für einen rechtschaffenen Mann? Wirklich? Wie kannst du mir denn zumuten, daß ich die Vernachlässigung deiner Pflichten nachsehen soll? Tut das ein rechtschaffener Mann? Würdest du mich nicht selbst verachten müssen, wenn ich mein Aufseheramt gewissenlos verwaltete und zur Vernachlässigung deiner Pflichten schwiege?

Durch solche und ähnliche Behandlungen wirst du viel bewirken, deine Pflegebefohlenen zur Kenntnis und Überzeugung von ihren Pflichten bringen, in ihnen den Entschluß, sie zu erfüllen, erzeugen, sie gewöhnen, pflichtmäßig zu handeln, und nur selten in die Notwendigkeit versetzt werden, ihnen ihre Verirrungen durch Strafen fühlbar zu machen.

11. Handle immer so, wie du wünschest, daß deine Zöglinge handeln sollen!

Jedes Kind hat, wie ich schon bemerkt habe, einen Hang, so zu handeln, wie es andere handeln sieht, und es ist geneigter, Handlungen nachzuahmen, als Ermahnungen und Vorschriften zu befolgen.

Dein stetes Bestreben muß also dahin gehen, deinen Zöglingen in jeder Hinsicht Muster zu sein, und die Belehrungen, die du ihnen gibst, durch dein Beispiel zu bestätigen. Kinder haben ein ungemein feines Gefühl und bemerken jeden Fehler ihres Erziehers. Sie vor ihnen zu verbergen ist eine vergebliche Bemühung, sie zu verteidigen, heißt, sie ihnen zu empfehlen. Das einzige Mittel, zu verhüten, daß deine Fehler keinen nachteiligen Einfluß auf sie haben, ist – daß du sie ablegst.

Ehe du dich also entschließt, Erzieher zu werden, prüfe dich wohl, ob dir deine moralische Besserung ein Ernst sei, und du dir hinlänglich Kraft zutraust, deinen Kleinen in jeder Hinsicht Muster zu sein. Ist dies bei dir der Fall nicht, so entsage lieber diesem Geschäft, bei welchem du doch nicht viel Gutes stiften wirst, und wähle ein anderes, bei welchem dein Beispiel für deine Mitmenschen weniger ansteckend ist.

Fühlst du aber bei dir Entschlossenheit und Kraft, deinen Kleinen in jeder Hinsicht Muster zu werden, so widme dich diesem wichtigen Geschäfte mit Freudigkeit, und rechne auf einen gesegneten Erfolg desselben.

Je eifriger du es betreibst, desto vollkommener wirst du selbst werden. Deine Pflegebefohlenen werden deine Erzieher sein, manchen deiner Fehler, der deiner Aufmerksamkeit entging, dir bemerkbar machen und dich reizen, ihn abzulegen. Dein Beispiel wird auf sie wirken, jeder deiner Ermahnungen den nötigen Nachdruck geben, und so wie sie durch den steten Umgang mit dir deine Mundart, so werden sie auch deine Tugenden annehmen.*

---

* Wer mit der Einrichtung meiner Erziehungsanstalt bekannt ist und weiß, daß in derselben sich Meritentafeln befinden, an welchen die Namen meiner Zöglinge geschrieben und denselben gelbe Nägel beigefügt sind, durch welche der Grad ihres Fleißes bemerkbar gemacht wird, der wird sich wundern, daß ich dieses Erziehungsmittel hier gar nicht erwähne. Es ist also wohl nötig, mich hierüber zu erklären, zumal da es seit einiger Zeit anfängt gewöhnlich zu werden, daß man, um eine Erziehungsanstalt zu empfehlen, mit einem hämischen Seitenblick auf die meinige, von ihr rühmt, sie habe keine Meritentafeln.

Die moralische Erziehung kann nur auf die Art, wie ich sie vorhin beschrieben habe, durch lebhafte Überzeugung von den Pflichten bewirkt werden, und wird auf diese Art in meiner Anstalt betrieben.

Neben der moralischen Bildung ist aber in jeder kleinen und großen Gesellschaft eine gewisse Polizei nötig, wodurch die äußerlichen Handlungen der Glieder der Gesellschaft geleitet werden. Daher findet man in jeder guten Erziehungsanstalt eine Einrichtung, wodurch die fleißigen Zöglinge vorgezogen, die unfleißigen zurückgesetzt werden. Für meine Lage habe ich die Meri-tentafel zweckmäßig gefunden, nie aber sie anderen zur Nachahmung empfohlen, vielmehr mein Mißfallen bezeugt, wenn ich bisweilen in Familien Meritentafeln vorgefunden habe.

Ich erreiche in meiner Anstalt damit zwei sehr wichtige Zwecke: erstens, daß Kinder, bei denen die Vernunft noch in der Entwicklung steht, das Verhältnis, in welchem sie gegeneinander in Ansehung ihres Fleißes stehen, immer sinnlich dargestellt erblicken. Zweitens, daß die Lehrer ein Mittel in den Händen haben, ihren Zöglingen, ohne körperliche Züchtigungen, die ich in dem Kreis meiner Pflegesöhne nicht dulde, ihre Pflichtvergessenheit durch den Abzug von Billets, deren fünfzig müssen erworben sein, wenn man neben seinem Namen einen gelben Nagel haben will, fühlbar zu machen. Wirklich fühlen sie diesen Abzug oft inniger als manches an Schläge gewöhntes Kind eine körperliche Züchtigung. In der Zeit, daß ein Zögling sich seine fünfzig Nägel erwirbt, entwickelt sich gewöhnlich seine Vernunft so weit, daß er eines solchen sinnlichen Leitungsmittels nicht mehr bedarf. Er wird nun eine zeitlang auf die Probe gestellt, ob er auch ohne dieses Leitungsmittel seine Geschäfte ordentlich verrichte und die gesellschaftlichen Pflichten erfülle. Hält er die Probe aus, so wird er zum Offizier erklärt, als Jüngling behandelt, in die Gesellschaft der Erwachsenen gezogen, bekommt Aufsicht über die Kleineren usw. Den Orden des Fleißes habe ich schon seit geraumer Zeit abgeschafft. Er war ebendas, was eine Offiziersstelle ist. Die Sache ist geblieben, der Name aufgegeben, und da die gewöhnlichen Menschen mehr an dem Namen der Dinge als an den Dingen selbst hängen, so hoffe ich, daß diejenigen beruhigt sein werden, denen der Name Orden anstößig war.

Schlußermahnung

Das bekannte Sprichwort *Non ex quovis ligno fit Mercurius* kann auch auf den Erzieher angewendet werden. So wie es nicht jedem Menschen gegeben ist, ein Maler oder Dichter zu werden, auch bei dem besten Willen und der besten Anweisung, so ist es auch nicht jedes Menschen Sache, das Geschäft der Erziehung mit gutem Erfolg zu betreiben. Es gehört dazu eine eigene natürliche Anlage. Man kann in hohem Grad rechtschaffen und weise sein, viel Wissenschaft und mannigfaltige Geschicklichkeit besitzen, und doch, wenn jene Gabe fehlt, unvermögend sein, auf Kinder zu wirken und sie zu lenken.

Prüfe dich also wohl! Hast du die Winke, die dir in dieser Schrift gegeben wurden, befolgt, so beobachte, was dies für Wirkung auf deine Kleinen tue, ob sie gern in deiner Gesellschaft sind, ob deine Vorstellungen auf sie Eindruck machten und deine Erinnerungen von ihnen befolgt werden. Sollte dies der Fall nicht sein, so entrüste dich nicht gegen sie, sondern untersuche, wo du gefehlt hast. Könntest du bei einer fortgesetzten Untersuchung nichts an dir bemerken, was abzuändern wäre, und daß du auch bei dem redlichsten Bestreben wenig bei ihnen ausrichten, ihre Liebe und ihr Zutrauen dir nicht erwerben könntest, so wäre dies wohl ein bedeutender Wink der Vorsehung, daß sie dich nicht zur Erziehung, sondern zu irgendeinem anderen Geschäft bestimmt habe, und du tust wohl, wenn du diesen Wink befolgst. Du wirst, bei fortgesetzter Selbstprüfung, gewiß eine vorzügliche Neigung und Anlage zu irgendeinem anderen Geschäft finden. Der Vater der Menschen hat jedes seiner Kinder gut ausgestattet, jedem sein Pfund gegeben, mit dem es wuchern, das es durch gute Anwendung vergrößern und zur Beförderung seines und des

Wohls seiner Brüder benutzen kann. Folge also dem Wink der Vorsehung und widme dich dem Geschäft, zu dem du dich berufen fühlst. Du wirst es mit Vergnügen betreiben, es gut ausrichten und damit viel Gutes wirken.

Wolltest du hingegen ferner der Erziehung, bei aller Unfähigkeit zu derselben, dich weihen, so würdest du dir und deinen Pflegesöhnen das Leben verleiden und bei dem besten Willen ihrem Charakter eine schiefe Richtung geben.

Findest du aber, daß der Umgang mit Kindern dir Freude macht, daß sie an dir mit ganzem Herzen hängen, daß du sie mit Leichtigkeit lenken kannst, dann glaube, daß der Weltregierer dich zur Erziehung derselben berufen habe. Folge seinem Ruf mit Freudigkeit und sei versichert, daß der Lohn deiner Berufstreue sehr groß sein werde; daß du im Kreis deiner Pflegebefohlenen immer Aufheiterung finden, von deinen Arbeiten reiche Früchte sehen und durch dieselben einen sehr beträchtlichen Beitrag zur Beförderung des Wohls der Menschenfamilie geben wirst!

ANHANG

Archiv der Erziehungskunde für Deutschland.

Drittes Bändchen.

Weißenfels und Leipzig,
bey Friedrich Severin. 1793.

VIII.

Beyträge zur pädagogischen Erfahrungskunde.

a) Körperliche Erziehung der Thusnelda Gertrud Lenzinn zu Schnepfenthal, in ihrem ersteren Lebensjahre.

Sie wurde am 8ten August 1791 des Abends gebohren. Die Nabelschnur wurde ihr ausgedrückt, nicht aber die Brüste, welche letztere unsinnige und sehr gefährliche *) Gewohnheit hier und da herrschend ist. Alsbald badete man sie in Wasser, das weder mit Wein, oder sonst etwas vermischt war, und eben den Grad der Wärme, als die äußere Luft hatte. Diese war damahls sehr kühl, weil es einige Tage lang geregnet hatte und noch regnete. Dennoch war immer in dem Zimmer, wo sie lag, ein Fenster offen; ja auch ward schon am ersten Abende zuweilen die gegenüber stehende Thüre geöffnet, was in der Folge täglich längere Zeit hindurch

*) Siehe Dr. Pyls neues Magazin für die gerichtliche Arzneykunde und medizinische Polizey. Stendal, 1787. Zweyten Bandes drittes Stück, Seite 115. fgg.

durch geschah. Dann lag sie mitten in einem geringen und freylich fast unbemerklichen Zuglüftchen; bedeckt nur von einer dünnen baumwollenen Matratze auf Pferdehaaren, und nicht auf den so schädlichen Federbetten. Nie ist sie in eine Wiege gekommen; noch weniger jemals gewickelt worden. Ihre Lagerstelle ist ein Korb, den man leicht hin und her tragen, auch sogar auf ein Gestelle mit Rädern gesetzt, umherfahren kann, um dem Säuglinge Bewegung zu verschaffen. Ein Mittel zum Abführen des Kinderpeches bekam sie nicht; gleich wie sie (ein einzigesmahl ausgenommen, wo ihr das Zahnen einen allzulangen anhaltenden Durchfall zuzog) bis heut noch nie die geringste Arzney bekommen hat, als welche nicht nur, da sich die Natur bey Kindern mehrentheils selbst hilft, und in ihren Wirkungen nicht immer gestört werden sollte, öfters unnöthig, sondern auch zuweilen verderblich und gewissermaßen ein geringes Gift, das den Keim zur Schwächung und Zerstörung legt, für Kinder ist. Daß ihre Mutter sie sowohl selbst säugte, da sie es konnte, als auch überhaupt bis heut fast nie dem Gesinde auch nur eine Viertelstunde überlassen hat, versteht sich von selbst. So wie am ersten Morgen ihres Lebens, so auch ferner alle Tage ohne Ausnahme bis heute, ward sie mit so kaltem Wasser über dem ganzen Körper und Kopf gewaschen, als es jedesmahl augenblicklich vorher aus der Quelle kam. Nie, selbst im härtesten Winter nicht, ließ man das Wasser überschlagen. Schon am ersten Vormittage, einige Zeit nach jenem kalten Waschen,

schen, wurde sie heraus ins Freye getragen, erst ganz nackend von einem sanften und nicht kaltem Regen erfrischt, und dann ihr noch besonders der Kopf, an dem Brunnen (dessen Strahl aber selbst auf des starken Mannes Haupt nicht fallen darf) gewaschen. Besser wäre es gewesen, wenn ich sie alsbald am ersten und zweyten Tage, ja wenigstens in den ersten acht Tagen mit dem Kopfe alltäglich einigemahl, unter das Wasser getaucht hätte; weil dadurch ein Kind an Lunge und langem Athem sehr gewinnt, wie die Erfahrung an so vielen Kindern der Halloren, der Perlenfischer, der Negern und anderer Wilden zeigt. Vielleicht geschieht es durch das häufige Untertauchen der Neugebornen in den ersten Tagen und Wochen, daß die eyförmige Oeffnung (foramen ovale) nicht (wie außerdem fast immer) sich schließet, sondern Zeitlebens offen bleibt; siehe Hennings Mittel gegen die Gefahren des Feuers und Wassers. Anspach, 1790. Seite 260. fgg. Wenigstens kann ja doch solch ein frühes Untertauchen den neugebornen Kindern nichts schaden; ja in den ersten Tagen muß es ihnen gerade am wenigsten ungewohnt und unangenehm vorkommen: sie haben da noch sehr wenig Gefühl davon. An ihrem fünften Lebenstage, wurde ihr sehr weites und zugleich dünnes Häubchen (das auch bisher überflüßig war) auf immer weggeworfen. Und seitdem ist ihr Kopf (Hals, Brust, Unterarme und Beine aber von der Geburt an) immer ganz unbedeckt gewesen; selbst in den allerkältesten Winternächten, wo das Wasser in

der-

derselben Eckkammer, deren Fenster immer bis an den Abend und oft bis zur Schlafzeit offen standen, gefror, hat sie mit bloßem Haupte gelegen, und doch kein Ohr erfroren; auch ist sie nie vor Kälte unruhig und schlaflos geworden. So lange es nicht gefror, blieb die ganzen Nächte ein Fenster ihrer Schlafkammer offen; und dieses selbst bey den dicksten Herbstnebeln. Seit dem Julius schläft sie mehrentheils auf einem bloßen Strohsacke, dem gesündesten aller Betten. Auch an die stärkste Sonnenhitze wurde sie bald nach ihrer Geburt gewöhnt, indem man sie schon vom dreyzehnten August an bis jetzt, fast täglich ganz nackt, oder doch nur leicht bekleidet, immer aber mit ganz entblößtem Haupte, in den heißesten Sonnenschein trug, und sie zuweilen ins sonnige Gras legte; wobey jedoch (aber vielleicht unnöthiger Weise!) anfangs verhütet ward, daß ihr die Sonne nicht in die Augen schiene. Wie lange lassen nicht die Negern ihre ganz neugebornen Kinder, in der, uns unerträglich scheinenden Sonnengluth, auf dem fast glühenden Sande nackt liegen! Auf Decken in der Stube oder im Grase, ließ man sie oftmahls, bald ganz, bald halb nackt, lange liegen, damit sie sich so, ganz frey bewegen und ihre Glieder üben könnte. Ihre Kleidung, selbst im Freien bey der strengsten Winterzeit, war sehr leicht und luftig. An ihrem siebenten Lebenstage wurde die Kleine zum erstenmahle mit dem Kopfe und Körper im Brunnentroge vor dem Hause ganz unter die Oberfläche des Wassers hinunter getaucht; welches eben so und eben daselbst (mit Ausnahme

eini-

einiger wenigen Tage, wo z. B. der Brunnentrog fast ganz zugefroren, oder es um denselben her allzuglatt war) von da an bis heut, alle zwey Tage, auch wenn es schneyete, regnete, stürmte, das Eis armdicke am Brunnen hieng, und in der heftigsten schneidendsten Kälte, geschehen ist. Im Februar rührte sie sich schon einige Wochen hinter einander bey und nach diesem, jederzeit mit gänzlichem Untertauchen des Kopfs verbundenen Baden ganz und gar nicht mehr: als ob es ihr keine unangenehme Empfindung mehr verursache; im Gegentheile lachte und hüpfte sie oft wenige Minuten darauf wieder. Von ihrer ersten Woche an ist sie in Zugluft, ja, zur Stärkung der Lunge und Erweiterung der Brust im heftigsten Sturmwinde, beynahe so oft dergleichen war; sehr oft aber im sanften Regen und (späterhin) im Schneegestöber, fünf bis zehn Minuten lang, ganz nackt herum getragen; öfters ganz nackt in sehr weichen und tiefen Schnee gelegt, darinn herum gewälzt, damit abgerieben; auch mehrmahls auf ein Paar Augenblicke nackend in Schnee (Augen, Nase und Mund ausgenommen) ganz vergraben worden. Fast täglich, den ganzen Winter hindurch, wurden wenigstens die Füße, (deren Abhärtung am nöthigsten) in zarten Schnee, aufs Eis oder ins Eiswasser gestellt. In freyer uneingeschlossener Luft ist sie zu jeder Jahreszeit, so viel es sich immer thun ließ, gewesen. Jetzt hat sie sechs Zähne, davon sie fünf ohne Noth bekommen. Sie geht nunmehr barfuß ziemlich lange über scharfe Steine. Nie aber ist sie zum Gehenlernen gereitzt oder angeführt worden; sondern man hat sie nur, nach ihrer eigenen Neigung, auf Händen und Füßen zugleich kriechen lassen. Und bey dieser Erziehung oder Behandlung, war mein Töchterchen bis jetzt, da es ein Jahr alt ist, ununterbrochen so äusserst gesund und wohl, daß ihm, den einen oben erwähnten anhaltenden Durchfall ausgenommen, nie das geringste an der vollkommensten Gesundheit gefehlt hat; es wuchs und gedeihete herrlich; war kraftvoll, ruhig, freundlich, munter und lustig, bis auf diesen Tag: alles Zeichen des behaglichsten Wohlseyns! Unwahrheiten habe ich hier nicht schreiben dürfen, auch wenn ich gewollt hätte; denn sechsunddreyßig Zöglinge, elf Lehrer, einige Kandidaten der Erziehungskunst und eine Anzahl Fremde, haben alles mit angesehen. Die Pflicht Aller wäre es, mir öffentlich zu widersprechen. *) Nur eins muß ich hinzu setzen: Alle Abhärtung ist durch kaum bemerkliche Grade geschehen; und jeder Sprung hierinn sorgfältigst vermieden; am meisten aber gesorgt worden, daß der Säugling nicht zu schnell aus der Stuben- und Kleiderwärme in heftige Käl-

te,

*) Auf einer unlängst durch Thüringen angestellten pädagogischen Reise war ich selbst Zeuge, sowohl von der hier durch den würdigen Vater beschriebenen Erziehung der Enkelinn Salzmanns, als auch dem über alle Beschreibung muntern, starken und gesunden Aussehen der kleinen Lenzinn.

Der Redakteur des Archivs.

te, Zugluft und Nässe versetzt, sondern vorher allmählig und völlig abgekühlt würde. Beobachtet man solche, freylich, wenn man die Kinder nicht Auszehrung und andern Krankheiten, oder gar einem frühen Tode preis geben will, unerlaßlich nothwendige Vorsicht: so kann man ohne allen Schaden und zum größten Vortheile des Kindes, die Abhärtung sehr weit treiben. Welchen ungeheuern und beynahe unglaublichen Grad von Hitze und Kälte, auch selbst der in dem gemäßigten Erdgürtel geborene und großgewachsene, und zwar nicht einmahl in seiner Heimath hart erzogene Europäer, ohne bleibenden Schaden, ertragen könne; wie die Organisazion eines solchen einem jeden Grade natürlicher Hitze und Kälte Trotz biete; ja wie sogar die stärkste und schnellste Abwechselung zwischen Gluth und Frost für denjenigen endlich erträglich werde, der sich daran gewöhnt hat oder gewöhnen muß: dieß alles kann man, durch wahre Beyspiele erläutert und bewiesen lesen, in Zimmermanns (zu Braunschweig) geographischer Geschichte des Menschen, erstem Bande, Seite 31 bis 53. oder in den wöchentlichen Unterhaltungen über die Charakteristik der Menschheit, 1stem Bd. 16ten Stück, S. 243. fgg., welche letztere Stelle aus Zimmermann entlehnt ist. Bey der Erziehung meines Kindes ist auch in der That gar nichts Neues, Besonderes oder gar Unerhörtes versucht und wohl nichts vorgenommen worden, was nicht schon einzeln in alten und neuen Zeiten, und bey ganzen Nazionen, tausendmahl und

mit

X

mit glücklichem Erfolge geschehen wäre. Dießmal wurde bloß vieles vereiniget, was bisher bey den meisten körperlich härter erzogenen Kindern noch nicht zusammen angewendet worden war; denn man wollte gern planmäßiger, zusammenhängender und durchaus übereinstimmend verfahren. Wer aber körperlich = hart erziehen will, und dabey keine strenge und beständige Vorsicht anwendet, sondern plötzliche Uebergänge vom Warmen zum Kalten zuläßt, oder die Kinder sonst bald äußerst kalt, bald äußerst warm, bald weich und zärtlich, bald hart und rauh hält: der verkehrt das an sich Heilsame durch übel verstandene Anwendung in Gift und wird, da er wohlmeynend gewarnet worden ist, seine eigene Schuld tragen.

Schnepfenthal, den 8ten Aug. 1792.

Chrn. Ludw. Lenz,
Lehrer an der Erziehungsanstalt.

SCHRIFTEN CHRISTIAN GOTTHILF SALZMANNS

I. Pädagogische Schriften für Eltern und Erzieher

- Unterhaltungen für Kinder und Kinderfreunde, Crusius, Leipzig 1778–1787. 8 Bde.: 1. Bd., XVI, 150 S.; 2. Bd. XII, 189 S.; 3. Bd. XII, 196 S.; 4. Bd. VIII, 197 S.; 5. Bd. 206 S.; 6. Bd. 212 S.; 7. Bd. 190 S., 8. Bd. 179 S.
- Anweisung zu einer zwar nicht vernünftigen, aber doch modischen Erziehung der Kinder [Krebsbüchlein] Keyser, Erfurt 1780. XXXII, 208 S.
- Über die wirksamsten Mittel, Kindern Religion beyzubringen. Crusius, Leipzig 1780. XXX, 192 S.
- Moralisches Elementarbuch. Crusius, Leipzig 1782–1783. 1. Th. XXX, 412 S.; 2. Th. VIII, 472 S.
- Über die heimlichen Sünden der Jugend. Crusius, Leipzig 1785. 342 S.
- Bibliothek für Jünglinge und Mädchen. Schulbuchhandlung in Braunschweig, Wolfenbüttel 1787. 400 S.
- Konrad Kiefer oder Anweisung zu einer vernüftigen Erziehung. Schnepfenthal, Buchhandlg d. Erziehungsanst., 1796. 268 S.
- Konrad Kiefers ABC- und Lesebüchlein. Schnepfenthal, Buchhandlg. d. Erziehungsanst. 1798–1800. 1. Th. 138 S.; 2. Th. 126 S.
- Erster Unterricht in der Sittenlehre. Buchhandlg. d. Erziehungsanst. 1803. 378 S.
- Heinrich Gottschalk in seiner Familie. Schnepfenthal, Buchhandlg. d. Erziehungsanst. 1804. IV, 396 S.
- Ameisenbüchlein. Schnepfenthal, Buchhandlg. d. Erziehungsanst, 1806. XII, 292 S. – Wohlfeilere Ausg. Schnepfenthal, Buchhandlg. d. Erziehungsanst. 1806. VIII, 101 S.

Mit besonderem Bezug zu Schnepfenthal:

- Noch etwas über Erziehung nebst Ankündigung der Errichtung einer Erziehungsanstalt. Crusius, Leipzig 1784. 184, XXXI S., 2 Taf.
- Reisen der Salzmannischen Zöglinge. Crusius, Leipzig 1784, 1786. Bd. 1: 236 S.; Bd. 2: 220 S., 1. Hälfte.

---

* Auf der Grundlage der Salzmann-Bibliographie von Pfauch. Jahreszahlen in Klammern bezeichnen die Erstveröffentlichung im „Boten aus Thüringen“.

– Nachrichten aus Schnepfenthal. Füer Eltern und Freunde der dasigen Zöglinge. (Hrsg. von Christian Gotthilf Salzmann). Schnepfenthal, Buchhandlg. d. Erziehungsanst. 1790 ff (-1803?)
– Nachrichten aus Schnepfenthal für Aeltern und Erzieher. Crusius, Leipzig 1786-1788. 1. Bd.: Vorbericht, 204 S.; 2. Bd.: 318 S.
– Nachrichten für Kinder aus Schnepfenthal. Crusius, Leipzig 1787. VIII, 278 S.
– Reisen der Salzmannischen Zöglinge, Bd. VI. Crusius, Lepzig 1793. VIII, 256 S.
– Über die Erziehungsanstalt zu Schnepfenthal. Schnepfenthal, Buchhandlg. d. Erziehungsanst. 1808. XII, 164 S., 1 Karte (Grundriß des Landgutes Schnepfenthal, von J. C. Ausfeld)

II. Schriften zur Entwicklung der Persönlichkeit, für die Allgemeinheit (Romane, Erzählungen)

– Carl von Carlsberg oder über das menschliche Elend. Crusius, Leipzig 1783–1788. 6 Bde.: 1. Th. 363 S.; 2. Th. 351 S.; 3. Th. 354 S.; 4. Th. 378 S.; 5. Th. 364 S.; 6. Th. 336 S.
– Sebastian Kluge. Ein Volksbuch. Crusius, Leipzig 1790. 226 S.
– Constants curiose Lebensgeschichte und sonderbare Fatalitäten. Ein Buch fürs Volk besonders für Handwerksbursche. Mit Bildern. (1790). Crusius Leipzig 1791–1793 Th.: 1. Th. 215 S.; 2. Th. 221 S.; 3. Th. 186 S.
– Ausführliche Erzählung, wie Ernst Haberfeld aus einem Bauer ein Freyherr geworden. (1803). Schnepfenthal, Buchhandlg. d. Erziehungsanst. 1805. VIII, 416 S.
– Joseph Schwarzmantel. Ein Unterhaltungsbuch für die Jugend. (1808). Schnepfenthal, Buchhandlg. d. Erziehungsanst. 1810. 310 S.
– Heinrich Glaskopf. (1810). Schnepfenthal, Buchhandlg. d. Erziehungsanst. 1820. IV, 226 S.
– Geschichte Simon Blaukohls. (1811). Hoffmann, Stuttgart, 1846. 214 S.
– Geschichte des Landrichters Pappel. Nebst dazu gehörendem Aufsatz: Die Orakel. (1812). Schnepfenthal, Buchhandlg. der Erziehungsanst. 1841. II, 124 S.

III. Philosophisch-philantropische und theologische Schriften

- Disputationis theologicae de praepartione theologi particula I. Nonni, Erfordiae 1767. 31 S.
- Predigten für Hypochondristen (Anonym). Ettinger, Gotha 1778. 164 S.
- Beyträge zur Aufklärung des menschlichen Verstandes in Predigten. (Anonym), Crusius, Leipzig 1779. 227 S.
- Predigt bey seinem Abschiede von Erfurt. Keyser, Erfurt 1781. 32 S.
- Gottesverehrungen, gehalten im Betsaale des Dessauischen Philantropins. Crusius, Leipzig 1781–1788. 1. Slg. XXXII, 252 S.; 2. Slg. XXXII, 254 S.; 3. Slg. 252 S.; 4. Slg. XII, 252 S.; 5. Slg. 392 S.; 6. Slg. 10, 282 S. Die 6. Slg. auch u. d. Titel.: Gottesverehrungen gehalten in der Erziehungsanstalt zu Schnepfenthal.
- Beytraege zur Verbesserung des öffentlichen Gottesdienstes der Christen. Crusius, Leipzig 1786-1788.

  Darin: Salzmann: Wie nothwendig eine Verbesserung der Liturgie sey. Band Eins, Erstes Stück., S. 3-32.

  Darin Salzmann: Fortsetzung Der Abhandlung von der Nothwendigkeit der Verbesserung der Liturgie. Zweyten Bandes Erstes Stück. 1787. S. 3-18 (vom Sinn der Kindstaufe).

  Darin: Fortsetzung der Abhandlung von der Nothwendigkeit der Verbesserung der Liturgie. Zweyten Bandes Zweytes Stück. 1788. S. 3-20 (vom Abendmahl).

  Darin: VIII. Noch ein Beyspiel von einem zweckmaessiger eingerichteten Vortrage [eines Gottesdienstes]. Zweyten Bandes Zweytes Stück. 1788. S. 197-210.
- Über die Erlösung der Menschen vom Elende durch Jesum. Crusius, Leipzig 1789-1790. Buch 1, XVI, 150 S.; Buch II, XX, 148 S.
- Christliche Hauspostille. Fleischer, Frankfurt a.M. 1792–1794. 1. Bd. VI, 196 S.; 2. Bd. 203 S.; 3. Bd. 204 S.; 4. Bd. 206 S.; 5. Bd. 174 S.
- Der Himmel auf Erden. Buchhandlg. d. Erziehungsanst., Schnepfenthal 1797. XII, 360 S.

IV. Der Bote aus Thüringen

Der Bote aus Thüringen, 1788-1816. 1788-1811 herausgegeben von Christian Gotthilf Salzmann, ab 1811 (bis 1816) herausgegeben von Johann Wilhelm Ausfeld. Schnepfenthal, Verlag der Erziehungsanst., je Jhrg. ca. 800 Seiten.

EINIGE SCHRIFTEN ÜBER SALZMANN UND DAS ERZIEHUNGSINSTITUT IN SCHNEPFENTHAL

– In chronologischer Reihenfolge –

André, Christian Carl (Bd. II, 2. Hälfte u. Bd. III), Gutsmuths, Johann Christioph Friedrich (Bd. IV u. V): Reisen der Salzmannischen Zöglinge. Crusius, Leipzig 1786-1787.

Andre, Christian Karl: Nachricht von einer weiblichen Erziehungsanstalt. In: Nachrichten aus Schnepfenthal für Aeltern und Erzieher, Bd. 1 (Anhang). Crusius, Leipzig 1786.

André, Christian Karl: Bildung der Töchter in Schnepfenthal. Göttingen, 1789.

Marc, Charels C. H.: De Bonis Schnepfenthaliani (Vorrede: Chr. L. Lenz). 1789.

Lenz, Christian Ludwig: Körperliche Erziehung der Thusnelda Gertrud Lenzinn [Enkelin Salzmanns] zu Schnepfenthal, in ihrem ersten Lebensjahre. In: Archiv der Erziehungskunde für Deutschland. Drittes Bändchen, bey Friedrich Severin, Weißenfels und Leipzig 1793.

Lenz, Christian Ludwig: De Basedowio, de paedagogiis Dessauiensis et Schnepfenthaliano, deque nimium hodie neglectis Latinae linguae studio et abusu. Gotha, Lepsiae, 1802.

Ausfeld, Johann Wilhelm: Erinnerungen aus Christian Gotthilf Salzmanns Leben. Schnepfenthal, 1813.

Lange, W.: Erinnerungen aus meinem Schulleben in Schnepfenthal, Königsberg i. Pr. Züllichau, Hofwyl, Yverdun, Vevai, Burg und in anderen Verhältnissen. Potsdam, 1855.

Richter, Karl: Salzmanns pädagogische Schriften: Einleitung. Verlag von Siegismund & Volkening, Leipzig, 1877.

Festschrift zur hundertjährigen Jubelfeier der Erziehungsanstalt Schnepfenthal. Schnepfenthal, 1884.

Bosse, Richard, Meyer, Johannes: Chr. Gotth. Salzmanns pädagogische Schriften, Band I: Einführung: Salzmanns Leben und Pädagogik. Verlag von A. Pichlers Witwe & Sohn, Wien und Leipzig, 1886 .

Pinloche, Auguste.: Geschichte des Philantropismus. Deutsche Bearbeitung von R. Rauschenfels u. A. Pinloche: Salzmann; (Kap. V-VII). Verlag Friedrich Brandstetter, Leipzig 1896.

Müller, Johannes Ludolf: Die Erziehungsanstalt Schnepfenthal 1784-1934. Festschrift aus Anlaß des hundertfünfzigjährigen Bestehens der Anstalt. Buchandlung der Erziehungsanstalt Schnepfenthal, 1934.

Pfauch, Wolfgang, u. Röder, Reinhard: C. G. Salzmann-Bibliographie. Unter Berücksichtigung von Besitznachweisen in Bibliotheken. Hermann Böhlaus Nachf., Weimar 1981

Pfauch, Wolfang: Das Druck- und Verlagswesen der Salzmann'schen „Buchhandlung der Erziehungsanstalt in Schnepfenthal" bis 1813. In: Marginalien. Zeitschrift für Buchkunst und Bibliophilie, 94. Heft. Aufbau Verlag, Berlin u. Weimar 1984.

1784–1984 – 200 Jahre Salzmannschule in Schnepfenthal. Gothaer Museumsheft, Abhdlg. z. Regionalgeschichte. Gotha, 1984.

Kemper, Herwart, Seidelmann (Hrsg.): Menschenbild und Bildungsverständnis bei Christian Gotthilf Salzmann, Weinheim 1995.

Lindner, Frank: Salzmanns Schnepfenthal. Kulturgeschichte einer klassischen Schullandschaft. Quartus Verlag, Bucha 2004.

Schaubs, Christine: Die Erziehungsanstalt in Schnepfenthal im Umfeld geheimer Sozietäten. Traugott Bautz Verlag, Nordhausen 2005.

Lachmann, Peter: Die Religionspädagogik Christian Gotthilf Salzmanns. Mit einer vollständigen Bibliographie der Salzmann-Literatur ab 1981, IKS GmbH, Jena 2005.

Lindner, Frank: Schülerwege aus Schnepfenthal. Quartus Verlag, Bucha bei Jena 2006.

Link, Kurt: Zöglingsbriefe aus der Erziehungsanstalt Schnepfenthal nach Freiburg. Selbstverlag, Gotha 2006.

Friedrich, Leonhard: Pädagogische Welt – Salzmanns Schnepfenthal. Ausgewählte Texte. Edition Paideia, IKS GmbH, Jena 2007.

Der Harald Fischer Verlag Erlangen hat 1999 den Nachlaß des Philantropins Dessau auf Mikrofiches und PDF zugänglich gemacht (3.125 Blatt Nachlaß auf 78 Mikrofiches und 160 Bände Druckschriften auf 420 Mikrofiches. Darunter sind auch einige seltene Originalveröffentlichungen Salzmanns, die beim Harald-Fischer Verlag als Mikrofiches oder PDF einzeln bezogen werden können: www.haraldfischerverlag.de

GEPLANTE AUSGABE DER SCHRIFTEN SALZMANNS

Pädagogische Schriften, Band I

Krebsbüchlein oder Anweisung zu eine unvernünftigen Erziehung der Kinder

Ameisenbüchlein oder Anweisung zu einer vernünftigen Erziehung der Erzieher

Pädagogische Schriften, Band II

Noch etwas über Erziehung, nebst Ankündigung einer Erziehungsanstalt.

Über die Erziehungsanstalt zu Schnepfenthal

Salzmanns Leben (von Bosse u. Meyer)

Systematische Darstellung der Pädagogik Salzmanns (Bosse u. Meyer)

Über die wirksamsten Mittel, Kindern Religion beizubringen

Pädagogische Schriften, Band III

Von den heimlichen Sünden der Jugend

Pädagogische Schriften, Band IV

Nachrichten aus Schnepfenthal für Eltern und Erzieher

Philanthropische Volksschriften I

Der Himmel auf Erden

Philanthropische Volksschriften II

Ausführliche Erzählung wie Ernst Haberfeld aus einem Bauer ein Freyherr geworden ist

Philanthropische Volksschriften III

Sabastian Kluges Lebensgeschichte

Geschichte des Landrichters Pappel

REICHL VERLAG · DER LEUCHTER · 56329 ST. GOAR

Auf dem Hähnchen 34 · Tel. 06741-1720 · Fax 06741-1749

www.reichl-verlag.de